谨以此书纪念中蒙建交60周年

Энэхүү бүтээлийг Монгол – БНХАУ-ын хооронд дипломат харилцаа тогтоосны 60 жилийн ойд зориулав.

责任印制　王少华
装帧设计　王晓华
　　　　　信　楠
责任编辑　李　飏

图书在版编目（CIP）数据

蒙古国古代游牧民族文化遗存考古调查报告：2005～2006年
／中国内蒙古自治区文物考古研究所，蒙古国游牧文化研究
国际学院，蒙古国国家博物馆　编.
—北京：文物出版社，2008.9
ISBN 978-7-5010-2378-3

Ⅰ.蒙… Ⅱ.①中… ②蒙… ③蒙…Ⅲ.游牧—古代民族—
文化遗址—发掘报告-蒙古-2005～2006 Ⅳ.K883.118

中国版本图书馆CIP数据核字（2008）第117730号

蒙古国古代游牧民族文化遗存考古调查报告(2005～2006年)

中国内蒙古自治区文物考古研究所
蒙 古 国 游 牧 文 化 研 究 国 际 学 院　编
蒙　古　国　国　家　博　物　馆

文物出版社出版发行
(北京市东直门内北小街 2 号楼)
邮 政 编 码：100007
http://www.wenwu.com
E-mail:web@wenwu.com

北京文博利奥印刷有限公司制版

北京画中画印刷有限公司印刷

新华书店经销

889×1194毫米　　1/16　　印张：21.5

2008年9月第1版　2008年9月第1次印刷

ISBN 978-7-5010-2378-3　定价：350元

蒙古国境内古代游牧民族文化遗存考古调查、勘探、发掘研究合作项目成果之一

2005～2006年
蒙古国古代游牧民族文化遗存考古调查报告

主　编　塔　拉　恩和图布信
副主编　陈永志　奥其尔

中国内蒙古自治区文物考古研究所　蒙古国游牧文化研究国际学院　蒙古国国家博物馆　编

文物出版社

2005 ~ 2006 ОН

МОНГОЛ УЛСЫН НУТАГ ДАХЬ АРХЕОЛОГИЙН ХАЙГУУЛ СУДАЛГАА

МОНГОЛ УЛСЫН НҮҮДЛИЙН СОЁЛ ИРГЭНШЛИЙГ СУДЛАХ ОЛОН УЛСЫН ХҮРЭЭЛЭН

МОНГОЛЫН ҮНДЭСНИЙ МУЗЕЙ

БНХАУ-ЫН ӨМӨЗО-НЫ СОЁЛЫН ӨВ, АРХЕОЛОГИ СУДАЛГЫН ХҮРЭЭЛЭН

Редактор: Б.Энхтүвшин, Та Ла
Дэд редактор: А.Очир, Чэн Ён Жи

БНХАУ-ЫН СОЁЛЫН ӨВ ХЭВЛЭЛИЙН ХОРОО

文物出版社

编辑委员会

主　　编　塔拉　巴·恩和图布信（蒙古国）

副 主 编　陈永志　阿·奥其尔（蒙古国）

编　　委　塔拉　陈永志　张文平　藤铭予　杨林　雷生林　李刚　王仁旺　岳够明　党郁　宋国栋
　　　　　萨仁毕力格　王其戈　额日很巴图　阿·奥其尔（蒙古国）　策·奥德巴特尔（蒙古国）
　　　　　巴·昂哈巴雅尔（蒙古国）　勒·额尔敦宝力道（蒙古国）　阿·恩和图尔（蒙古国）

审 定 稿　塔拉　陈永志　阿·奥其尔（蒙古国）

统　　稿　陈永志

撰　　稿　塔拉　陈永志　张文平　藤铭予　王仁旺　岳够明　宋国栋　党郁　萨仁毕力格
　　　　　阿·奥其尔（蒙古国）　策·奥德巴特尔（蒙古国）　巴·昂哈巴雅尔（蒙古国）

翻　　译　萨仁毕力格

摄　　影　陈永志　岳够明　藤铭予

蒙文校对　陈永志　萨仁毕力格

Редакцын зөвлөл:

Редактор: Б.Энхтүвшин,　Та Ла

Дэд редактор: А.Очир,　Чэн Ён Жи

Зөвлөлийн гишүүд: А.Очир,　Л.Эрдэнэболд,　Ц.Одбаатар,　Б.Анхбаяр,　А.Энхтөр,
　　　　　　　　　Та Ла,　Чэн Ён Жи,　Жан Вэн пин,　Тэн Мин Юй,　Ян Лин,　Лэй Шин Лин,
　　　　　　　　　Ли Ган,　Ван Рэн Ван,　Юэ Гоу Мэн,　Дан Юй,　Сун Гуо Дун,　Саранбилэг,
　　　　　　　　　Ваанчиг,　Эрхэмбат

Хянан тохиолдуулсан: А.Очир,　Та Ла,　Чэн Ён Жи

Ариутган шүүсэн: Чэн Ён Жи

Тайлан бичсэн: А.Очир,　Ц.Одбаатар,　Б.Анхбаяр,　Л.Эрдэнэболд,　Та Ла,　Чэн Ён Жи,
　　　　　　　Жан Вэн Пин,　Тэн Мин Юй,　Ван Рэн Ван,　Юэ Гоу Мин,　Сун Гуо Дун,
　　　　　　　Дан Юй,　Саранбилэг,

Орчуулсан: Саранбилэг

Гэрэл зургийг: Чэн Ён Жи,　Юэ Гоу Мин,　Тэн Мин Юй

序言

　　蒙古高原横亘于我国的北部，作为"草原丝绸之路"东西方的主要连接点，她既是东西文化交流的重要长廊，同时也是游牧民族文化产生、发展、繁荣的中心地带。特定的地理位置、区域特点与生态环境，造就了蒙古高原绚丽多姿、丰富多彩的草原文化，形成了厚重的历史文化积淀。从中国先秦时期的北狄、猃狁，到两汉时期的匈奴、鲜卑，隋唐时期的突厥、回鹘，辽金元时期的契丹、女真、蒙古，这些驻牧于草原的古代游牧民族在蒙古高原这个广阔的大舞台上竞相起舞，留下了丰厚的历史文化遗存。这些遗存承载着重要而又丰富的政治、经济、文化信息，是记录中国古代北方游牧民族历史的重要史料来源。对其进行系统地研究，对于进一步探讨蒙古高原游牧民族文化与中华民族文化的关系具有重要的意义。

　　蒙古国地处蒙古高原，是亚洲中部的内陆国家，北与俄罗斯为邻，东、南、西三面与中国相邻，有长达4670公里的边界线，属典型的大陆性气候，地理环境以草甸草原为主要特色。迄今为止，其经济生活方式仍然以游牧为主（图一），"天苍苍，野茫茫，风吹草低见牛羊"是蒙古国自然风貌的真实写照。由于其特殊的地理环境与人文环境，蒙古国境内保存有大量的游牧民族文化遗存。目前，东北亚经济圈的建立与形成，不可避免地将蒙古国与中国划到一个大的经济发展范围之内，进一步发展两国的睦邻友好关系，加强文化上的合作，以促进经济的共同发展势在必行。由于我国与蒙古国在文物考古合作研究方面还处在起始阶段，中国古代北方的一些游牧民族在蒙古国境内的活动情况以及发展的脉络还不甚清晰，可参照和对比的资料也相对较少。考古资料的不完整性和不均衡性对于进一步完善我国古代北方游牧民族考古学文化序列无疑是较大的桎梏。因此，迫切地需

图一　蒙古国居民的游牧生活

要对蒙古国境内古代游牧民族的考古学文化内涵进行了解，对两国古代游牧民族之间的渊源关系、互动关系以及游牧民族文明的形成与发展进行定位研究，以解决两国游牧民族文化研究中的重大课题，促进我国历史文化等相关科学的发展，并对中蒙两国文化方面的合作研究起到积极的推动作用。

图二　蒙古国国家博物馆馆长奥其尔（左三）与中国内蒙古自治区文物考古研究所所长塔拉（左四）等专家在会谈。

　　对历史文化遗产进行保护和研究是全人类的共同使命。目前，与蒙古国合作进行考古发掘研究的其他国家的考古队已经有20余支，这些考古队在蒙古国的考古发掘和研究工作均已取得了很多重要的成果。中国与蒙古国在地域上相毗邻，同属于草原游牧民族文化圈，两地区的考古学文化面貌有许多相似之处，在历史文化上二者之间有着不可分割的关系。由于蒙古国地广人稀，至今尚以游牧为主的生活方式使得遗址与墓葬的原始形态基本上完整地保存下来，蒙古国因此成为世界游牧民族文化研究学者关注的热点地区，但以前中蒙两国在文物考古合作研究方面一直处于空白状态，为了弥补这一缺憾，国家文物局启动了"蒙古国境内古代游牧民族文化遗存考古调查、勘探、发掘研究"这一合作项目。由中国内蒙古自治区文物考古研究所与蒙古国游牧文化研究国际学院、蒙古国国家博物馆具体承办，于 2005年7月具体组织实施（图二）。

　　此次由内蒙古自治区文物考古研究所具体实施的蒙古国境内游牧民族文化研究合作项目，是我国也是我区在文化上对外合作的重大举措。其主要目的是对蒙古国境内鄂尔浑、色楞格、克鲁伦三大河流域分布的匈奴、突厥、契丹、蒙古等游牧民族文化遗存的具体分布地点、文化属性及内涵有一个初步的了解，对蒙古国境内其他地区分布的游牧民族文化遗存进行纵深研究，并结合对典型遗址与墓葬等相关遗存的调查、勘探与考古发掘研究工作，对于蒙古国境内古代游牧民族文化的特征、内涵、谱系有一个明确的界定，以期建立起蒙古高原古代游牧民族文化形成与发展的时空框架，在此基础上形成细致、全面而又有学术权威性的考古调查、勘探及发掘报告。本考古调查报告就是中蒙合作进行考古研究的初步成果，是中蒙两国联袂用考古学手段来阐释蒙古高原古代游牧民族文化的第一部学术专著，它的付梓，填补了中蒙两国文物考古合作研究上的空白，对于进一步研究蒙古高原古代游牧民族文化之间的渊源关系、互动关系以及游牧民族文明的形成与发展具有重要的学术意义。

内蒙古自治区党委常委、宣传部部长
2008年7月

目 录

Гарчиг

Товчилсон үгийн жагсаалт

ТХГБСХ	- Түүхийн хүрээлэнгийн гар бичмэлийн сан хөмрөг
АХГБСХ	- Археологийн хүрээлэнгийн гар бичмэлийн сан хөмрөг
ИКВА	- История и культура востока Азии
СА	- Советская археология
ТС	- Түүхийн судлал
АС	- Археологийн судлал
СЭ	- Советская этнография
КСИИМК	- Краткие сообщения Института истории материальной культуры Академи наук СССР
КСИА	- Краткие сообщения Института археологии
ШУАМ	- Шинжлэх Ухааны Академийн Мэдээ
ШУА	- Шинжлэх Ухааны Академи
ШУС	- Шинжлэх Ухааны Сэтгүүл
ТКОРГО	- Труды Кяхтинского отделения Русского Географического общества
ГАИМК	- Государственная академия истории материальной культуры
ИМКУ	- История материальной культуры Узбекстана.
МИА	- Материалы и исследования по археологии СССР
ИАК	- Известия Археологической Комисси
ВДИ	- Вестник древней истории
SA	- Studia Archeologica
SE	- Studia ethnographica
АЭАМ	- Археология этнография и антропология Монголии
УЗТНИИЯЛИ	- Ученые записки Тувинского научно-следовательского института языка, летратуры и истории
МЗТСХЭ	- Монгол Зөвлөлтийн Түүх Соёлын хамтарсан экспедиц
МНТСД	- Монгол нутаг дахь түүх соёлын дурсгал
УБ	- Улаанбаатар
М	- Москва
Л	- Ленинград
СПб	- Санктпетрбург
Ново	- Новосибирск
ЭШБ	- Эрдэм шинжилгээний бичиг
МУИС	- Монгол Улсын Их Сургууль
МУБИС	- Монгол Улсын Боловсролын Их Сургууль
МҮТМ	- Монголын Үндэсний Түүхийн Музей
МҮМ	- Монголын Үндэсний Музей
p.3	- Page 3
ОУМЭ	- Олон Улсын Монголч Эрдэмтэд

前　言

　　蒙古国位于我国正北方，东、南、西三面与我国接壤，属于亚洲中部的内陆国，面积156.652万平方公里，人口260万，为典型的大陆性气候。由于特殊的地理环境与人文环境，蒙古国境内保存有大量完整的古代文化遗存，主要分布在鄂尔浑河流域、土拉河流域、色楞格河流域、克鲁伦河流域和乌布苏、哈尔乌苏湖周围及翁金河附近的中、南戈壁地区。其中鄂尔浑河流域（图一）、土拉河流域（图二）、呼尼河、哈尼河流域（图三）分布有大量的青铜时代、匈奴、突厥、回鹘、契丹、蒙古等古代游牧民族的文化遗存，著名的毗伽可汗碑、阙特勒碑即分布在鄂尔浑河流域的和硕柴达木盆地，著名的回鹘国首都哈喇巴拉嘎斯以及蒙古汗国第一座都城哈剌和林均分布在这一地区，另外两座突厥碑铭阙利啜、暾欲谷碑则分布于土拉河流域。克鲁伦河流域（图四）主要分布有辽金元时期的遗址与墓葬，鄂嫩河流域（图五）肯特山一带即是蒙古皇家陵寝及行宫分布的主要地区。呼尼河、哈尼河流域是匈奴单于陵寝所在地，乌布苏、哈尔乌苏湖周围主要分布有匈奴、突厥时期的鹿石、石人、岩画等文化遗存，翁金河流域主要分布有元代的石堆冢及石人等遗迹。在蒙古国分布最多、最完整、最具有特色的古文化遗存即是石筑墓。这些墓葬在地表均以自然石块堆筑的石圈、石堆、立石、石像为其主要呈现形式，其次是未经人为与建设性扰动的完整城址。由于蒙古国地广人稀，至今尚以游牧为主的生活方式使得这些遗址与墓葬的原始形态基本上完整地保存下来。据蒙古国现有的资料统计，目前早期的城址有34处，墓葬56处，石器时代遗址19处，石像70处，寺庙40处，岩画72处，石碑、鹿石47处。

　　在历史的长河中，蒙古高原一直是游牧民族活动的大舞台，匈奴、鲜卑、突厥、回鹘、契丹、蒙古等游牧民族都曾留下了大量的文化遗产。这些文化遗存由于存在于特殊的地理环境之中，加之游牧民族流动性大、生活习惯相类的文化特点，使得遗存本身具有时代跨度大、种类多、地表特征相类的特点，因而对于其考古学文化内涵与属性的认定存在着较大的局限性。由于地域的限制，我国学术界对于中国古代北方的一些游牧民族在蒙古国境内的活动情况以及发展脉络还不甚清晰，对蒙古国一些文化遗存的认识目前还处于模糊的状态。这对于建构完善的草原考古学文化体系无疑是一个较大的障碍，考古资料的不完整性和不均衡性已经制约了我国古代北方游牧民族考古学文化研究的整体水平。因此，我们迫切

图一　鄂尔浑河流域

图二　土垃河流域

图三　呼尼河、哈尼河流域

地需要对蒙古国境内古代游牧民族的考古学文化内涵进行了解，对两国古代游牧民族文明的形成与发展进行深入的研究，解决两国游牧民族文化研究中的重大课题，有效地提升我国游牧民族考古学文化的研究水平。

为此，在国家文物局、内蒙古自治区文物局的领导下，蒙古国境内古代游牧民族文化研究合作项目正式启动。该合作项目由内蒙古自治区文物考古研究所为总领队，主持进行合作研究项目的具体事宜，以吉林大学边疆考古研究中心、国家博物馆为主要协作对象。境外合作单位以蒙古国游牧文化研究国际学院、蒙古国国家博物馆为主。前期工作以鄂尔浑河、呼尼河、哈尼河、鄂嫩河、克鲁伦河、土拉河流域分布的古代游牧民族文化遗存为主要研究对象。在双方深入进行考古调查的基础上，可渐次拓展研究对象与领域。

本合作项目拟定为五年，分为两大研究阶段。第一阶段为2005年至2007年，主要进行前期的考古调查、勘探及发掘工作，对蒙古国境内鄂尔浑、色楞格、克鲁伦三大河流域分布的匈奴、突厥、契丹、蒙古等游牧民族文化遗存的具体分布地点、文化属性及内涵有一个初步的了解，确定本合作项目研究的基本框架，并在此基础上完善野外的一些调查、勘探、测绘数据，对调查、发掘资料作初期的整理、研究和对比分析。第二阶段为2008年至2009年，以前期考古调查、勘探及发掘工作为基础，对蒙古国境内其他地区分布的游牧民族文化遗存进行纵深研究，并结合对典型遗址与墓葬等相关遗存的调查、勘探与考古发掘研究工作，进一步完善、充实本合作研究课题的内容，对于蒙古国境内古代游牧民族文化遗存的特征、内涵、谱系有一个明确的界定，以建立起蒙古高原古代游牧民族文化形成与发展的时空框架，最终取得学术上的突破。研究的最终成果形式是形成细致、全面而又有学术权威性的考古调查、勘探及发掘报告，公开出版发行。

按照上述计划，2005年7月至9月，中蒙联合考古队在蒙古国的中、东部地区进行了为期两个月的考古调查。调查地域包括了后杭爱省、前杭爱省、布尔干省、色楞格省、中央省、乌兰巴托市和肯特省等省市的30余个苏木，行程11000公里，共调查了古文化遗址88处。2006年8月至9月，中蒙联合考古队

图四　克鲁伦河流域　　　　　　　　　　　　图五　鄂嫩河流域

又对中蒙边境的肯特省、苏赫巴托省、东戈壁省、南戈壁省、中戈壁省等省市的13个苏木进行了考古调查，行程计4000多公里，共调查各类文物遗址23处。为期两个年度的考古调查，取得了一系列重要的收获。所调查文化遗存的年代范围囊括石器时代、青铜及早期铁器时代、匈奴、突厥、回鹘、辽金、蒙元、北元与清代等多个历史时期，遗存类型涉及遗址、墓葬、长城、寺庙等多种。本考古调查报告，是中蒙联合考古队在2005、2006年两个年度考古调查成果的一个集中展示，基本上囊括了蒙古国境内不同历史时期游牧民族文化遗存的主要内容。

旧石器时代遗存主要以细石器遗址为主。乌斯图登吉细石器遗址位于克鲁伦河河畔，在河岸的台地上散布有石叶、石核、石镞等石器。另外，在地表还可见青铜时代祭祀性遗迹，这也是此次调查中较为重要的发现。这种细石器遗址与青铜时代遗址相伴生的现象，对于进一步认识细石器时代文化的性质具有重要意义。青铜时代的遗存较多，主要遗存可分为三大类型，即赫列克苏尔祭祀性遗迹、鹿石和四方墓。赫列克苏尔和鹿石主要见于蒙古国的中西部地区，如位于哈努伊河西岸的额尔德尼遗址、位于后塔米尔河西北的巴彦查干遗址等，大型的赫列克苏尔与鹿石往往共存。四方墓的分布呈现一种由东向西扩展的趋势，有些石板墓直接建于赫列克苏尔的周边或者建于外围石框之内，呈现出两种不同文化的早晚关系。匈奴族是在蒙古草原地区第一个建立游牧民族政权的游牧民族，与中原的秦汉王朝在政治、经济、文化上有着密切的关系，并对西方欧洲的历史也产生过重大的影响，因此，对匈奴历史文化遗存的考古学研究，是中蒙联合考古调查项目中的一个重要课题。匈奴时期遗存以墓葬为主，此次重点考察了高勒毛都一号、高勒毛都二号和诺颜乌拉匈奴单于墓园。匈奴墓园的选址非常讲究相地，多位于向阳箕形的山谷之中，环境封闭且较为优美。墓葬在地表常见的普遍形状是一个圆形的石头圈，内部地面呈塌陷状，这是墓室多棺椁结构所致。匈奴墓园的分布具有一定的规律，一般是小墓分列于大墓的周边，有的是规模大致相同的许多墓葬在同一片墓地内形成不同的分布区。高勒毛都一号和高勒毛都二号两处墓园内都有大型的匈奴墓葬，这是在蒙古国呼尼河、哈尼河流域近几年新发现的单于陵寝，蒙法考古队对高勒毛都一号墓园中的一座大墓进行了发掘，蒙美考古队对高勒毛都二号墓园中另一座大墓的陪葬墓进行了考古发掘，蒙俄考古队近年又对诺颜乌拉匈奴墓葬进行考古发掘，都取得了重要的考古发现。突厥遗址大部分集中于中央省和后杭爱省，这一地区是历史上东突厥汗国的统治中心，分布有较多突厥人的祭祀性遗址与墓葬。突厥祭祀遗址是蒙古草原较具特点的文化遗存，其具体形状在中国史书中有详细记载。小型遗址一般是以四块大型石板砌成的方形石框，由石框向东，延伸有数百米的立石，即所谓的"巴拉巴拉石"；中型遗址往往在石框周围树立有很多的石雕像，有石人、石狮和石羊等；大型遗址有庙堂基址、祭奠石臼和碑刻等，如暾欲谷、毗伽可汗和阙特勤等碑刻遗址，土耳其与蒙古联合考古队曾对其进行了考古发掘，在毗伽可汗祭祀地还发现了一处金银器窖藏，出土了大批珍贵的文物，这是近年来对突厥遗址考古发掘中最有意义的成果。回鹘遗址主要为城址和四方形遗址群。城址以首都哈喇巴拉嘎斯为中心，聚集在鄂尔浑河上游一带。哈喇巴拉嘎斯古城城墙高大，至今保存较为完好，在整个蒙古国境内的古城中极为罕见。四方形遗址中心遗迹多是由石块堆砌成的一个大的石堆，部分也有以砖块、土石混堆而成的，四周有的围以方形土墙，有的仅可见石碑或个别的石人雕像等。回鹘汗国第二代可汗磨延啜的祭祀遗址，位于茂盖锡尼乌苏草原之上，也有一些石堆遗迹和一些碑刻等遗物，这是唯一能够明确其文化属性与族属的回鹘祭祀遗址。由于回鹘汗国在帮助唐朝平定"安史之乱"中立有战功，唐王朝与回鹘的关系较为友好。在中原工匠的帮助之下，回鹘汗国修筑了许多城址，如哈喇巴拉嘎斯古城、祁连古城等，这些城址对于进一步认定回鹘文化遗存的性质具有重要的意义。契丹及辽代遗址主要集中于蒙古国中部的布尔干省和东部的肯特省。布尔干省南部鄂尔浑河和土拉河之间一线，发现契丹城址五座，其中两座被认为是镇州城和保州城，它们的性质均是军事边防城镇，建城目的是抵御室韦—鞑靼人的南下。肯特省北部的鄂嫩河流域和南部的克鲁伦河流域，也分布有契丹时期的城址、居址和石壁文字等遗

图六 鄂嫩河与呼日哈河交汇处

存，说明该地区当时是辽王朝疆域的重要组成部分。蒙元时期遗址以城址和居址为主。蒙古国中东部地区是大蒙古国的龙兴之地。鄂嫩河与呼日哈河（巴勒吉河）的交汇处是一代天骄成吉思汗的诞生地（图六），以德力贡巴勒达嘎小山和哈朱布拉格泉水为其代表性遗存。阿布日嘎遗址是成吉思汗的大斡尔朵所在地，是1240年《元朝秘史》成书的地方，该地分布有大量的建筑基址，蒙古国和日本的考古队先后在此进行过考古发掘。哈剌和林古城是大蒙古国的第一个都城，建元之后，这里是岭北行省的政治文化中心，城址内出土的众多碑刻，是进一步研究哈剌和林古城城镇建置历史的重要资料。位于哈尼河东岸的哈剌呼拉可汗城规模宏大，城内外遗迹保存完好，是靠近蒙古国西部的一座重要的元代古城，可能具有军事上的意义。位于鄂尔浑河上游塔米尔楚鲁朝图山谷中的数处房屋聚落遗址，布局规整，房址内部在地表上清晰可见灶坑、火炕和烟道等遗迹，与中国内蒙古地区发现的蒙元时期的房址极为相似。这些定居的居民可能与蒙元时期在漠北地区实行的军事屯田政策有关。明清时期遗址多为寺庙遗存，这些宗教类遗存是藏传佛教在蒙古草原长期以来广泛传播的历史见证。

此次对蒙古国中东部的考古调查，使我们对蒙古国境内古代游牧民族文化遗存的分布状况有了一个初步的了解。特别重要的收获是对青铜时代的赫列克苏尔、鹿石，突厥时期的"巴拉巴拉石"、暾欲谷、毗伽可汗、阙特勤碑刻以及回鹘时期的四方形遗址群等世界著名的文化遗址有了一个全新的认识。中国北部内蒙古草原地区的考古学文化遗存与蒙古国有许多共同之处，均属于软土木文化遗址分布区，中国对这种软土木文化遗址的考古学研究具有得天独厚的优势，而浩如烟海的汉文史料又是研究游牧民族历史的重要资料补充。所以，对蒙古国境内分布的考古学文化进行对比研究，是利用不同区域文化资源的强势互补，同时也是丰富与完善整个蒙古高原考古学文化谱系最为有效的手段，必将极大地推动欧亚大陆北蒙古高原地区游牧民族文化的考古学研究。

塔　拉　陈永志

2008年7月8日

Өмнөх үг

Монгол орон бол балар эртнээс хүн суурьшин амьдарсаар ирсэн Төв Азийн голомт нутаг мөн юм. Сүүлийн үеийн судалгаагаар, 800.000 жилийн өмнөөс эхлэн, Монгол нутагт тасралтгүй хүн суусаар байсан нь нотлогджээ. Олон зуун мянган жилийн туршид Монгол нутагт үе дамжин сууж агсан тэдгээр хүмүүс өөрсдийн өвөрмөц соёлыг бүтээж, дараа дараагийн үедээ уламжлуулан хөгжүүлж байсан нь мэдээж билээ. Өнгөрсөн үеийнхэний бүтээсэн янз бүрийн хэлбэр, хэмжээ төрхтэй соёлын тэр өв нь монголын тал нутагт өдгөө хүртэл хадгалагдсаар байна. Нүүдэлчдийн үлдээсэн соёлын тэр өвийн дунд археологийн дурсгалууд томхон байр эзэлж байна.

Монгол орны археологийн баялаг дурсгал нь эрт, дундад үеийн нүүдэлчдийн түүх, соёлыг судлаачдын анхаарлыг байнга татсаар иржээ. Ялангуяа Монгол улс зах зээлийн харилцаанд шилжин, дэлхийд нээлттэй болсон 1990-ээд оноос хойш Өрнө болон Дорно дахины олон эрдэмтэд Монгол улсад ирж археологи, угсаатны болон соёлын салбарт судалгаа хийх, монголчуудтай хамтран ажиллах нь жил ирэх бүр өргөжин тэлсээр байна. Түүний дотор БНХАУ-ын судлаачид ч мөн хөрш зэргэлдээ Монгол улсад эртний судлалын ажлыг явуулж эхлэв.

Монгол улсын Нүүдлийн соёл иргэншлийг судлах олон улсын хүрээлэн, Монголын Үндэсний түүхийн музей, БНХАУ-ын ӨМӨЗО-ны Соёлын өв, Археологийн хүрээлэн хамтран, 2005 оноос эхлэн, Монгол улсын нутагт археологийн хайгуул, малтлага судалгаа хийхээр тохиролцсон билээ. Манай хоёр орны энэхүү хамтарсан судалгаа нь Монгол улсын нутагт археологийн хайгуул хийх ажлаар эхэлсэн юм. Бидний хамтарсан эртний судлалын хайгуул нь үндсэн хоёр зорилготой байв. Үүнд;

Нэгдүгээрт, Монгол нутагт буй археологийн дурсгалуудтай танилцах, тэдгээр дурсгалуудын төрөл зүйл, он цагийн ялгаа, ерөнхий шинж төрх, тархац байршил зэргийн талаар тойм мэдлэгтэй болох;

Хоёрдугаарт, Монгол, Хятад хоёр улсын хамтарсан археологийн малтлагыг хаана, ямар дурсгал дээр хийхийг сонгон тогтоох явдал байлаа. Дээрх зорилтуудыг удирдлага болгосон Монгол-Хятад хоёр улсын хамтарсан судалгааны баг 2005-2006 онд Монгол орны төв, зүүн, өмнө зүгийн нутгуудаар олон мянган км зам туулж хайгуул хийсэн юм. Хайгуулын явцад говийн элсэн манхан, нүд алдам хээр тал, Хангай нутгийн их уулс, том жижиг гол мөрнүүдийн хөндий зэрэг Монгол орны байгалийн бараг бүх бүс нутгийг хамарч чадсан билээ. Үүний үр дүнд, 800.000 жилийн өмнөх хуучин чулуун зэвсгийн үеийн дурсгал бүхүй говийн агуй, шинэ чулуун зэвсгийн үед хүн амьдарч, хөдөлмөрийн багажаа үйлдвэрлэж агсан суурингууд, хүрэл зэвсгийн үеийн дөрвөлжин булш, хиргисүүрүүд, буган чулуун хөшөөд, хадны зургууд, Хүннү улсын хот суурин, булш оршуулгын газрууд, Түрэг, Уйгур улсын үеийн тахилын сүрлэг байгууламж-онгонууд, хүн, хонь болон арслангийн дүрст чулуунууд, хот суурингуудын үлдэц зэрэг олон зуун дурсгалыг олж үзсэн юм. Тэрчлэн Хятан улсын болон эртний Монгол аймгууд, Их Монгол улс, Монголын эзэнт гүрний үеийн хот балгасууд, өвөрмөц хийц хэлбэр бүхүй булш бунхад, хадны зургууд, бас Хятан, Зөрчид, Монгол, Түвд, Хятад, Самгарьд, Дөрвөлжин, Тод, Манж, Уйгур, Согд, Түрэг хэлээр хаданд бичсэн, сийлж үлдээсэн бичээсүүдтэй танилцсан билээ. Монгол нутагт явуулсан энэхүү хайгуулын үр дүнд манай хамтарсан багийн гишүүд эрт, дундад үеийн нүүдэлчдийн ертөнцөд түр хугацаагаар боловч орж амьдран, тэдний амьсгалж байсан агаараар амьсгалсан мэт сэтгэгдэл төрж, монгол орны археологийн дурсгалуудын тухай мэдлэгээ сэлбэсэн юм. Энэ бол манай хайгуулын ангийнхны гол ололт нь байлаа. Монгол орон бол эртний нүүдэлчдийн соёл иргэншлийн өлгий нутаг мөн гэдэг нь нүдний өмнө ил тод байсан боловч бас тэнд суурин амьдрал, суурьшмал орнуудын соёлын нөлөө ямар нэг хэмжээгээр байсан нь ялангуяа бидний үзэж танилцсан эртний хот суурингудын үлдэцээс мэдэгдэж байсныг ч тэмдэглэх нь зүйтэй юм. Нүүдэлчдийн хот, суурингууд хэдийгээр суурин иргэншилт орнуудынх шиг нүсэр том, хүн ам олонтой, үйлдвэр, худалдаа давамгайлж байгаагүй ч гэсэн нүүдэлчдийн төр улсуудын тэргүүд, албан хаагчид, лам хуваргуудын нэлээд нь жижгэвтэр боловч хот, сууринд аж төрж, хотын соёлын амт шимт, амьдралын тав тухыг мэдэрч байсан гэдэг нь хайгуулын явцад мэдрэгдэж байлаа. Тэр үед хот, суурингууд нь нүүдлийн амьдралын их далайн дундахь жижиг арлууд мэт оршиж, улс төр, соёлын төвийн үүргийг гүйцэтгэсээр байжээ.

Манай хоёр улсын хамтарсан судалгааны багийн хайгуулын нөгөө нэг зорилго нь археологийн малтлага хийх дурсгалыг сонгон тогтоох явдал байсныг дээр дурдсан билээ. Бид Монгол орны археологийн дурсгалуудтай танилцсаны дүнд Монголын эзэнт гүрний нийслэл агсан Хархорум хотоос баруун зүгт холгүй орших Дөрвөлжингүүд хэмээх дурсгалуудыг малтан судлахаар сонгож авсан юм. Энэхүү дөрвөлжингүүд хэмээх дурсгал нь эртний нүүдэлчдийн бунхант оршуулга мөн болов уу хэмээн, бид 2005 онд дэвсгэр зургийг нь хийхдээ таамаглаж байсан билээ. Гэвч тийм төрлийн дурсгалыг урьдах судлаачид ерөөс илрүүлэн олж, судалж байгаагүй тул, тэдгээрийн он цаг, эзэн холбогдогсдыг урьдчилан төсөөлөхөд ихээхэн бэрхшээлтэй байв. Юун атугай ч урьд нь судлаагүй, шинэ дурсгалыг хамтарч судлахаар хоёр тал тохиролцсон юм. "Дөрвөлжингүүд" хэмээх дурсгалуудыг 2006 онд малтан судалсан эхний нэг жилийн үр дүнг "Архангай аймгийн Хотонт сумын нутаг дахь Өвөрхавцлын амны 3-р дөрвөлжингийн малтлага 2006 он" гэсэн нэртэй бүтээл болгон хэвлүүлсэн юм.

Монгол-Хятадын эрдэмтдийн 2005-2006 онд Монгол улсын нутагт явуулсан хайгуулын явцад танилцсан археологийн дурсгалуудын товч танилцуулга, тэдгээр дурсгалд урьдах эрдэмтдийн хийсэн судалгааны товч жагсаалтын хамт энэ номд оруулан нийтэлж, судлаачид, уншигчдад толилуулж байна. Монгол-Хятад хоёр улсын хамтарсан судалгааны баг Монгол орны бүх нутгийг хамарсан археологийн хайгуул хийж хараахан амжаагүй тул энэ номд оруулан танилцуулж буй дурсгалууд бол монгол улсын нутагт буй археологийн дурсгалын өчүүхэн бага хэсэг нь юм гэдгийг эцэст нь дуртган тэмдэглэсү.

Профессор. А. Очир
2008-02-20

PREFACE

Mongolia is a focus-land of Central Asia, where inhabited human beings since primitive times. Resent researches discovered that since before 800 000 years human began to inhabit permanently in the territory of Mongolia. These inhabitants, who lived in the territory of Mongolia during a period of many thousand years developed own specific culture, and inherited by next generations. The cultural heritage of past generations, which has various forms and images preserved in open steppe of Mongolia till contemporary era. Between these cultural heritages of nomads the biggest place occupies by archaeological sites and monuments.

Mongolia is a country rich in historic monuments related to early nomadic history and culture. That is why scholars and researchers from many different countries come to Mongolia to carry out an archaeological research work. Especially since 1990, when Mongolia transformed to the market economy relation and became an open to the world, a collaboration research projects with scholars from East and West on archaeology and ethnography in Mongolian territory extended from year to year. Also Chinese scholars get started to implement in neighboring Mongolia some archaeological survey.

The International Institute for the Study of Nomadic Civilizations of Mongolia, National Museum of Mongolian History, and Institute for Study of Cultural Heritage and Archeology of Inner Mongolia, PR China have signed an agreement to collaborate in the field of archaeological searching and excavation in the territory of Mongolia since 2005. Our joint researches have started from a searching and prospecting archaeological monuments in Mongolia. This archaeological searching has two basic purposes.

First, to get acquainted with archaeological monuments in the territory of Mongolia, to understand an origin, type, construction and timing, location and spreading area of them; Second, to choose and define monument and its location, where and on which will to conduct our joint archaeological excavation.

Under these purposes the Mongolian-Chinese joint team in 2005-2006 has traveled in many thousand kilometer routs in central, east and southern regions of Mongolia and implemented archaeological searching and prospecting. During of the archaeological searching we were able to seize almost ecological regions of the Mongolia as dune of the Gobi-desert, open steppe, great mountains of Khangai and basins of big and small rivers.

As the result of this archaeological searching we have got acquainted with many hundred monuments, such as Gobi-deserts cave, where there are weapons of the Old Stone Age 800 000 BC, ruins of the New Stone Age towns, where lived human and produced their labor tools, square tombs, khirgisuurs, deer stones and petroglyphs of the Bronze Age, burial sites and city ruins of the Xiong'nu State, worshipping, ritual sites and sacred objects of the Tureg and Uighur States, great stones-steles with the designs on a men, sheep and lion, buildings and stupas. Moreover, we have got acquainted with specific architectural monuments and burial sites of the Qidan State, early nomadic chiefdoms, Great Mongolian State and Mongol Empire and inscriptions on Qidan, Zhourzhin, Mongolian, Tibetan, Chinese, Sanscrit, Pags'pa (Square), Clear (Namqaijamtso's), Manjurian, Uighurian, Sogdian and Turkish (Ancient Turkish) languages. Thanks this archaeological search on the Mongolian territory all the members of our joint team were able to live in short time in the early and middle periods of the nomadic world and fulfilled our true feelings as if we are breathing an air, which they breathed, and strengthened our knowledge about Mongolian archaeological monuments. It was main find and achievement of our research team.

Our archaeological searches prove that the Mongolia is a cradle land of the early nomadic civilizations. Although, ruins of the ancient and early cities and architectural buildings, which we have got acquainted during a period of survey show settlement life and some influences of other settlement civilizations. These early nomadic cities haven't been many population and networks of manufactures and trades as megapolicy of the settlement civilizations, but heads, officers and monks of the nomadic states lived in the small cities and towns and privileged sometimes on pleasure and comfort of the urban culture. In this early period cities and towns played the role of small oasis between the ocean of nomadic life and functioned as centres of political and cultural life.

Other purpose was to choose and define monument for further archaeological excavation as we above-mentioned. As the result of our acquainting with several Mongolian archaeological monuments we choused as research excavation object the monuments called as "Squares" (Durvuljinguud), which located closely with Kharkhorum City, the capital of Mongol Empire. The team has found several squares and after carefully comparing the findings amongst each other they had a preliminary conclusion that the remains might belong to the mausoleum burial of the early nomads in 2005. This type of remains has never found and researched and it is hard to determine its purpose, application, construction, and the timing. Even more, two-sided research team agreed to survey this new finding. The scientific result of the first 2006 year excavation on monuments, which called as "Squares" we published on "Mongolian-Chinese Joint Archaeological Survey within the Borderline of Mongolia-II".

The brief introduction of the archaeological monuments, which we have got acquainted during of searching of Mongolian-Chinese scholars in the territory of Mongolia in 2005-2006 and brief order of the study of previous scholars on those, we are publishing in this book and introduce to researchers and publics. Finally I want to underline that at this time the Mongolian-Chinese joint research team not finished our archaeological searching, including all the territory of Mongolia. Therefore monuments, which introduced in this book, are small part of the archaeological monuments in the territory of Mongolia.

by Professor A.Ochir (Mongolia)
2008-02-20

2005 ~

2006

1. 石器时代文化遗存

石器时代遗存2005年调查，共发现有三处，除哈剌和林苏木西北石器时代遗址为旧毛亦勒图山谷石器外，其余两处均为细石器时代遗址。毛亦勒图山谷石器时代遗址位于前杭爱省哈剌和林苏木西北一公里处，由于遭取土破坏，地表只残留一些打制石器的废料残片。两处细石器遗址，都是在调查青铜及早期铁器时代遗址时发现的，在青铜及早期铁器时代遗址内或其附近，地表采集有石叶、刮削器和石镞等细小石器。

2006年，发现石器时代遗存共两处，其中查胡尔特浑地石器时代遗址为旧石器时代遗址，吉日格朗图汗遗址为细石器遗址。查胡尔特石器时代遗址是一处石器制造场，遗址长约20公里，被认为是中亚第一大石器时代遗址，距今约10万年。吉日格朗图汗细石器遗址与青铜时代的赫列克苏尔祭祀遗址共存。

I. ЧУЛУУН ЗЭВСГИЙН ҮЕ

Монгол улсын нутаг бол эртний хүмүүсийн өлгий нутгийн нэг бөгөөд тэртээ 800 мянган жилийн өмнө хүн төрөлхтөний өвөг дээдэс аж төрж байсан ажгуу. Чулуун зэвсгийн үе нь хүн төрөлхтөний түүхийн хамгийн урт удаан үргэлжилсэн үе агаад эртний хүмүүсийн хэрэглэж байсан чулуун зэвсгийн үлдэц, чулуун зэвсгийн бууц, суурин газрууд, хадны зураг, шинэ чулуун зэвсгийн үейн булш оршуулга зэрэг олон зүйлийн дурсгалууд бидний үед уламжлагдан иржээ.

Чулуун зэвсгийн үейн дурсгалуудтай танилцах нь Монгол-Хятадын хамтарсан археологийн экспедицийн хайгуулын ажлын нэг зорилго байв. Энэ удаа бид хуучин чулуун зэвсгийн үед хамаарах Хархорин сумын нутаг дахь Мойлтын амны чулуун зэвсгийн дурсгалт газар, Хэнтий аймгийн Биндэр сумын нутаг Рашаан хадны дурсгалт газар, Өмнөговь аймгийн Булган сумын Цахиуртын хөндийн чулуун зэвсгийн суурин, мөн Хэнтий аймгийн Цэнхэрмандал сумын нутаг Устын дэнж, Хэнтий аймгийн Жаргалтхаан сумын шинэ чулуун зэвсгийн үейн дурсгалт газрууд зэрэг таван дурсгалуудыг үзэж танилцсан юм. Тэдгээр газруудаас төрөл бүрийн чулуун зэвсгүүд, бэлдэцүүд түүвэр байдлаар олдож байна.

乌斯图登吉石器时代遗址

编号05016-1。地理位置为东经108°29′36″、北纬47°42′58″。位于肯特省青和尔满都拉苏木境内、克鲁伦河东岸的山坡之上，被一条冲沟分为两片，一条乡间公路从遗址中间穿过。遗物有石网坠、石核、石叶等。

1993年蒙韩"东蒙古"项目联合考古队在此遗址进行过考古调查及发掘研究，发现石叶、石刀、泥器等遗物[①]。

Устын дэнжийн шинэ чулуун зэвсгийн үеийн дурсгалт газар

GPS-ийн байрлал: N 47°42′58″ , E 108°29′36″ , Alt 1324м

Холбогдох он цаг: Шинэ чулуун зэвсгийн үеэс хүрэл зэвсгийн үе (МЭӨ YIII- МЭӨ I мянган)

Харъяалагдах засаг захиргаа: Хэнтий аймаг, Цэнхэрмандал сум

УБ хотоос зүүн зүгт 170 орчим км зайтай, Хэнтий аймгийн Цэнхэрмандал сумын нутаг, Хэрлэнгийн дээд гүүрнээс зүүн хойш 3 орчим км зайд, голын эрэг дагуу өндөр дэнж дээр оршино. Чулуун зэвсгийн үеийн бууц, хүрэл зэвсгийн үеийн булш зэрэг олон дурсгалуудтай. Өнгөн хэсгээрээ элсэрхэг хөрстэй, эргийн хагарал, нуралт ихтэй газар юм. 1993 онд Монгол–Солонгосын хамтарсан "Дорнод Монгол" төслийн судлаачид хайгуул, малтлага хийсэн бөгөөд чулуун залтас, хутган ялтас, үлдэц, шавар эдлэлийн үлдэгдэл, голдоо нүхтэй чулуун эдлэл зэрэг зүйлсийг олсон байна[①].

Холбогдох ном зохиол:

Цэвээндорж Д. Монгол-Солонгосын эрдэмтдийн хамтарсан "Дорнод Монгол" төслийн 1993 оны археологийн судалгаа. //Монголын археологийн судалгаа-3, УБ.,2004 он, тал 16-32-р талууд.

Цэвээндорж Д. Неолитийн үеийн дугуй чулуун эдлэл. тал 32-33 Монголын археологийн судалгаа-3, УБ.,2004 он.

Цэвээндорж Д, Баяр Д, Цэрэндагва Я, Очирхуяг Ц. Монголын археологи. УБ.,2002 он, 84–85-р талууд.

Цэвээндорж Д. Research survey of stone age. //Монголын археологийн судалгаа-3, УБ., 2003 он, 382-385-р талууд.

---

① Д.Цэвээндорж. Монгол-Солонгосын эрдэмтдийн хамтарсан "Дорнод Монгол" төслийн 1993 оны археологийн судалгаа. //Монголын археологийн судалгаа. Боть III, Уб.,2004, 16-31-р талууд.

遗址概貌
Чулуун зэвсгийн дурсгалт газар

石器制造场
Чулуун зэвсгийн дурсгалт газар

ЧУЛУУН ЗЭВСГИЙН ҮЕ ● 石 器 时 代 文 化 遗 存

毛亦勒图山谷石器时代遗址

编号05054。地理位置为东经102°47′48″、北纬47°12′13″。该遗址位于前杭爱省哈刺和林苏木政府所在地西北、鄂尔浑河西岸的山坡之上。俄罗斯人奥柯拉尼科夫曾在此地区进行过调查，发现了该遗址，后蒙古国考古学家策温道尔基博士也进行了研究，他们共同认定该遗址的年代为距今约30万年，并发掘出刀、斧、铲、钻等石器[①]。遗址背山面河，地表零散可见打制的石器、石核等。

Мойлтын ам

GPS-ийн байрлал: N 47°12′13″ , E 102°47′48″ , UTM

Холбогдох он цаг: Чулуун зэвсгийн үе

Харъяалагдах засаг захиргаа: Өвөрхангай аймаг, Хархорин сум

Өвөрхангай аймгийн Хархорин сумын нутаг, Орхон голын зүүн эрэгт оршино. Эндээс түүхийн урт хугацаанд эртний хүн оршин сууж байсны баталгаа болох чулуун зэвсгийн зүйлс элбэг олддог бөгөөд анх 1949 онд А.П.Окладниковын удирдсан экспедиц илрүүлэн олжээ. 1960, 1961, 1964, 1965 онуудад А.П.Окладников, А.П.Деревянко, Д.Дорж, Д.Цэвээндорж нар малтан судалжээ. Малтлагаар тус суурингийн соёлт давхарга нь 1.5-5 м зузаантай, дээд палеолитын түрүү үеэс эхлэн мезолит ба неолитийн эхэн үеийг хамарсан 4 соёлт давхаргатай болох нь тогтоогдсон байна. Малтлагаар олон зуун чулуун зэвсгийн зүйлс, үлдэц, хугадас маягийн цавчих зэвсэг, хянгар, хусуур, цоолтуур, хутга, үзүүр мэс зэрэг чулуун зэвсгүүд олджээ[①].

采集石器
Түүвэр байдлаар олдсон чулуун зэвсгүүд

Холбогдох ном зохиол:

Васильевский Р.С, Волков В.В. Некоторые итоги работ Советско-Монгольской историко культурной экспедиции. //Древние культуры Монголии. Новосибирск.,1985 г. 6-10 стр.

Дорж Д, Цэвээндорж Д. Монголын палеолит. УБ.,1978 он.

Монгол нутаг дахь түүх соёлын дурсгал. УБ.,1999 он, 13-р тал.

Уртнасан Н. Түмэн дурсгалт Орхоны хөндий. //Дэлхийн өв. УБ.,2005 он, 70-71, 131-р талууд.

Цэвээндорж Д, Баяр Д, Цэрэндагва Я, Очирхуяг Ц. Монголын археологи. УБ.,1999 он.

Цэвээндорж Д. Археологические исслледования в Монголии. 1985 году. //Монголын археологийн судалгаа-2. УБ.,2003 он.

---

① Монгол нутаг дахь түүх соёлын дурсгал (сэдэвчилсэн лавлах). УБ.,1999 он 13-р тал

遗址概况
Мойлтын амны чулуун зэвсгийн суурин

ЧУЛУУН ЗЭВСГИЙН ҮЕ ● 石器时代文化遗存

阿拉善哈达石器时代遗址

　　编号05081。地理位置为东经110°24′15″、北纬47°16′13″。位于肯特省宾德尔苏木呼旧哈河东岸向上的山坡悬崖之上。1961年，蒙古国考古学家赫·普尔莱发现此遗址并进行了研究[1]。地表散见有石核、石叶、石刮削器等大量的石器遗物。

Рашаан хад

GPS-ийн байрлал: N 47°16′13″ , E 110°24′15″ , Alt 1115м

Холбогдох он цаг: Чулуун зэвсгийн үеэс – XIX зууны үе

Харъяалагдах засаг захиргаа: Хэнтий аймаг, Биндэр сум

Хэнтий аймгийн Биндэр сумын нутагт орших Рашаан хад нь хадны зураг, олон зүйл тамга тэмдэг, бичээсүүд, буган хөшөө болон түүхийн олон үеийн булш, оршуулга бүхий баялаг дурсгалт газар ажээ. Анх 1961 онд Х.Пэрлээ олж илрүүсэн байна[1]. Рашаан хадны хамгийн эртний хадны зургууд нь савгат хирс, арслан заан, адуу, үхэр, гөрөөс, тэмээ зэрэг амьтдыг сийлсэн байна. Эдгээр амьтдын зарим нь одоогоос 40 000 - 14 000 жилийн тэртээд монгол оронд амьдарч байсан бөгөөд дурсгалын үйлдсэн он цагийг тогтоох найдвартай эх сурвалжийн нэг болдог. 1974, 1980, 1981 онуудад Рашаан хаднаа хэд хэдэн удаа археологийн малтлага хийсэн байна. Уг суурин 4 соёлт давхаргаас бүрдэх бөгөөд малтлагаар олон төрлийн чулуун зэвсгүүд олджээ.

Холбогдох ном зохиол:

Болд Л. БНМАУ-ын нутаг дахь хадны бичээс. УБ.,1990 он.

Васильевский Р.С, Волков В.В. Некоторые итоги работ Советско-Монгольской историко культурной экспедиции. // Древние културы Монголии. Новосибирск 1985 г. 6-10 стр.

Доржсүрэн Ц. БНМАУ дахь чулуун зэвсгийн үеийн судалын байдал. УБ.,1957 он.

Доржсүрэн Ц. Улсын төв музейд байгаа чулуун зэвсгийн зүйлс. // Археологийн судалгаа. (Эрдэм шинжилгээний бүтээлийн эмхэтгэл) УБ.,2003 он, 137-138-р талууд.

Окладников А.П, Васильевский Р.С. Новый исследования на Аршан-хаде в Монголии. ИЗ СО АН СССР. №6. вып 2. 1982 г, стр 105-109.

Окладников А.П. Палеолит Центральной Азий. Новосибирск 1981 г.

Пэрлээ Х. Монгол-Ардчилсан Германы шинжилгээний ангийн ажлын тухай. // SA.T.III, УБ.,1963 он, 69-72-р талууд.

Пэрлээ Х. Карта рунических письмен на территории МНР. // Эрдэм шинжилгээний

岩画
Хадны зураг

遗址概况
Рашаан хадны чулуун зэвсгийн дурсгалт газар

өгүүллүүд- II. Уб.,2001 он, 25-27 стр.

Пэрлээ Х. Тодруулж судлууштай нэгэн түүхт хөрөг. // ШУА. 1973 он. №6. 54-55-р талууд.

Пэрлээ Х. Археологийн нэгэн сонин олдвор. // Соёл. Уб.,1969 он, №1.

Пэрлээ Х. Монгол түмний гарлыг тамгаар хайж судлах нь. УБ.,1976 он.

Пэрлээ Х. Монголчуудын иргэншлийн дурсгалан олдсоор. // Эрдэм шинжилгээний өгүүллүүд-II. УБ.,2001 он, 302-304-р талууд.

Пэрлээ Х. Монгол түмний гарлыг тамгаар хайж судлах нь. УБ.,1976 он.

Пэрлээ Х.1951-1953 онуудад явуулсан археологийн шинжилгээний тухай товч мэдээ. // Эрдэм шинжилгээний бүтээлийн эмхэтгэл. УБ.,2001 он, 111-115-р талууд.

Пэрлээ Х. Археологийн нэгэн сонин олдвор. // Эрдэм шинжилгээний бүтээлийн эмхэтгэл. УБ.,2001 он, 303-304-р талууд.

Пэрлээ Х, Дорнод монголын эртний бичиг үсгийн дурсгалын зүйл (Археологийн тэмдэглэлээс), // Шинжлэх Ухааны Академийн мэдээ, №4, УБ.,1974 он, 71-74-р талууд.

Сэр-Оджав Н. Эртний Түрэгүүд. Уб.,1970 он, 82-р тал.

Цогтбаатар Б. Рашаан хадны хуучин чулуун зэвсгийн он цагийн хамаарлын тухай. // SA.т.XYII.f-1,УБ.,1999 он.

Цогтбаатар Б. Онон, Хэрлэнгийн сав нутгийн палеолитийн судалгаа. // Монгол-Солонгосын Эрдэм Шинжилгээний Анхдугаар Симпозиумын илтгэлийн эмхэтгэл. Сөүл 2003 он, 57-63-р талууд.

Цэвээндорж Д. Archeolocical research. // Монголын археологийн судалгаа. УБ.,2004 он, 169-177-р талууд.

Цэвээндорж Д. Олон үеийн дурсгалт Рашаан хад. Монголын археологи-3. УБ.,2003 он, 155-р тал.

Цэвээндорж Д. Түмэн жилийн түүхийн нэгэн сурвалж. // Залуучуудын үнэн. №68. 1978 он.

Цэвээндорж Д, Баяр Д, Цэрэндагва Я, Очирхуяг Ц. Монголын археологи. УБ.,2002 он, 62–63, 73-74-р талууд.

Шагдарсүрэн Ц. 1987 оны шинжилгээний ангийн тайлан, // ШУА-ийн Хэл зохиолын хүрээлэн, ГБСХ.

---

① Х.Пэрлээ, Дорнод монголын эртний бичиг үсгийн дурсгалын зүйл (Археологийн тэмдэглэлээс), -Шинжлэх Ухааны Академийн мэдээ, №4, Улаанбаатар, 1974 он, 71-74 -р талууд.

吉日格朗图汗遗址

编号06001-1。地理位置为东经106°28′02″、北纬47°30′03″。位于肯特省吉日格朗图汗苏木境内，面积约30000平方米，细石器遗存和青铜时代赫列克苏尔祭祀性遗存并存的复合型遗址。地表采集的遗物有玛瑙和石英岩打制的细石核、石片等。

Жаргалтхааны шинэ чулуун зэвсгийн суурин

GPS-ийн байрлал: N 47°30′03″ , E 106°28′02″

Холбогдох он цаг: Шинэ чулуун зэвсгийн үе

Харъяалагдах засаг захиргаа: Хэнтий аймаг, Жаргалтхаан сум

Хүрэл зэвсгийн үеийн хиргисүүр ихтэй бөгөөд газрын хөрснөөс чулуун зэвсгийн зүйлс түүвэр байдлаар олдож байна.

Холбогдох ном зохиол:

Хэнтий аймгийн Хэрлэнбаян-Улаан, Дэлгэрхаан, Жаргалтхаан сумдын нутагт ажилласан археологийн хээрийн шинжилгээний ангийн тайлан. // Б.Цогтбаатар, А.Энхтөр, Ж.Гантулга, Г.Лхүндэв/ УБ.,2005 он, АХГБСХ.

采集石器
Чулуун зэвсэг

蒙古国古代游牧民族文化遗存考古调查报告
МОНГОЛ УЛСЫН НУТАГ ДАХЬ АРХЕОЛОГИЙН ХАЙГУУЛ СУДАЛГАА

遗址全景
Жаргалт хааны шинэ чулуун зэвсгийн суурин

查胡尔特浑地石器时代遗址

　　编号06013。地理位置为东经102°50′16″、北纬44°09′03″。位于南戈壁省布尔干苏木境内。这是一处大型石器制造场，遗址范围绵延20公里，被认为是中亚第一大石器时代遗址。遗址北为布哥德山，盛产燧石和玛瑙，为该遗址的石料来源地。地表有丰富的石器和石片，石器有燧石和玛瑙石制成的细石核、刮削器等。此前蒙古国和前苏联合作调查过该遗址，认为是一处距今约10万年前的石器时代遗址。

Цахиуртын хөндийн чулуун зэвсгийн суурин

GPS-ийн байрлал: N 44°09′03″ , E 102°50′16″

Холбогдох он цаг: Хуучин чулуун зэвсгийн үеэс-шинэ чулуун зэвсгийн үе

Харъяалагдах засаг захиргаа: Өмнөговь аймгийн Булган сумын нутаг

Цахиуртын хөндийн чулуун зэвсгийн суурин нь монголын чулуун зэвсгийн дурсгалт газруудын дотор томоохонд тооцогдах нээлттэй суурин юм. Энэхүү дурсгалт газраас төрөл бүрийн чулуун зэвсгийн зүйлс ихээр олдож байна. 1996 онд Монгол-Орос-Америкийн хамтарсан "Монголын чулуун зэвсгийн үе" төслийн судалгааны ангийнхан илрүүлжээ. Тус дурсгалт газар нь хуучин чулуун зэвсгийн үеэс шинэ чулуун зэвсгийн үе хүртэлх цаг үед холбогдох бөгөөд 50 орчим км газар тархсан дурсгал юм.

Холбогдох ном зохиол:

Археологические исследования Российское Монгольское Американской экспедиций в Монголии 1995 г. А.П.Деревянко, Д.Олсен, Д.Цэвээндорж, В.Т.Петрин, Новосибирск 1996г.

采集石器
Чулуун зэвсэг

遗址概貌
Цахиуртын хөндийн чулуун зэвсгийн суурин

2. 青铜时代文化遗存

青铜及早期铁器时代文化遗存在蒙古国分布范围最广，2005年调查的主要遗存可分为赫列克苏尔祭祀性遗迹、鹿石、四方墓和岩画四大类型。赫列克苏尔遗迹主要分布在蒙古国的中部以西地区，地表特征为敖包状巨大石堆，外围以自然石块列砌成圆形或方形的石框，方形石框最大边长有的达500米左右，最小石框为10米左右，圆形石框直径亦达10米至300米不等。鹿石一般与赫列克苏尔遗迹并存，以四棱体石柱为主体形状，顶端双面线刻圆圈状太阳，中间为鹿纹，下面是腰带，腰带上装饰有皮囊、短剑、弓箭等武器；四方墓一般以自然石块砌成长方形，突兀于地表，四角以列石为明显标示，边长3米至5米不等。四方墓文化与鹿石文化在蒙古国中部的色楞格河及其支流哈尼河、呼尼河和鄂尔浑河及其支流塔米尔河一带发生了激烈的碰撞。在调查的后杭爱省一带，如额尔德尼曼达勒苏木哈努伊河西岸的额尔德尼曼达勒苏木遗址、伊赫塔米尔苏木后塔米尔河西北的巴彦查干遗址等，四方墓文化以征服者的姿态或将四方墓建于赫列克苏尔的大石圈之内，这是一种较为特殊的文化现象。而另一种特殊的现象是岩画与四方墓相伴生，在刻有岩画的山脚下多密集地分布有四方墓，垒砌四方墓的石料往往带有岩画。另外在附近还发现了用于磨制凿刻岩画的臼石，对于准确地判断四方墓与岩画的相对年代以及探究凿刻岩画的工具提供了可靠的资料，这也是此次考古调查最为重要的发现。

2006年调查的青铜时代遗存可分为三大类型，即赫列克苏尔祭祀性遗迹、鹿石和四方墓。这三类遗存呈现的分布趋势是，赫列克苏尔和鹿石主要见于中部地区，大型的赫列克苏尔与鹿石共存分布，越往东，二者的数量越来越少；与赫列克苏尔和鹿石遗存相反的趋势是，四方墓的分布呈现一种由东向西的扩展趋势。此次调查也发现有赫列克苏尔祭祀性遗迹与四方墓共存的现象。另外鹿石本身也有没有图案的，有的学者认为是早期鹿石。

II. ХҮРЭЛ ЗЭВСГИЙН ҮЕ

Монгол нутаг дахь эртний нүүдэлчид анхны төмөрлөг зэвсгийн нэг болох хүрлийг одоогоос 5000 жилийн өмнөөс хэрэглэх болжээ. Хүрлийг гаргаж авснаар хүмүүсийн амьдрал, аж ахуйд томоохон өөрчлөлт, дэвшил бий болж, хүн амын дунд баян чинээлэг, хүч чадал, эрх мэдлийн ялгаа гарч эхэлжээ. Монголын хүрлийн үед холбогдох олон соёл байгаагаас биеэ даасан, дөрвөн томоохон соёлууд байна. Тэдгээр нь хадны сийлмэл болон зосон зураг, буган хөшөө, хиргисүүр, дөрвөлжин булш болно.

Монголын хадны зургийн дийлэнхи хувийг хүрэл зэвсгийн үеийн хадны сийлмэл зургууд эзэлдэг. Хадны зураг нь монголын дийлэнхи нутгаар өргөн тархсан дурсгал юм. Зосон зургийн дурсгал харьцангуй цөөхөн бөгөөд хадан цохионы тэгш толигор талд дөрвөлжин хүрээн доторхи олон цэг, гар гараасаа хөтөлөлцсөн хүн, морь мал хөтөлсөн хүн, далавчаа дэвсэн шувуу зэрэг зүйлсийг дүрсэлсэн байх нь нийтлэг.

Судлаачдын үздэгчлэн, Төв Азид долоон зуу гаруй буган хөшөө байдгийн таван зуу гаруй нь Монгол улсын нутгаас олдсон бөгөөд энэ тоо сүүлийн жилүүдэд хийсэн хайгуул судалгаагаар улам нэмэгдэн баяжигдсаар байна. Ихэнхидээ чулууны дөрвөн талыг засаж, буга, тургийг бодит болон загварчилсан байдлаар хөшөөг ороолгон дүрсэлдэг. Зарим тохиолдолд адуу, гахай, ирвэс зэрэг амьтдыг дүрслэх нь тохиолдоно. Заримдаа огт дүрслэлгүй, цулгуй хөшөөд ч тааралдана. Хөшөөний бүсэлхий орчмоор бүс бүслүүлэн, түүнээс зээтүү, сүх, чинжаал зэрэг зэр зэвсгийн зүйл зүүлгэдэг. Зарим хөшөөний оройд хүний нүүрний дүрс сийлсэн байх нь тохиолдоно. Орой талд дүрслэх дугуй дүрсийг судлаачид нар эсвэл ээмэг бололтой хэмээн үздэг.

Хиргисүүр нь монгол оронд өргөн тархсан бөгөөд голдоо чулуу овоолж үйлдсэн овгор дараастай, гадуур нь чулуугаар дугуй болон дөрвөлжин хүрээ үйлдсэн байна. Томоохон хиргисүүрийн гадна талаар тахилын байгууламжуудтай. Уг тахилын байгууламжид адууны толгой, шийр, аман хүзүү, мөн малын шатсан яс зэргийг хийж булсан байдаг. Хиргисүүрийг оршуулгын болон тахилын гэсэн ерөнхий хоёр зориулалтаар байгуулдаг байсан бололтой. Оршуулгатай нөхцөлд гол төлөв газрын өнгөн хөрсөн дээр, эсвэл гүн бус нүхэнд хүнээ тавьж, чулуугаар даруулан оршуулдаг байжээ. Олдвор, хэрэглэгдэхүүний хувьд бусад дурсгалуудтай харьцуулбал ядмаг.

Дөрвөлжин булшийг гол төлөв гонзгой дөрвөлжин хэлбэртэй үйлдэх бөгөөд нас барсан хүнийг нүхэнд хийж, толгой талаар нь зүүн зүгт хандуулан оршуулдаг. Төдий л гүн бус нүхэнд оршуулах ба нас барсан хүнд зэр зэвсэг, элдэв гоёл чимэглэлийг дагалдуулан оршуулдаг байжээ.

伊和腾格尔岩画遗址

　　编号05003-1。地理位置为东经106°57′00″、北纬47°53′05.8″。位于乌兰巴托市郊、土拉河南岸，通往市内的公路从岩画遗存北部及河的南岸穿过。遗存所处山崖即为伊和腾格尔山，山崖北部断崖上可见有青铜时代岩画。岩画内容为长方形围框内绘有成排成列的小圆圈图案，白彩涂抹圆圈，方框周边为红彩绘的人物及动物图案，人物有2～4人不等，作手拉手跳舞状，动物为马的造型。

Их тэнгэрийн амны хадны зураг

GPS-ийн байрлал: N 47°53′05.8″, E 106°57′00″, Alt 1309м

Холбогдох он цаг: Хүрлийн үе МЭӨ I мянган, Монголын үе XIII-XIY зуун, XYII-XIX зуун

Харъяалагдах засаг захиргаа: Улаанбаатар хот, Хан-Уул дүүрэг

Улаанбаатар хотын Хан-Уул дүүргийн нутаг, Богд уулын Их тэнгэрийн аманд оршино. Хадан цохионы тэгш талбайд хүрэл зэвсгийн үе, XIII-XYI зууны үе, XYII-XIX зууны үед хамаарах хэдэн хадны зураг, монгол, түвэд бичээсүүд байна. Хүрэл зэвсгийн үеийн хадны зургийг улаан зосоор зурсан бөгөөд дөрвөлжин хүрээн дотор олон цэг, хүрээний гадна шувуу, морь мал хөтөлсөн, мөн гар гараасаа хөтлөлцсөн хүн зэргийг дүрсэлжээ.

岩画
Их тэнгэрийн амны хадны зураг, Түвэд бичээс

遗址全景
Их тэнгэрийн амны дурсгалт газар

Холбогдох ном зохиол:

Дорж Д. Монголын хүрлийн үеийн хадны зураг. // АС.Т.2. УБ.,1963 он.

Монгол нутаг дахь түүх соёлын дурсгалууд. УБ.,1999 он.

Окладников А.П. Древнемонгольский портрет, надписи и рисунки на скалье у подножия горы Богд-Ула. // Монгольский археологический сборник.

Сэр-Оджав Н. 1960 онд явуулсан эртний судлалын шинжилгээний ажлын тухай. // ОУМУ. УБ.,1961 он. №1, 20-21-р талууд.

Цэвээндорж Д. История древнего искусства Монголии. УБ.,1998 г.

Цэвээндорж Д, Баяр Д, Цэрэндагва Я, Очирхуяг Ц. Монголын археологи. УБ.,2002 он, 252-253–р талууд.

嘎楚尔特山岩画遗址

编号05004。地理位置为东经107°09′32″、北纬47°57′33″。位于乌兰巴托市巴音珠日和区东部20公里处的嘎楚尔特山口，东部约1公里处为丘陵状山脉，东、西部山间有土拉河流过。岩画位于西部断崖靠下部，与伊和腾格尔青铜时期岩画相似。图案造型以长方形方框为中心，周边为人物及动物彩绘，下方还可见鹿角状图案。方框内圆圈成排成列分布，人物为手拉手跳舞状。绘法为黑彩勾边，内填红彩。

Гачууртын амны хадны зураг

GPS-ийн байрлал: N 47°57′33″, E 107°09′32″, Alt 1365м

Холбогдох он цаг: Хүрлийн үе МЭӨ I мянган

Харъяалагдах засаг захиргаа: Улаанбаатар хот, Баянзүрх дүүрэг

Улаанбаатар хотын Баянзүрх дүүрэг, Гачуурт тосгоноос баруун хойд зүгт 5 орчим км зайд орших, хадтай уулын зүүн хойд энгэрт, улаан зосоор зурсан хүрэл зэвсгийн үед холбогдох хадны зураг байна. Дөрвөлжин хүрээнд олон эгнээ цэгэн дүрс, гар гараасаа хөтлөлцсөн хүн, морь хөтөлсөн хүн, шувуу зэргийг дүрсэлжээ.

Холбогдох ном зохиол:

Батсайхан З. Сэлэнгийн хэмээх зосон зургуудыг шинээр тайлбарлах нь. // МУИС-ийн эрдэм шинжилгээний бичиг. №210 (19) УБ.,2003 он, 34-39-р талууд.

Дорж Д. Монголын хүрлийн үеийн хадны зураг. // АС.Т.2. УБ.,1963 он.

Монгол нутаг дахь түүх соёлын дурсгал. УБ.,1999 он.

Окладников А.П, Запорожская В.Д. Петроглифы Забайкалья. Часть 1, Л.,1970 г.

Цэвээндорж Д, Баяр Д, Цэрэндагва Я, Очирхуяг Ц. Монголын археологи. УБ.,2002 он, 107-110–р талууд.

工作现场
Дурсгалтай танилцаж байгаа нь

岩画分布区
Гачууртын ам

岩画
Хадны зураг

ХУРЭЛ ЗЭВСГИЙН ҮЕ ● 青 铜 时 代 文 化 遗 存

肯地石圈墓、四方墓遗址

编号05006。地理位置为东经107°15′30″、北纬47°51′15″。位于乌兰巴托市巴音珠日和区，地理位置特殊，西南为土拉河，东部紧邻突起山脉，为古人类祭祀山、水的遗存。地表清晰可见许多大小不一的祭祀石圆圈。中部有一座用石块堆砌成的长方形的石框遗迹，长约12米、宽约3~4米。在其北部约四五米的地方围有呈弧形分布的小型石圆圈，约六七个，直径1米左右。遗址东南有几座四方墓。

Хээндэйн амны дурсгал

GPS–ийн байрлал: N 47°51′15″, E 107°15′30″, Alt 1392м
Холбогдох он цаг: Хүрлийн үе(МЭӨ III-I мянган)
Харъяалагдах засаг захиргаа: Улаанбаатар хот, Баянзүрх дүүрэг
Улаанбаатар хотын Баянзүрх дүүргийн нутаг, Гачуурт дүүргээс хойд зүг, Туул голын баруун дэнж, гол руу түрж орсон хошуун дээр оршино. Уг дурсгал баруун болон хойд талаараа хиргисүүр, буган чулуун хөшөөнд түгээмэл байдаг цагираг хэлбэрийн тахилын дугуй байгууламжтай. Зүүн урд талдаа дөрвөлжин бултай, түүний баруун талд чулуу шигтгэн суулгасан, зам мэт гонзгой дөрвөлжин хэлбэртэй байгууламж байна. Мөн үүнтэй яг адил хэлбэртэй байгууламж дурсгалын хойд талд нь нэг эгнээ болон байрлажээ. Хойд талын дөрвөлжин булшнаас зүүн хойд зүгт 30-аад метр зайд цагираг хэлбэртэй хоёр чулуун байгууламж байна.

Холбогдох ном зохиол:
Монгол-Хятадын хамтарсан экспедицийн 2005 оны хайгуулын ажлын тайлан. УБ.,2006 он, МҮМ-н номын сан.

石圈墓
Хээндэйн амны дурсгалт газар

四方墓
Хээндэйн амны дурсгал

ХҮРЭЛ ЗЭВСГИЙН ҮЕ ● 青铜时代文化遗存

马头山墓地

　　编号05012。地理位置为东经105°40′00″、北纬47°18′38″。位于乌兰巴托市西南方向的阿拉坦宝拉格苏木境内土拉河东岸的草原之上。墓地三面环山，即马头山将其围绕，向西约1公里处可见土拉河。墓地内墓葬分布密集，墓葬大者约5～6米见方，小者约2～3米见方，墓向基本一致。另有一座大的圆形石堆遗迹，直径约7米，其中一块石块上保存有射猎场景的岩画。蒙匈联合考古队和蒙古国科学院历史研究所匈奴遗存研究考古队分别于1988年和1999年对此墓地进行了发掘研究。蒙古与韩国联合考古队于2002年曾经发掘了部分墓葬。

Морин толгойн дөрвөлжин булш

GPS-ийн байрлал: N 47°18′38″ , E 105°40′00″ , Alt 1116м

Холбогдох он цаг: Хүрлийн үе (МЭӨ III-I мянган)

Харъяалагдах засаг захиргаа: Төв аймаг, Алтанбулаг сум

Төв аймгийн Алтанбулаг сумын нутаг, Туул голын сав, Морин толгой хэмээх толгойн энгэрээр дөрвөлжин булш болон Хүннүгийн жирийн иргэдийн чулуун дараастай булшууд олон байна. 1988 онд Монгол-Унгарын хамтарсан археологийн экспедиц, 1989 онд ШУА-ийн Түүхийн Хүрээлэнгийн Хүннүгийн дурсгал судлах археологийн шинжилгээний анги малтлага хийжээ. 2000 онд Монгол, Солонгосын хамтарсан "Мон-Сол" төслийн судлаачид нэг дөрвөлжин булш малтаж олон сонирхолтой хэрэглэгдэхүүнийг илрүүлсэн байна.

工作现场
Морин толгойн дөрвөлжин булшнууд

马头山墓地一号遗址全景
Морин толгойн дурсгалт газар

Холбогдох ном зохиол:

Боровка Г.И. Археологическое исследования среднего течение Толы. Северная Монголия. Т.2, П 1927 г.

Монгол нутаг дахь түүх соёлын дурсгал. УБ.,1999 он.

Свинин В.В. Путшествие в настоящее и далекое прошлое Монголий. Иркутский Университет, 22 Октября 1975 г.

Цэвээндорж Д. 1989 оны Хүннүгийн дурсгал судлах ангийн тайлан. // ТХГБС. 1989 он.

Цэвээндорж Д. Морин толгойн булшнаас олдсон хэл хуур. // Монголын археологийн судалгаа. Боть III, УБ.,2004, 203-204-р талууд.

Монголын Морин толгойн Хүннү булш. // Монгол-Солонгосын хамтарсан эрдэм шинжилгээний судалгааны тайлан. Сөүл 2001 он. 229-257-р талууд.

МОНГОЛ УЛСЫН НУТАГ ДАХЬ АРХЕОЛОГИЙН ХАЙГУУЛ СУДАЛГАА

蒙古国古代游牧民族文化遗存考古调查报告

墓葬结构
Дөрвөлжин булш

墓葬地表情况
Дөрвөлжин булш

岩画与墓葬
Дөрвөлжин булшууд

墓地所处环境
Дөрвөлжин булш

马头山赫列克苏尔遗址

编号05014。地理位置为东经105°40′11″、北纬47°19′28″。位于中央省阿拉坦宝拉格苏木境内，三面环山，一面临水。遗址中心为长约30米、宽约20米、高约2米的石砌台基。四周为石块围起的长方形边框，长约70米、宽约50米。边框四周为直径1米左右的小石圈，面河的一边石圈最为密集。小石圈大小不一，大的直径为5米左右，小的直径为1米左右。石框外围较远的地表还零散可见延伸的石圆圈遗迹。

Морин толгойн хиргисүүр

GPS-ийн байрлал: N 47°19′28″ , E 105°40′11″ , Alt 1116м

Холбогдох он цаг: Хүрлийн үе (МЭӨ III-I мянган)

Харъяалагдах засаг захиргаа: Төв аймаг, Алтанбулаг сум

Энд хэд хэдэн хиргисүүр байгаагийн зарим нь дугуй хүрээтэй, зарим нь дөрвөлжин чулуун хүрээтэй, голдоо овгор чулуун дараастай. Хиргисүүрийг тойрон чулуугаар үйлдсэн тахилын олон жижиг байгууламжуудтай.

Холбогдох ном зохиол:

Боровка Г.И. Археологическое иследования среднего течение Толы. // Северная Монголия. Т.2, П 1927 г.

Монгол нутаг дахь түүх соёлын дурсгал. УБ.,1999 он.

Свинин В.В. Путшествие в настоящее и далекое прошлое Монголий. // Иркутский Университет, 22 Октября 1975 г.

Цэвээндорж Д. 1989 оны Хүннүгийн дурсгал судлах ангийн тайлан. // ТХГБС. 1989 он.

马头山赫列克苏尔遗址
Морин толгойн хиргисүүр

蒙古国古代游牧民族文化遗存考古调查报告

МОНГОЛ УЛСЫН НУТАГ ДАХЬ АРХЕОЛОГИЙН ХАЙГУУЛ СУДАЛГАА

祭祀遗址
Хиргисүүр

祭祀墓葬
Хиргисүүр, дөрвөлжин булш

祭台前石圈
Хиргисүүрийн байгууламж

祭台后小石圈
Хиргисүүрийн байгууламж

ХҮРЭЛ ЗЭВСГИЙН ҮЕ ● 青铜时代文化遗存

乌斯图登吉赫列克苏尔及四方墓遗址

编号05016。地理位置为东经108°28′10″、北纬47°40′43″。位于肯特省青和尔满都拉苏木境内，西部不远处即为克鲁伦河，西北可见克鲁伦河大桥及废弃的木桥。东部为突起山脉，遗址位于山坡之上。此地在《元朝秘史》中有过记载，当时称作"克尔楞忽德阿日勒"，对岸的山称为"阿伊嘎山"。遗址中心为圆形石堆，直径为6～7米。外围石头圈呈圆弧状分布，直径约1米。

Устын дэнжийн хүрэл зэвсгийн үеийн булш, хиргисүүр

GPS-ийн байрлал: N 47°40′43″, E 108°28′10″, Alt 1314м

Холбогдох он цаг: Хүрлийн үе (МЭӨ III-I мянган)

Харъяалагдах засаг захиргаа: Хэнтий аймаг, Цэнхэрмандал сум

Хэнтий аймгийн Цэнхэрмандал сумын нутаг, Хэрлэнгийн дээд гүүрнээс урагш 1.5 км орчим зайд, Хэрлэн голын баруун эрэг, голоос 500 метр орчим зайд орших уг хиргисүүр нь дугуй хэлбэрийн чулуун далантай, дундаа намхан дараас чулуутай. Хиргисүүрийг тойрсон цагираг хэлбэртэй, жижиг тахилын байгууламжтай. Хиргисүүрийн урд талд нь нэг дөрвөлжин булш байна. Мөн Хэрлэнгийн дээд гүүрнээс зүүн хойш 2.5 км орчим зайд хойд өргөргийн 47° 42' 996", зүүн уртрагийн 108° 29' 641" хэмийн солбилцолд далайн түвшнээс дээш 1329 метрийн өндөрт, машин замын урд талаар, уулын энгэр, бэлээр хүрэл зэвсгийн үеийн хэд хэдэн дөрвөлжин булш, хиргисүүрүүд байна.

Холбогдох ном зохиол:

Цэвээндорж Д. Монгол-Солонгосын эрдэмтийн хамтарсан "Дорнод Монгол" төслийн 1993 оны археологийн судалгаа. // Монголын археологийн судалгаа-3, УБ.,2004 он, 16-32-р талууд.

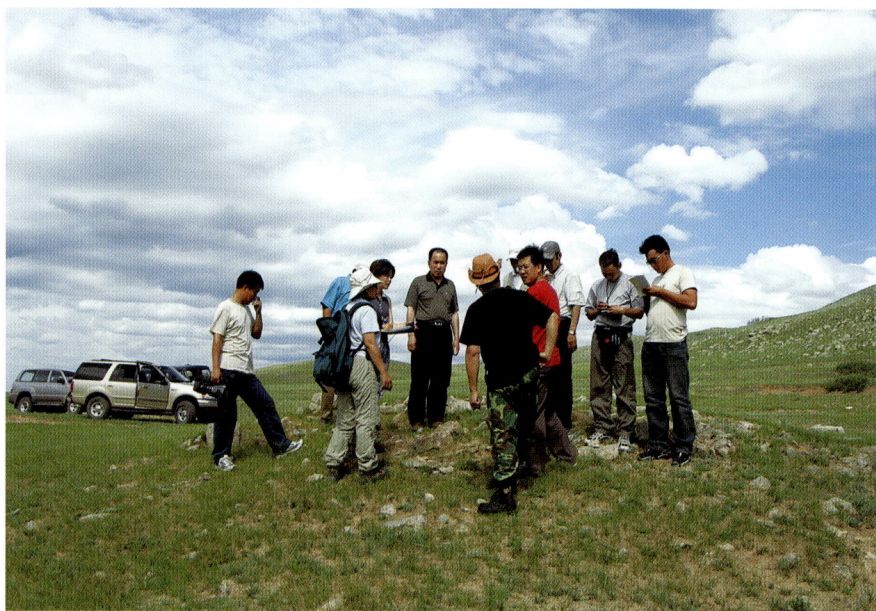

工作现场
Устын дэнжийн дурсгалтай танилцаж байгаа нь

遗址概貌
Устын дэнжийн дурсгалт газар

呼日木图赫列克苏尔遗址

编号05018。地理位置为东经103°52′30″、北纬47°53′41″。位于布尔干省达欣其楞苏木境内，为青铜时代祭祀遗址。遗址基本布局为：中间为圆形石堆祭祀中心，外围长方形石围圈，长方形石围圈的四角各有一直径约2米的石头圈，再往外散布有两周小型石头圈，直径2～4米。长方形石围圈东墙长53米，西墙长42米，南、北墙均长38米。在遗址南部的山坡上，还有一座大型祭祀圈，直径在10米左右。

Хүрэмтийн хиргисүүр

GPS-ийн байрлал: N 47°53′41″ , E 103°52′30″ , UTM

Холбогдох он цаг: Хүрэл зэвсгийн үе (МЭӨ III-I мянган)

Харъяалагдах засаг захиргаа: Булган аймаг, Дашинчилэн сум

Энд хүрлийн үеийн дурсгал элбэг бөгөөд дөрвөн талдаа босоо чулуутай, дөрвөлжин хэлбэрийн чулуун далантай, гол дундаа дугуй хэлбэрийн чулуун дараастай хиргисүүр нэлээд хэд байна.

Холбогдох ном зохиол:

Монгол-Хятадын хамтарсан экспедицийн 2005 оны хайгуулын ажлын тайлан. УБ.,2006 он, МYМ-н Номын сан.

工作现场
Хүрэмтийн хиргисүүрийг судалж байгаа нь

遗址概貌
Хүрэмтийн хиргисүүр

赫列克苏尔遗址
Хиргисүүр

祭祀石圈
Тахилын байгууламж

额布根特岩画及赫列克苏尔遗址

编号05019。地理位置为东经104°05′57″、北纬48°06′52″。位于布尔干省布日格杭爱苏木境内。西、北、东三面为群山环绕，北山上岩石多见岩画，向下的山坡上布满密集的墓葬，再向下的山坡下为祭祀性遗迹。西北部和东部山上的岩画绘有大量动物纹，有羊、鹿及射猎等内容。

Өвгөнтийн хадны зураг, хиргисүүрүүд

GPS-ийн байрлал: N 48°06'52″ , E 104°05'57″ , UTM

Харъяалагдах засаг захиргаа: Булган, Бүрэгхангай сум

Холбогдох он цаг: Хүрэл зэвсгийн үеэс Хүннүгийн үе

Булган аймгийн Бүрэгхангай сумын нутагт, Дашинчилэн сумын төвөөс зүүн хойд зүг 30 км орчим зайтай оршино. 1983 онд МЗТСХЭ-ийн хүрэл ба төмрийн дурсгал судлах анги анх илрүүлсэн. Энд хүрэл зэвсгийн үеийн хадны зураг элбэг ажээ. Хадны зурагт буга, янгир, аргал, гөрөөс, морь мал, хүн зэргийг сийлж дүрсэлсэн аж. Ойролцоогоор 30 орчим Хүннү булштай бөгөөд заримыг нь малтахад морины хударганы алтан товруу, хүрэл чимэг, руни маягийн бичигтэй, хүний цээжин биеийн дүрс бүхий дугуй алтан чимэг зэрэг зүйлс олджээ. Мөн Өвгөнт уулын орчмоор хүрэл зэвсгийн үеийн хиргисүүрүүд элбэг аж. Тэдгээр хиргисүүрүүд нь гадуураа дөрвөлжин болон дугуй чулуун хүрээтэй, голдоо чулуун дараастай байна.

Холбогдох ном зохиол:

Наваан Д, Сумъяабаатар Б. Өвөг монгол хэл бичгийн чухаг дурсгал. УБ.,1987 он,

Наваан Д. Алт эрдэнэсийн дурсгал. УБ.,2004 он, 6, 13-14-р талууд.

Төрбат Ц. Хүннүгийн жирийн иргэдийн булш. УБ.,2004 он, 11-12-р талууд.

Цэвээндорж Д. Хүннүгийн археологи. // Монголын археологийн судалгаа. УБ.,2003 он, 123-р тал.

方形赫列克苏尔遗址
Хиргисүүрүүд

岩画区与赫列克苏尔遗址
Хиргисүүр

圆形赫列克苏尔遗址
Хиргисүүрүүд

岩画遗址
Хадны зургийн дурсгалт газар

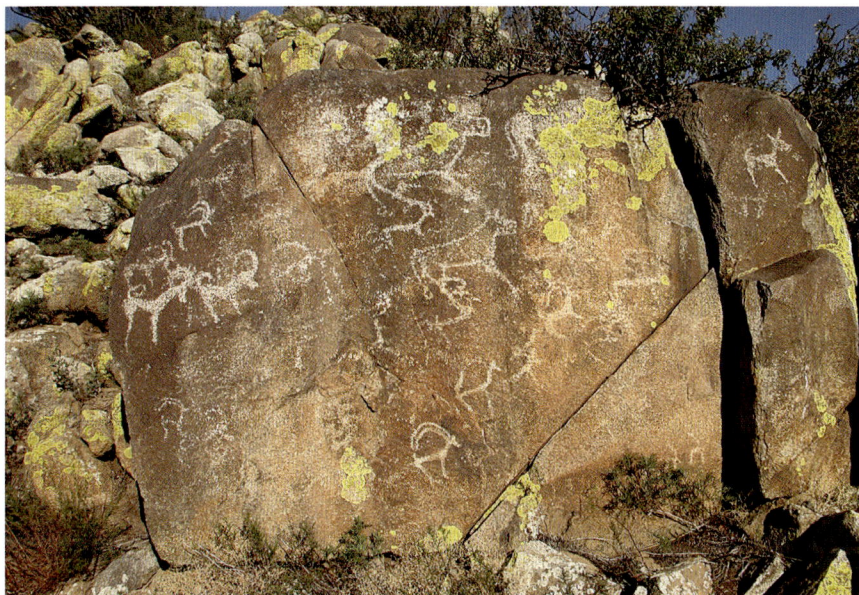
岩画
Хадны зураг

岩画
Хадны зураг

凿刻岩画工具磨制现场
Хадны зураг

穆松呼热姆赫列克苏尔、四方墓遗址

编号05021。地理位置为东经104°17′40″、北纬48°10′57″。位于布尔干省达欣其楞苏木境内，土拉河从遗址东南方呈东西向流过，河岸边的草原上有大量火山岩。该祭祀性遗址以火山岩垒砌而成，大小不一，分布较多。其中最大的一座中间为大型石堆祭台，外围长方形边框，边框周围为众多的直径约1米的小石圈。边框四角堆积石圈较多。一条很长的石围墙将整个遗址环绕起来，延伸至土拉河岸边。

Мөсөнгийн хүрэм

GPS-ийн байрлал: N 48°10′57″ , E 104°17′40″ , UTM

Харъяалагдах засаг захиргаа: Булган аймгийн Дашинчилэн сум

Холбогдох он цаг: Тэдгээрийн зарим нь хүрэл зэвсгийн үед хамаарна

Дурсгалын зүүн талаар Туул гол урсана. Мөсөнгийн хүрэм хэмээх галт уулын хүрмэн чулуу ихтэй, жижиг толгодын энгэрээр, том жижиг нь харилцан адилгүй олон хиргисүүрүүд байна. Тэдгээрийн зарим нь дөрвөлжин хүрээтэй, голдоо том чулуун овгортой, дөрвөн буландаа чулуун байгууламжтай, гадуураа 1 м голчтой чулуун байгууламжтай. Дурсгалуудыг тойрсон, хэдэн давхар урт чулуун хэрэмтэй.

Холбогдох ном зохиол:

А.Очир, А.Энхтөр, Л.Эрдэнэболд. Хар бухын балгасыг малтан судлах хээрийн шинжилгээний ангийн тайлан. УБ.,2003 он, МУМ-н номын сан.

Монгол-Хятадын хамтарсан археологийн экспедицийн 2005 оны хайгуулын ажлын тайлан. УБ.,2006 он, МУМ-н номын сан.

遗址概况
Мөсөнгийн хүрмийн хиргисүүр

МОНГОЛ УЛСЫН НУТАГ ДАХЬ АРХЕОЛОГИЙН ХАЙГУУЛ СУДАЛГАА

蒙古国古代游牧民族文化遗存考古调查报告

石围墙
Чулуун хэрэм

四方墓
Чулуун дараастай булш

赫列克苏尔中心石头堆
Хиргисүүрийн голын чулуун дараас

赫列克苏尔遗址
Мөсөнгийн хүрмийн хиргисүүр

额尔德尼赫列克苏尔遗址

编号05026。地理位置为东经107°58′25″、北纬47°35′19″。位于中央省额尔德尼苏木境内，遗址东北为东西走向的石山，主遗址位于石山向下的坡地上，中间为大型石堆，四周有长方形边框。边框南北长25米、东西长20米，再外围绕有直径1～2米的小石圈。

Хиргисүүрүүд

GPS-ийн байрлал: N 47°35′19″, E 107°58′25″, Alt 1421м

Холбогдох он цаг: Хүрлийн үе (МЭӨ II-I мянган)

Харъяалагдах засаг захиргаа: Төв, Эрдэнэ сум

Төв аймгийн Эрдэнэ сумаас Улаанбаатар орох замд машин замын зүүн гар талд, машин замаас 300 гаруй метр, хад чулуу ихтэй уулын, наран ээвэр энгэрт хүрэл зэвсгийн үеийн нэгэн хиргисүүр байна. Дөрвөлжин хүрээтэй, дундаа чулуун дараастай бөгөөд дөрвөн буландаа дугуй хэлбэрийн чулуун дараастай. Чулуун хүрээний урд талаар хоёр - гурван эгнээ тахилын байгууламжтай.

Холбогдох ном зохиол:

Монгол-Японы хамтарсан "Бичээс-2" төслийн 2004 оны хээрийн судалгааны ажлын тайлан.

Монгол-Хятадын хамтарсан экспедицийн 2005 оны хайгуулын ажлын тайлан. УБ.,2006 он, МҮМ-н Номын сан.

工作现场
Хиргисүүрийг судалж байгаа нь

赫列克苏尔遗址
Хиргисүүр

石圈遗迹
Хиргисүүрийн тахилын байгууламж

石围墙
Хиргисүүрийн байгууламж

博格达汗山四方墓、赫列克苏尔遗址

　　编号05028。地理位置为东经106°59′20″、北纬47°44′27″。位于中央省省府珠莫德市市区东南，博格达汗山山谷中。墓葬地表呈现形制为长方形石堆，方向基本为正南北向。其中较大的石堆面积为3米×4米，较小的为3米×2米。另外有赫列克苏尔祭祀性遗迹五座，皆以石块堆砌成圆形，周边围以较大的石头圈，内部石堆的直径在6米左右，其中较大的一个外围石圈直径约10米。

Хиргисүүр, дөрвөлжин булш

GPS-ийн байрлал: N 47°44′27″, E 106°59′20″, Alt 1604м

Холбогдох он цаг: Хүрлийн үе (МЭӨ III-I мянган)

Харъяалагдах засаг захиргаа: Төв аймаг, Зуунмод хот

Төв аймгийн Зуун мод хотоос баруун хойш 5 км орчим зайтай, Богд уулын зүүн урагш харсан аманд, Манзушир хийдийн хашаан дотор хүрэл зэвсгийн үед хамаарах хэдэн хиргисүүр, дөрвөлжин булшууд байна. Эдгээр дурсгалуудын талаар урд нь судлаж, судалгааны бүтээлд нийтлэсэн эсэх нь тодорхойгүй.

Холбогдох ном зохиол:

Монгол-Хятадын хамтарсан экспедицийн 2005 оны хайгуулын ажлын тайлан. УБ.,2006 он, МҮМ-н Номынсан.

工作现场
Дурсгалыг судалж байгаа байдал

遗址概貌
Хиргисүүр, дөрвөлжин булш

四方墓
Дөрвөлжин булш

图尔格尼高勒四方墓遗址

　　编号05029。其地理位置为东经106°47′38″、北纬47°45′06″。位于乌兰巴托市境内的图尔格尼高勒河右岸、博格达汗山阴面的河谷平原之上，南部约400米处为乌兰巴托至珠莫德市的公路。该遗址共分布有五座四方墓，方向基本上为东西向，面积2米×2.5米，较大圆形石堆墓一座，直径6～7米，其他三座边长皆在1～2米左右。

Түргэний голын баруун эрэг дэх хүрэл зэвсгийн үеийн булш

GPS-ийн байрлал: N 47°45′06″, E 106°47′38″, Alt 1604м

Холбогдох он цаг: Хүрлийн үе (МЭӨ III-I мянган)

Харъяалагдах засаг захиргаа: Улаанбаатар хот, Хан уул дүүрэг

Улаанбаатар хотын Хан-уул дүүргийн нутаг, Түргэний голын баруун эрэгт оршино. Намхан хошууны өвөрт хүрлийн үеийн 5 ширхэг дөрвөлжин булш байна.

Холбогдох ном зохиол:

Монгол-Хятадын хамтарсан экспедицийн 2005 оны хайгуулын ажлын тайлан. УБ.,2006 он, МУМ-н Номын сан.

四方墓
Дөрвөлжин булш

遗址概貌
Дөрвөлжин булшууд

呼热哈日乌珠尔遗址

编号05031。遗址地理位置为东经101°21′17″、北纬47°44′02″。位于后杭爱省伊和塔米尔苏木境内后塔米尔河的南岸，杭爱山脉呼热哈尔乌珠尔山的山坡地带。

遗址包括岩画、赫列克苏尔、四方墓三大部分。岩画一般刻画于岩石的阳面，以北山羊、大角鹿、狗、射猎为主要内容。沿山麓约有2公里长的地方分布着圆形和方形赫列克苏尔祭祀性遗址以及四方墓。在这里出现了一种新的四角有立柱石的方形赫列克苏尔，其中有的是将刻有岩画的石块取下来修筑的，由此可以判定岩画与赫列克苏尔、四方墓的相对时代。四方墓较方形赫列克苏尔为小，有些四方墓数座相连，分布较密集。最大的圆形赫列克苏尔直径约达200米，最大的方形赫列克苏尔有200多米见方。1969年，前苏联学者瓦·沃尔库瓦、额·阿·努瓦高尔道瓦和蒙古国考古学家德·那旺等首次发现此遗址并进行了发掘及研究[1]。

Хөрөөгийн хар үзүүрийн хадны зураг, хиргисүүр

GPS-ийн байрлал: N 47°44′02″, E 101°21′17″, Alt 1563м

Холбогдох он цаг: Хүрлийн үе (МЭӨ II-I мянган)

Харъяалагдах засаг захиргаа: Архангай аймаг, Ихтамир сум

Архангай аймгийн Ихтамир сумын төвөөс зүүн хойш 18 км орчим зайд, Тамирын голын зүүн эрэг, Хөрөөгийн үзүүр гэдэг хадтай багахан толгойн хаднаа хүрэл зэвсгийн үед хамаарах олон зуун хадны сийлмэл зургууд байна. Энэ дурсгалыг анх 1969 онд В.В.Волков, Э.А.Новгородова, Д.Наваан нар олж судалсан байна[1]. Хадны зурагт буга, янгир, араатан амьтад, тэмээ, тэмээ унасан хүн, ан гөрөө хийж буй хүмүүсийг дүрсэлжээ. Мөн уулын өвөр, бэлээр дөрвөлжин хүрээтэй хиргисүүрүүд олон байна.

Холбогдох ном зохиол:

Дорж Д, Новгородова Э.А. Петроглифы Монголии. УБ.,1975 стр 26-27.

Монгол нутаг дахь түүх соёлын дурсгал. // Сэдэвчилсэн лавлах. УБ.,1999 он.

Санжмятав Т. Архангай аймгийн нутаг дахь түүх соёлын дурсгалууд. УБ.,1993 он, 18-19-р талууд.

Санжмятав Т. Монголын хадны зураг. УБ.,1993 он.

---

[1] Санжмятав Т. Монголын хадны зураг. УБ.,1993 он.

遗址概况
Хөрөөгийн хар үзүүр

方形赫列克苏尔
Хиргисүүр

带岩画的柱角石
Хиргисүүрийн чулуун дээрхи хадны зураг

МОНГОЛ УЛСЫН НУТАГ ДАХЬ АРХЕОЛОГИЙН ХАЙГУУЛ СУДАЛГАА

蒙古国古代游牧民族文化遗存考古调查报告

方形赫列克苏尔
Хиргисүүрүүд

四方墓分布区
Хиргисүүр

岩画区
Хөрөөгийн хар үзүүрийн хадны зургийн дурсгалт газар

大型的赫列克苏尔
Хиргисүүрүүд

岩画
Хадны зураг

巴彦查干赫列克苏尔、鹿石遗址

　　编号05032-1。地理位置为东经101°22′08″、北纬47°45′00″。位于后杭爱省伊和塔米尔苏木境内的巴彦查干山谷之中，山谷较深，地势平缓，东南方向可见后塔米尔河。

　　该处遗址包括赫列克苏尔、鹿石两大部分遗迹。赫列克苏尔中心石堆台基直径约20米，高约2～3米，外围有长约200、宽188米的长方形石筑围框，围框四角及外围还分布有小型石头圈及见较小的石头堆。此类遗存的外围石框内一般埋有烧过的马头骨以及其它动物骨骼。鹿石可见七块，造型相近，呈长方形立柱状。顶端为圆环，主体图案为四条鸟嘴状的大角鹿，底部为腰带，有的佩有短剑。

Баянцагааны хиргисүүр, буган хөшөө

GPS-ийн байрлал: N 47°45′00″, E 101°22′08″, Alt 1775м

Холбогдох он цаг: Хүрлийн үе (МЭӨ III-I мянган)

Харъяалагдах засаг захиргаа: Архангай аймаг, Их тамир сум

Хойд Тамирын голын зүүн эрэг, Баянцагааны хөндийд хүрэл зэвсгийн үеийн хиргисүүр, дөрвөлжин булш зэрэг дурсгалууд олон байна.Тэдний нэгийг хэмжиж үзвэл тус бүр 200 орчим метр хэмжээтэй дөрвөлжин хүрээтэй байв. Хиргисүүрийн урд талаар хэд хэдэн жижиг тахилын байгууламжуудтай.

Холбогдох ном зохиол:

Монгол-Хятадын хамтарсан экспедицийн 2005 оны хайгуулын ажлын тайлан. УБ.,2006 он, МУМ-н Номын сан.

方形赫列克苏尔石围墙
Хиргисүүрийн байгууламж

赫列克苏尔
Хиргисүүр

赫列克苏尔附属石墙
Хиргисүүр, түүний тахилын байгууламж

МОНГОЛ УЛСЫН НУТАГ ДАХЬ АРХЕОЛОГИЙН ХАЙГУУЛ СУДАЛГАА

蒙古国古代游牧民族文化遗存考古调查报告

鹿石正面
Буган хөшөө

鹿石背面
Буган хөшөө

鹿石残段
Буган хөшөө

胡舍塔拉鹿石及赫列克苏尔遗址

编号05034。地理位置为东经101°05′33″、北纬48°10′16″。位于后杭爱省额尔德尼满都拉苏木境内的哈尼河西部的胡舍塔拉草原上。该遗址赫列克苏尔与鹿石共存，有的鹿石立于圆形的石堆中间。鹿石顶端饰有放射状线纹的太阳，以下腰带呈几何状花纹，上部佩饰有弓箭。鹿石有的伫立于长方形的赫列克苏尔之内，有的鹿石被推倒修建成长方形的墓葬的边框。俄罗斯考古队曾经发掘了一座，鹿石残段散落于墓葬周边。

Хөшөөн талын буган хөшөөд

GPS-ийн байрлал: N 48°10′16″, E 101°05′33″, Alt 1637м

Холбогдох он цаг: Хүрлийн үе (МЭӨ III-I мянган)

Харъяалагдах засаг захиргаа: Архангай аймаг, Эрдэнэмандал сум

Хануй голын хөндий, Хөшөөн тал хэмээх газар олон тооны буган хөшөө, хиргисүүрүүд байна. Тэдгээр буган хөшөөнд буга, бүс, бамбай, нар буюу ээмэг, хутга зэрэг олон тооны зүйлийг дүрсэлсэн байна. Эдгээр дурсгалуудад В.В.Волков, Т.Санжмятав нар малтлага хийж, булшинд буган хөшөөгөөр хашлага хийсэн байсныг илрүүлсэн бөгөөд булшнаас хүрэл товруу, хүрэл чимэглэл зэрэг зүйлсийг олжээ. Мөн 2001 онд Монгол-Америкийн хамтарсан "Хануйн хөндий" төслийн судлаачид буган чулуун хөшөөний тахилгын байгууламжид малтлага хийжээ.

Холбогдох ном зохиол:

Волков В.В. Оленные камни в Монголии. УБ.,1981 г.

Цэвээндорж Д. Монгол нутгаас олдсон зарим буган чулуун хөшөө. // АС. Т.7, УБ.,1979 он.

Цэвээндорж Д. Баяр Д, Цэрэндагва Я, Очирхуяг Ц. Монголын археологи. УБ.,2002 он, 102-103–р талууд.

Эрдэнэбаатар Д, Батболд Н. Архангай аймгийн Өндөр-Улаан суманд ажилласан Монгол-Америкийн хамтарсан "Хануйн хөндий" төслийн 2001 оны тайлан. // ШУА-ийн АХГБСХ.

遗址概况
Хөшөөн талын буган хөшөөд

鹿石与赫列克苏尔遗址
Хиргисүүр , буган хөшөөд , тахилгын байгууламж

鹿石
Буган хөшөөд

鹿石
Буган хөшөөд

巴彦郭勒赫列克苏尔遗址

编号05037。地理位置为东经101°27′24″、北纬48°31′37″。位于后杭爱省海日汗苏木境内的山坡地带，呈一线分布，范围极广。绵延约1公里的山坡上分布有圆形、方形赫列克苏尔以及四角竖立有石块的方形赫列克苏尔。

Хүрэл зэвсгийн үеийн хиргисүүрүүд

GPS-ийн байрлал: N 48°31′37″ , Е 101°27′24″

Холбогдох он цаг: Хүрлийн үе (МЭӨ III-I мянган)

Харъяалагдах засаг захиргаа: Архангай аймаг, Хайрхан сум

Хайрхан сумын төвөөс хойш Баянгол буюу Нураагийн шил хэмээх хадтай уулын өврөөр хүрэл зэвсгийн үеийн дурсгалууд олон байна. Гол төлөв дөрвөлжин, зарим нь дугуй хүрээтэй, голдоо чулуун овгортой.

Холбогдох ном зохиол:

Монгол-Хятадын хамтарсан археологийн экспедицийн 2005 оны хайгуулын ажлын тайлан. УБ.,2006 он, МҮМ-н номын сан.

圆形赫列克苏尔
Хиргисүүрүүд

方形赫列克苏尔
Хиргисүүрүүд

蒙古国古代游牧民族文化遗存考古调查报告

МОНГОЛ УЛСЫН НУТАГ ДАХЬ АРХЕОЛОГИЙН ХАЙГУУЛ СУДАЛГАА

贡诺尔赫列克苏尔遗址

　　编号05041。地理位置为东经101°53′44″、北纬48°24′24″。位于后杭爱省海日汗苏木境内的贡淖尔湖东岸的山坡之上，南北为起伏的山坡。可见多处圆形赫列克苏尔祭祀遗址，中心为圆形石堆，周边为圆形的石圈边框。

赫列克苏尔遗址
Хиргисүүр

赫列克苏尔中心石筑祭台
Хиргисүүрийн чулуун хүрээ, голын дараас чулуу

遗址概况
Гүн нуурын хиргисүүрүүд

Гүн нуурын хиргисүүр

GPS-ийн байрлал: N 48°24′24″, E 101°53′44″

Холбогдох он цаг: Хүрлийн үе (МЭӨ III-I мянган)

Харъяалагдах засаг захиргаа: Архангай аймаг, Хайрхан сум

Гүн нуурын зүүн эрэгт, уулын бэлээр хэдэн хиргисүүрүүд байна. Тэдгээр нь голдоо овгор чулуун дараастай, гадуураа дөрвөлжин болон дугуй хүрээтэй, зарим нь тахилын байгууламжтай аж.

乌尔图因术都赫列克苏尔、鹿石遗址

　　编号05043。地理位置为东经101°50′24″、北纬48°21′36″。位于后杭爱省海日汗苏木境内，保存较好。鹿石有三方，皆伫立于地表。顶部纹样仍以奔鹿与环状太阳为主。腰带为斜网格状，下方跨有短剑。该赫列克苏尔规模较大，方形边框约130米见方，东部可见五排小石圈，南、北各两排，中间分布有四方形墓。

Уртын шуудууны хиргисүүр, буган хөшөөд

GPS-ийн байрлал: N 48°21′36″ , E 101°50′24″
Холбогдох он цаг: Хүрлийн үе (МЭӨ III-I мянган).
Харъяалагдах засаг захиргаа: Архангай аймаг, Хайрхан сум
Энд хэд хэдэн хиргисүүрүүд, буган хөшөө байна. Буган хөшөөг тойрон 1 м голчтой олон чулуун байгууламжуудтай. Буган хөшөөний оройн өмнө, хойд талд нь дугуй (нар) дүрсэлсэн. Бүснээс доош бамбай, чинжаал хутга зэргийг дүрсэлжээ. Буган хөшөөний ойролцоо 130 м хэмжээтэй дөрвөлжин хүрээтэй, голдоо овгор чулуун дараастай хиргисүүр байна. Хиргисүүрийн зүүн талд таван эгнээ, мөн өмнө, хойд талд нь тус бүр хоёр эгнээ чулуун байгууламжуудтай.

Холбогдох ном зохиол:
Монгол-Хятадын хамтарсан археологийн экспедицийн 2005 оны хайгуулын ажлын тайлан. УБ.,2006 он, МҮМ-н номын сан.

工作现场
Судалгаа хийж байгаа байдал

赫列克苏尔概况
Уртын шуудууны дурсгал

赫列克苏尔附属建筑石墙、石圈
Хиргисүүрийн чулуун байгууламж

蒙古国古代游牧民族文化遗存考古调查报告

МОНГОЛ УЛСЫН НУТАГ ДАХЬ АРХЕОЛОГИЙН ХАЙГУУЛ СУДАЛГАА

鹿石上的刀、剑图案
Буган хөшөө

一号鹿石
Буган хөшөө

二号鹿石
Буган хөшөө

三号鹿石
Буган хөшөө

鹿石分布区
Буган хөшөө

代尔保尔和硕赫列苏克尔、四方墓遗址

编号05046。地理位置为东经102°06′10″、北纬47°46′23″。位于后杭爱省巴特钦格勒苏木境内，遗址具体位于后塔米尔河北岸向上隆起的山坡之上，主要遗迹有圆形、方形赫列克苏尔，鹿石和四方墓等。四方墓四角均立有石块，约有 20 余座，大者边长4～5米，小者边长1.5～2米。赫列克苏尔为长方形，有六排小石圈，每排又由6～7个更小石圈组成。一座边框为圆形的赫列克苏尔，边框外有3～4圈小石头圈，特殊的是小石头圈的石块均呈竖立状。

Цувраа хад, Дайр борын хошууны хүрэл зэвсгийн үеийн дурсгалууд

GPS-ийн байрлал: N 47°46′23″, E 102°06′10″, Alt 1421м

Холбогдох он цаг: Хүрлийн үе (МЭӨ III-I мянган)

Харъяалагдах засаг захиргаа: Архангай аймаг, Батцэнгэл сум

Энд хүрэл зэвсгийн үеийн дөрвөлжин булш, хиргисүүр, буган хөшөө болон дөрвөлжин хэлбэртэй

四方墓
Дөрвөлжин булшууд

遗址概况
Дайр борын хошууны дурсгал

өвөрмөц чулуун байгууламжууд зэрэгцэн оршиж байна. Буган хөшөөг хавтгай чулууг ашиглан үйлдсэн бөгөөд дийлэнхи хөшөөд нь хугархай аж.

Холбогдох ном зохиол:

Монгол-Хятадын хамтарсан экспедицийн 2005 оны хайгуулын ажлын тайлан. УБ.,2006 он, МУМ-н Номын сан.

长方形赫列克苏尔遗迹
Чулуун байгууламжууд

贡宾登基鹿石及赫列克苏尔遗址

编号05061。地理位置为东经102°46′24″、北纬47°08′24″。位于前杭爱省哈刺和林苏木境内的鄂尔浑河西岸的山坡之上，鹿石周边为石块铺成的圆形祭台，鹿石位于中间。鹿石高约1.8米，一侧顶端可见圆环，另一侧底部可见鹿纹，下有腰带围绕。赫列克苏尔遗址有两种，一座为长方形，中心为石块垒砌的台基，边框外可见两排小石圈，南北仅一排，西部零散可见。另一座呈放射状，从中心台基向四条边框摆放放射状的石块列石。

Гүмбийн дэнжийн хүрэл зэвсгийн үеийн дурсгал

GPS-ийн байрлал: N 47°08′24″, E 102°46′24″, Alt 1497м

Холбогдох он цаг: Хүрлийн үе (МЭӨ II - МЭ I мянган)

Харъяалагдах засаг захиргаа: Өвөрхангай аймаг, Хархорин сум

Өвөрхангай аймгийн Хархорин сумын төвөөс дээш Орхон голыг өгсөөд 10-д км, Орхон голын зүүн хөвөө, Гүмбийн дэнж дээр нэг буган хөшөө, 10 орчим дөрвөлжин булш болон 3-4 хиргисүүр байгаатай танилцлаа. Буган хөшөөний өндөр 2.4 м, өргөн нь 0.55 м, зузаан 0.35 м бөгөөд 9 м голчтой чулуун байгууламжийн гол дунд байна. Нүүр хэсэгт дээд талд нь нар сар, ар талд нь нар, хэд хэдэн бугын дүрс, хөшөөний доод хэсэгт бүс бүслэн, түүнээс доош зээтүү, байлдааны хутга зүүсэн дүрслэлтэй. Уг хөшөөний орчимд малтлага хийхэд модны шатсан нүүрс, хонины дал, чөмөгний яс, дээврийн ваарны хагархай, шавар савны амсар, сумны зэв, малын яс зэрэг олдвор гарсан ажээ.

鹿石
Буган хөшөө

遗址概况
Гүмбийн дэнжийн дурсгал

Холбогдох ном зохиол:

Монгол-Хятадын хамтарсан археологийн экспедицийн тайлан. УБ.,2006 он, МҮМ-н номын сан.

Уртнасан Н. Түмэн дурсгалт Орхоны хөндий. // Дэлхийн өв. УБ.,2005 он, 63-64-р талууд.

Цэвээндорж Д. Гүмбийн дэнжийн буган хөшөө. // Mongolia's tentative list. Cultural and natural heritage. UNESCO 1996.

赫列克苏尔遗址
Хиргисүүр

赫列克苏尔遗址
Хиргисүүр

赫列克苏尔遗址
Хиргисүүр

工作现场
Хөшөөг судалж байгаа байдал

ХҮРЭЛ ЗЭВСГИЙН ҮЕ ● 青铜时代文化遗存

伊地根登吉赫列克苏尔、四方墓遗址

编号05063。地理位置为东经102°43′56″、北纬47°05′21″。位于前杭爱省哈剌和林苏木境内，遗址位于鄂尔浑河西北方向的山坡之上，此处圆形赫列克苏尔与四方墓共存。四方墓利用赫列克苏尔遗迹的石块做为墓葬的石料，分别建筑于赫列克苏尔周围，分布约十余座。此类墓葬出土小型石器、青铜饰件及人骨等遗物。

Идэгийн дэнжийн дөрвөлжин булш, хиргисүүр

GPS-ийн байрлал: N 47°05′21″ , E 102°43′56″ , Alt 1528м
Холбогдох он цаг: Хүрлийн үе (МЭӨ II - МЭ I мянган)
Харъяалагдах засаг захиргаа: Өвөрхангай аймаг, Хархорин сум
Орхон голын зүүн гар талд, голоос 500 м орчим зайд хүрэл зэвсгийн үеийн хиргисүүр, дөрвөлжин булш хэд хэд байна. Гадуураа дөрвөлжин хүрээтэй, дөрвөн буландаа жижиг тахилын байгууламжтай, голдоо овгор чулуун дараастай, гадуураа тахилын байгууламжуудтай хиргисүүрүүд байх бөгөөд түүний гадна хүрээний дотор талд дөрвөлжин булшууд үйлдсэн байна.

Холбогдох ном зохиол:
Монгол-Хятадын хамтарсан археологийн экспедицийн 2005 оны хайгуулын ажлын тайлан. УБ.,2006 он, МҮМ-н номын сан.

四方墓赫列克苏尔遗址
Хиргисүүр, дөрвөлжин булш

遗址概况
Хиргисүүр

莫呼尔萨仁登吉赫列克苏尔遗址

编号05064。地理位置为东经102°36′58″、北纬46°59′22″。位于前杭爱省呼基尔特苏木境内，鄂尔浑河西北岸的山坡之上。该赫列克苏尔遗址为圆形，中心为石块垒砌的台基，圆形边框外可见数排小石圈。

Мухар сайрын дэнжийн хиргисүүр

GPS-ийн байрлал: N 46°59′22″, E 102°36′58″, Alt 1542м

Холбогдох он цаг: Хүрлийн үе (МЭӨ II - МЭ I мянган)

Харъяалагдах засаг захиргаа: Өвөрхангай аймаг, Хужирт сум

Орхон голын зүүн хөвөөнд, голоос 300 м орчим зайд, Мухар сайрын дэнж хэмээх газарт нэгэн дугуй хүрээтэй хиргисүүр байна. Хэмжээгээр нэлээд том, голдоо овгор чулуун дараастай, хиргисүүрийг тойроод тахилын байгууламжуудтай.

Холбогдох ном зохиол:

Монгол-Хятадын хамтарсан археологийн экспедицийн 2005 оны хайгуулын ажлын тайлан. УБ.,2006 он, МҮМ-н номын сан.

遗址概貌
Хиргисүүр

蒙古国古代游牧民族文化遗存考古调查报告

МОНГОЛ УЛСЫН НУТАГ ДАХЬ АРХЕОЛОГИЙН ХАЙГУУЛ СУДАЛГАА

杭爱韶布呼山赫列克苏尔、四方墓遗址

编号05065-1。地理位置为东经102°36′21″、北纬46°59′31″。位于前杭爱省呼基尔特苏木境内，鄂尔浑河北岸的山坡之上，三面环山，一面临水。山坡以及向下较为平缓的地表大大小小分布有20余座圆形、长方形赫列克苏尔遗迹及大量的四方墓。赫列克苏尔遗址多为较大石块砌成的方形或长方形边框，内部为小石块填满铺平，约40~50米见方。四方墓基本呈三排分布，大小不等，大者长约5~6米，宽约4~5米，小的约在2米见方，四方墓四角均立有较高的石块，蒙古国考古学者曾进行过发掘，出土有人骨、铜手环等遗物。

Ханангийн Шовхын өвөр, Майхан уулын хажуугийн дурсгал

GPS-ийн байрлал: N 46°59′31″, E 102°36′21″, Alt 1554м

Холбогдох он цаг: Хүрлийн үе (МЭӨ II - МЭ I мянган)

Харъяалагдах засаг захиргаа: Өвөрхангай аймаг, Хужирт сум

Энд хүрэл зэвсгийн үеийн хиргисүүрүүд хэд хэд байхаас гадна холбогдох цаг үе нь тодорхойгүй нэгэн чулуун байгууламж байна. Дөрвөлжин хэлбэртэй, чулуугаар өрж хийсэн далантай бөгөөд дурсгалын зориулалт хийгээд урд өмнө нь судлагдсан эсэх нь тодорхойгүй. Уг байгууламжийн ойр орчмоор хүрэл зэвсгийн үеийн хиргисүүр, дөрвөлжин булшууд олон байна.

Холбогдох ном зохиол:

Монгол-Хятадын хамтарсан археологийн экспедицийн 2005 оны хайгуулын ажлын тайлан. УБ.,2006 он, МҮМ-н номын сан.

遗址概况
Дөрвөлжин булш, хиргисүүрүүд

МОНГОЛ УЛСЫН НУТАГ ДАХЬ АРХЕОЛОГИЙН ХАЙГУУЛ СУДАЛГАА

蒙古国古代游牧民族文化遗存考古调查报告

四方墓
Дөрвөлжин булш

方形赫列克苏尔遗址
Хиргисүүр, дөрвөлжин булшууд

四方墓
Дөрвөлжин булш

圆形赫列克苏尔遗址
Хиргисүүр, дөрвөлжин булшууд

ХҮРЭЛ ЗЭВСГИЙН ҮЕ ● 青铜时代文化遗存

纳林宝拉格赫列克苏尔、四方墓遗址

　　编号05066。地理位置为东经102°31′21″、北纬46°57′29″。位于前杭爱省呼基尔特苏木境内。遗址位于鄂尔浑河西岸的一个地势平坦的台地之上。该赫列克苏尔北偏东10度，南北长约70米、东西宽约50米、中心圆形台基直径约8米。四角可见小石圈，东部有四排小石圈，第一排中间为一大型呈方形的石圈，第一排较后三排的石圈为少，南、北部均有石块铺成的长方形石围圈。东部边框外的大石圈正对的为一条从中心台基向边框延伸的通道，长约30米，宽约1.5～2米，通道边缘为白色石头砌成。中心台基西南方向还排列有一组呈花瓣状的石围圈。此祭祀遗址内外可见四方墓数座。

Хадат уулын өвөр, Нарийн булагийн хиргисүүр, дөрвөлжин булш

GPS-ийн байрлал: N 46°57′29″ , E 102°31′21″ , Alt 1581м
Холбогдох он цаг: Хүрлийн үе (МЭӨ II - МЭ I мянган)
Харъяалагдах засаг захиргаа: Өвөрхангай аймаг, Хужирт сум
Дөрвөлжин хүрээтэй хиргисүүрийн дундах голын чулуун дараасны баруун талд хоёр дөрвөлжин булш, голын овгор дараасын зүүн урд талд нэг дөрвөлжин булштай. Мөн хиргисүүрийн чулуун хүрээний гадна хэд хэдэн дөрвөлжин булш байна. Хиргисүүрийн дөрвөн өнцөгт чулуун байгууламжтай, голын овгороос зүүн тийш дан цагаан өнгийн чулууг шигтгэн зам үйлджээ. Хиргисүүрийн чулуун хүрээний гадуур жижиг тахилын байгууламжуудтай.

赫列克苏尔遗址与四方墓
Дөрвөлжин булш, хиргисүүр

赫列克苏尔遗址
Хиргисүүр

遗址概况
Нарийн булагийн хиргисүүр

Холбогдох ном зохиол:

Монгол-Хятадын хамтарсан археологийн экспедицийн 2005 оны хайгуулын ажлын тайлан. УБ.,2006 он,
МҮМ-н номын сан.

鄂尔浑乌兰朝图哈郎四方墓及赫列克苏尔遗址

编号05068。地理位置为东经102°02′58″、北纬46°49′19″。位于前杭爱省巴特乌勒基苏木境内。遗址位于鄂尔浑河东岸的草原上，东西可见绵延的杭爱山脉。该遗址分布有数十座四方墓葬，大者约3米见方，小者在长2米、宽1.5米左右。在周围较大的范围内可见数座圆形和方形的赫列克苏尔遗址。

Орхоны хүрхрээний доод талын дөрвөлжин булш, хиргисүүр

GPS-ийн байрлал: N 46°49′19″, E 102°02′58″ , Alt 1556м
Холбогдох он цаг: Хүрлийн үе (МЭӨ II - МЭ I мянган)
Харъяалагдах засаг захиргаа: Өвөрхангай аймаг, Бат-Өлзий сум
Орхон голын баруун хөвөөнд, гүүрнээс холгүй хэдэн дөрвөлжин булш байна. Гонзгой дөрвөлжин хэлбэртэй, хүрмэн чулуугаар үйлдсэн бөгөөд хүрэл зэвсгийн үед холбогдоно.

Холбогдох ном зохиол:

Монгол-Хятадын хамтарсан археологийн экспедицийн 2005 оны хайгуулын ажлын тайлан. УБ.,2006 он, МҮМ-н номын сан.

四方墓
Дөрвөлжин булшууд

遗址概况
Хиргисүүр

温塔鹿石遗址

编号05069。地理位置为东经102°28′28″、北纬46°56′20″。位于前杭爱省呼基尔特苏木境内，该遗址位于鄂尔浑河西岸台地之上，北距哈剌和林40公里。遗址仅见一孤立的鹿石，石面破坏严重，画面不清，残存有晚期的佛教六字真言墨迹。

Уньтын буган хөшөө

GPS-ийн байрлал: N 46°56′20″ , E 102°28′28″ , Alt 1577м

Холбогдох он цаг: Хүрлийн үе (МЭӨ II - МЭ I мянган)

Харъяалагдах засаг захиргаа: Өвөрхангай аймаг, Бат-Өлзий сум

Уньт хэмээх газар, нэгэн буган хөшөө байгааг үзэж танилцлаа. Хөшөөний орой дээр цагираг (нар) дүрсэлж, хөшөөг тойруулан бүс бүслүүлэн, түүнээс дээш олон тооны бугыг ороолгон дүрсэлжээ.

Холбогдох ном зохиол:

Монгол-Хятадын хамтарсан археологийн экспедицийн 2005 оны хайгуулын ажлын тайлан. УБ.,2006 он, МҮМ-н номын сан.

鹿石
Буган хөшөө

阿拉善哈达四方墓遗址

编号05081-2。地理位置为东经110°17′24″、北纬48°22′33″。位于肯特省宾德尔苏木境内的呼日哈河北岸的山坡之上，与阿拉善哈达石壁文字遗存遗址处于同一山坡上，后者偏东。地表可见遗迹为四方墓，四角有立石，大者2米×4米。该四方墓遗址与阿拉善哈达细石器遗址应属同一文化遗存。上世纪50年代，前苏联考古队曾经发掘部分四方墓。

Рашаан хадны хүрэл зэвсгийн дурсгалууд

GPS-ийн байрлал: N 48°22′33″, E 110°17′24″, Alt 1123м

Холбогдох он цаг: Хүрэл зэвсгийн үе.

Харъяалагдах засаг захиргаа: Хэнтий аймаг, Батширээт сум

Хэнтий аймгийн Батширээт сумын нутаг, Биндэр уулын зүүн урд хошуунд оршино. Рашаан хаднаа дээд палеолитийн үейин дурсгалаас эхлэн дундад зууны үе хүртэлх түүхийн олон үеийг хамарсан баялаг дурсгалтай. Рашаан хадны ойролцоо хүрэл зэвсгийн үеийн хэд хэдэн дөрвөлжин булшууд байна. Тэдгээрийн зарим нь дөрвөн буландаа босоо чулуутай юм.

Холбогдох ном зохиол:

Пэрлээ Х. Своеобразный тип каменных изваяний из восточной Монголии. // Эрдэм шинжилгээний өгүүллүүд. УБ.,2001 он 5-8 стр.

Цэвээндорж Д. Монголын олон үеийн түүхийн голомт нутаг. // АС.Т.(IY) XXIY, F.1, УБ.,2007 он, 5-12-р талууд

遗址概貌
Дөрвөлжин булш

四方墓
Дөрвөлжин булш

ХУРЭЛ ЗЭВСГИЙН ҮЕ ● 青 铜 时 代 文 化 遗 存

贡诺尔鹿石、四方墓遗址

编号05083。地理位置为东经110°17′47″、北纬48°25′03″。位于肯特省宾德尔苏木境内的贡诺尔湖西部的草原之上。遗址居中为一座较大的四方型赫列克苏尔,四周围绕八九座小型四方墓。四方墓大者约4米×4米,小者约3米×3米,四角可见立石。在遗址西侧有两座鹿石,一座保存较好,另一座风蚀严重,图案模糊不清。俄罗斯考古队曾对该遗址进行过发掘,在赫列克苏尔遗址中出土有不完整的人骨、马骨等,在鹿石根基出土有祭祀性的马头骨、蹄骨等。

Үзүүр цохионы (Гүн нуурын) хүрэл зэвсгийн үейин дурсгалууд

GPS-ийн байрлал: N 48°25′03″ , E 110°17′47″ , Alt 1084м

Холбогдох он цаг: Хүрлийн үе (МЭӨ III- МЭ I мянган)

Харъяалагдах засаг захиргаа: Хэнтий аймаг, Биндэр сум

Энд хоёр буган хөшөө, хэд хэдэн булш байна. Хоёр хөшөөний нэг нь дүрслэлгүй, цулгуй. Нөгөө хөшөө нь түүнээс 20 гаруй м зайтай бөгөөд тус хөшөөнд 9 бугыг дүрсэлсэн, хөшөөний өндөр 214 см, зузаан 25 см, өргөн нь 41 см. Уг хоёр буган хөшөөг тойрсон тахилын чулуун байгууламжууд болон нийт 10 гаруй хүрэл зэвсгийн үейин булшууд байгаагийн заримыг нь малтжээ.

Холбогдох ном зохиол:

Волков В.В. Оленние камни в Монголии. Москва 2002 г. стр 95-96.

Монгол-Хятадын хамтарсан экспедицийн 2005 оны хайгуулын ажлын тайлан. УБ.,2006 он, МҮМ-н Номын сан.

一号鹿石
Буган хөшөө

二号鹿石
Буган хөшөө

遗址概况
Буган хөшөөд

四方墓
Дөрвөлжин булшууд

ХҮРЭЛ ЗЭВСГИЙН ҮЕ ● 青铜时代文化遗存

МОНГОЛ УЛСЫН НУТАГ ДАХЬ АРХЕОЛОГИЙН ХАЙГУУЛ СУДАЛГАА

蒙古国古代游牧民族文化遗存考古调查报告

吉日格朗图汗赫列克苏尔遗址

编号06001-2。地理位置为东经106°28′02″、北纬47°30′03″。位于肯特省吉日格朗图汗苏木境内，面积约50000平方米。赫列克苏尔呈圆形，直径约15米，以自然石块列砌而成。另外，在赫列克苏尔内有两座蒙元时期的墓葬。

Жаргалантын дурсгал

GPS-ийн байрлал: N 47°30′03″ , E 106°28′02″ , Alt 1365м

Холбогдох он цаг: Хүрлийн үе (МЭӨ III- МЭ I мянган)

Харъяалагдах засаг захиргаа: Хэнтий аймгийн Жаргалтхаан сум

Энд хүрэл зэвсгийн үеийн хиргисүүрүүд нэлээд хэд байна. Мөн газрын хөрснөөс чулуун зэвсгүүд олдож байгаагаас үзвэл олон үейн дурсгалтай газар аж.

Холбогдох ном зохиол:

Хэнтий аймгийн Хэрлэнбаян-Улаан, Дэлгэрхаан, Жаргалтхаан сумдын нутагт ажилласан археологийн хээрийн шинжилгээний ангийн тайлан. //Б.Цогтбаатар, А.Энхтөр, Ж.Гантулга, Г.Лхүндэв. УБ.,2005 он, ШУА-ийн АХГБСХ.

遗址概况
Жаргалантын дурсгал

乌希嘎山四方墓遗址

编号06008。地理位置为东经105°23′13″、北纬42°51′02″。位于南戈壁省脑穆贡苏木境内，遗址仅见两座四方墓，一座比较完整，约3米×2米。另一座残破，约4米×2米。四方墓内石块较少。

Уушиг уулын дөрвөлжин булш

GPS-ийн байрлал: N 42°51′02″, E 105°23′13″, Alt 1457м

Холбогдох он цаг: Хүрлийн үе (МЭӨ III- МЭ I мянган)

Харъяалагдах засаг захиргаа: Өмнөговь аймгийн Номгон сум

Энд галт уулын хүрмэн чулуугаар үйлдсэн, дөрвөлжин хэлбэртэй хоёр булш байна. Тэдгээрийг хэмжиж үзвэл 1-р дөрвөлжин булш нь 2 х 3м, 2-р дөрвөлжин булш нь 4 х 2м хэмжээтэй бөгөөд хоорондоо ойрхон байрлажээ.

Холбогдох ном зохиол:

Монгол-Хятадын хамтарсан археологийн экспедицийн 2006 оны тайлан. УБ.,2007 он, МҮМ-н номын сан.

四方墓
Дөрвөлжин булшууд

ХҮРЭЛ ЗЭВСГИЙН ҮЕ • 青铜时代文化遗存

达赉哈尔山赫列克苏尔遗址

　　编号06014-1。地理位置为东经106°44′17″、北纬45°46′06″。位于中戈壁省古尔班赛汗苏木境内。遗址由两个中型的赫列克苏尔组成。一个呈圆形，直径约40米，另一个呈长方形。边长15米左右。

Далайн хар уулын хиргисүүр, булш

GPS-ийн байрлал: N 45°46'06″, E 106°44'17″ , Alt 1325м

Холбогдох он цаг: Хүрлийн үе (МЭӨ III- МЭ I мянган)

Харъяалагдах засаг захиргаа: Дундговь аймгийн Гурвансайхан сум

Энд 2 хиргисүүр, 6 хүннү булш байна. Тэдгээрээс нэг дугуй хиргисүүрийг хэмжиж үзвэл 40 м голчтой байв. 6 хүннү булш нь нэг эгнээнд цувж байрлажээ. Тэдгээр нь 3-5 м голч бүхий цагираг хэлбэртэй, Хүннүгийн жирийн иргэдийн булш ажээ.

Холбогдох ном зохиол:

Монгол-Хятадын хамтарсан археологийн экспедицийн 2006 оны тайлан. УБ.,2007 он, МҮМ-н номын сан.

赫列克苏尔
Хиргисүүр

遗址远景
Далайн хар уулын хиргисүүр, Хүннү булшууд

巴戈嘎扎尔朝鲁赫列克苏尔、四方墓遗址

编号06015。地理位置为东经106°50′03″、北纬45°46′14″。位于中戈壁省满都拉戈壁苏木。这一带共有四方墓40余座，大墓边长约9米×3米，小墓边长约3米×3米。赫列克苏尔均呈方形，边长分别为14米和17米不等。

Бага газрын чулууны хиргисүүр, дөрвөлжин булш

GPS-ийн байрлал: N 45°46′14″, E 106°50′03″, Alt 1544м

Холбогдох он цаг: Хүрлийн үе (МЭӨ III- МЭ I мянган)

Харъяалагдах засаг захиргаа: Дундговь аймгийн Дэлгэрцогт сум

Энд 40 гаруй дөрвөлжин булш байх бөгөөд заримыг нь хэмжвэл, том нь 9 x 3 м хэмжээтэй, жижиг нь 3 x 3м хэмжээтэй аж. Мөн дөрвөлжин чулуун хүрээтэй хоёр хиргисүүр байгаа нь 17 x 17м болон 14 x 14 м хэмжээтэй байна.

Холбогдох ном зохиол:

Монгол-Хятадын хамтарсан археологийн экспедицийн 2006 оны ажлын тайлан. УБ.,2007 он. МҮМ-н номын сан.

四方墓
Дөрвөлжин булшууд

遗址远景
Хиргисүүр

青 铜 时 代 文 化 遗 存

诺彦哈达赫列克苏尔、四方墓遗址

编号06016。地理位置为东经106°51′04″、北纬45°46′15″。位于中戈壁省满都拉戈壁苏木境内，青铜时代赫列克苏尔与突厥时期巴拉巴拉石共存。赫列克苏尔呈圆形，直径约30米左右。

Ноён хадны хиргисүүр, дөрвөлжин булш

GPS-ийн байрлал: N 45°46′15″, E 106°51′04″, Alt 1389м

Холбогдох он цаг: Хүрлийн үе (МЭӨ III- МЭ I мянган)

Харъяалагдах засаг захиргаа: Дундговь аймгийн Гурвансайхан сум

Дугуй хэлбэртэй, 30 м голчтой хиргисүүр байна. Хиргисүүрийн голын чулуун дараас нь бага зэрэг өндөр.

Холбогдох ном зохиол:

Монгол-Хятадын хамтарсан археологийн экспедицийн 2006 оны ажлын тайлан. УБ.,2007 он, МҮМ-н Номын сан.

四方墓
Дөрвөлжин булшууд

赫列克苏尔
Хиргисүүр

3. 匈奴文化遗存

匈奴时期的文化遗存为2005年调查的重点，发现的遗址中，以墓葬为多。匈奴墓地的选址非常讲究相地，多选择环境优美的山谷，著名的诺颜乌拉匈奴墓园就是位于三处大型的山谷之中。分别位于后杭爱省海日汗苏木和温都尔乌兰苏木的高勒毛都一号、高勒毛都二号两处匈奴墓园，两处有800余座大小匈奴墓葬，其埋葬单于的大型墓冢，往往地面上建有土石混筑的覆斗形坟丘，墓框、墓道范围以自然石块圈砌，地表特征明显。普通的匈奴墓葬多为单个的圆形的石头圈，石圈内地表塌陷内凹。匈奴墓葬的排列非常有规律，有的是小墓分布于大墓的周边，有的是多座墓葬在同一片墓地内形成不同的分布区，以高勒毛都二号墓园及韩国发掘的呼都格陶勒盖（井头）墓地最为典型。

2006年调查中发现的匈奴时期遗存，全部为小型匈奴墓地，分布比较规律，地表呈"一"字形排列。

III. ХҮННҮГИЙН ҮЕ

МЭӨ 209 онд Хүннү нар өөрсдийн эзэнт гүрнээ Монгол нутагт төвлөн байгуулж, 300 гаруй жил оршин тогтнох хугацаандаа олон төрлийн археологийн дурсгалуудыг үлдээжээ. Тэдгээрийг тоочвол, Хүннүгийн шаньюй - язгууртны булш, жирийн иргэдийн чулуун дараастай булш, хот суурин, хадны зураг гэх мэт болно.

Хүннүгийн язгууртны булшууд нь гонзгой дөрвөлжин хэлбэрийн чулуун далантай, урд талдаа үүдэвчтэй. Холоос байшингийн туурь мэт харагдах агаад гол төлөв элсэрхэг хөрстэй газар, ой модон дотор байрлах ажээ. Булшны гүн нь гадаад чулуун дараасаас хамаарч харилцан адилгүй байх ба томоохон булшны гүн 20 орчим метр аж. Жирийн иргэдийн булш нь цагираг хэлбэрийн чулуун дараастай байх бөгөөд хэсэг, бүлгээрээ оршино. Хүннүчүүд нас барсан хүнээ булшлахдаа толгойгоор нь хойд зүгт хандуулж, түүний амьд ахуйдаа эдэлж хэрэглэж байсан эд зүйлсийг хонь малын мах шүүс, олон төрлийн эд агуурсын хамт дагалдуулан тавьсан байдаг байна.

Хүннү нарын хот суурины дурсгал Монголоос 10 гаруй илэрч олдоод байгаа нь Хүннү нарыг дан ганц мал аж ахуй эрхлэдэг нүүдэлчид байгаагүйг харуулдаг. Монгол нутаг дахь Хүннүгийн дурсгал бол бидний хайгуулын нэгэн гол судлагдахуун байсан бөгөөд бид 14 дурсгал үзсэний дийлэнхи нь булш оршуулгууд байлаа.

那日苏图匈奴墓地

编号05005。地理位置为东经107°15′35″、北纬47°52′38″。位于乌兰巴托市巴音珠日和区境内，东南向上为突起山脉，西部向下为缓坡，直至土拉河河畔，河西仍为山脉。墓地位于缓坡之上，与之相邻被冲沟所断开的山坡之上亦可见到。墓葬均为石圆圈形制，共有十六七座。东部坡地墓葬形制较西部略小，一般直径在3米左右，大者约5~6米。北部较为密集，靠坡上有四座，坡下部有八座，小者直径2~3米，最大者可达10米。该墓地未曾发掘过。

Нарстын амны Хүннү булш

GPS-ийн байрлал: N 47°52′38″, E 107°15′35″, Alt 1403м

Холбогдох он цаг: (Хүннүгийн үе МЭӨ III-МЭ II зуун)

Харъяалагдах засаг захиргаа: Улаанбаатар хот, Баянзүрх дүүрэг

Уулын усанд идэгдсэн эрэг, жалгыг дагасан элсэрхэг хөрстэй дэнжийн энгэрээр 3 хэсэг газарт, бүлгээрээ тарж байрлажээ. Энд цагираг хэлбэрийн чулуун далантай, 20 орчим Хүннүгийн жирийн иргэдийн булшууд байна. Зарим булшны дараас чулуу нь тарсан, голдоо хонхор байгаа нь тонуулчдад эрт дээр үед тоногдсон болохыг илтгэнэ.

Холбогдох ном зохиол:

Монгол-Хятадын хамтарсан экспедицийн 2005 оны хайгуулын ажлын тайлан. УБ.,2006 он, МУМ-н номын сан.

遗址概况
Нарстын амны Хүннү булш

墓葬分布区
Хүннү булш

墓葬地表形状
Хүннү булш

诺谚乌拉苏珠克图、吉日木图山谷匈奴墓园

编号05007。地理位置为东经106°30′40″、北纬48°33′41″。位于中央省博日诺尔苏木境内的诺颜乌拉山苏珠克图山谷东、西山之间的山谷之中，自然环境优越，森林茂密。经统计共有96座墓葬，其中经过专业发掘的14座，被盗掘的也很多。墓葬地表形制有的为石头圈环绕，有的无石头圈。墓葬规格大小不一，大者直径约10余米，周围陪葬有小型墓葬及祭祀坑。前苏联考古队曾经进行过考古发掘，发掘的最大的一座墓葬南北长约20米，东西宽约16米，深6~7米。初步确定该墓地的年代为西汉中期。

编号05008。地理位置为东经106°31′45″、北纬48°32′55″。位于诺颜乌拉山的吉日木图山谷东、西山脉之间长条形的山谷之中。已发现的匈奴墓葬有50多座，所见到的匈奴墓均为下陷的锅底形状，蒙方专家认为部分是盗掘或发掘所致，还有一部分为墓室塌陷所致。周边均有隆起的土包以及散落的石块。前苏联和蒙古国考古队曾发掘其中部分墓葬，其中，1924~1926年，勒·卡·科斯洛夫为首的考古队在吉日木图山谷发掘六座大型贵族墓葬[①]；1926年阿·德·斯莫库瓦在两个山谷共发掘两座墓葬[②]；1954年，策·道尔基苏荣在苏珠克图山口发掘11座墓葬[③]；1961年，策·道尔基苏荣、伊·额尔德耶利等在吉日木图山谷发掘两座墓葬[④]。这些匈奴墓园出土的珍贵文物现收藏于俄罗斯圣彼得堡市博物馆和蒙古国国家博物馆。

Ноён уулын Сүжигт, Зурамтын амны Хүннү булш

GPS-ийн байрлал: N 48°33′41″, E 106°30′40″, Alt 1420м

Холбогдох он цаг: Хүннүгийн үе МЭӨ III-МЭ I зуун

Харъяалагдах засаг захиргаа:Төв аймгийн Батсүмбэр сум

Төв аймгийн Батсүмбэр сум, Борнуур сумын зааг нутагт орших Ноён уулын Хужирт, Сүжигт, Зурамт гэсэн гурван аманд Хүннүгийн язгууртны болон жирийн иргэдийн булшууд бүлгээрээ байна. Бид энэ удаад Сүжигт, Зурамтын аманд буй Хүннүгийн булштай танилцсан юм.

调查途中
Судалгааны хэсгийнхэн

苏珠克图山谷
Ноён уулын Сүжигтийн ам

Сүжигтийн ам нь Ноён уулын томоохон амын нэг бөгөөд урд зүг харж байрласан, өвс ногоо өтгөн ургасан, хус мод голлосон шигүү ойтой газар ажээ. Зурамтын ам нь Төв аймгийн, Батсүмбэр сумын нутагт харъяалагдах, Ноён уулын зүүн ам юм. Сүжигт болон Зурамтын амны хооронд 32 км орчим зайтай. Энэхүү хоёр аманд буй булшууд нь өөр хоорондоо хийц, хэлбэр, зохион байгуулалтын хувьд адилхан. Анх 1912 онд уурхайн инженер А.Баллод алтны хайгуул хийж яваад Ноён уулын Хүннү булшийг санамсаргүйгээр илрүүлж олсон байна. 1924-1926 онд П.К.Козловын удирдсан анги Сүжигт, Зурамтын аманд нийт 6 том булш[1], 1926 онд А.Д.Симуков Сүжигт, Зурамтын аманд тус бүр нэг[2], 1954 онд Ц.Доржсүрэн Сүжигтийн аманд 11 булш[3], 1961 онд Ц.Доржсүрэн, И.Эрдели нар Хужиртын аманд 2 булш малтжээ[4]. Эндээс Хүннү нарын аж ахуй, соёл, ёс заншилтай холбоотой гайхамшигтай дурсгалууд олноор илэрсэн нь өдгөө ОХУ-ын Санктпетербург хотын Эрмитаж болон Монголын Үндэсний Музейд хадгалагдаж байна.

Холбогдох ном зохиол:

Батсайхан З. Хүннү. УБ.,2002 он

Бернштам А.Н. Очерик истории Гуннов. Ленинград 1951 г.

Бернштам А.Н. Гуннские могильники Нойн-Ула и его историко-археологическое значение // АН СССР. Отд. Общест.наук. 1947 г. вып-4.

Боровка Г.И. Культурно-историческое значение археологических экспедиций. // Краткие отчеты экспедиций по исследованию Северной Монголии в связи с Монголо-Тибетской Экспедиций.

Боровка Г.И. Культурно-историческое значение находок экспедиций. // Краткие отчеты экспедиций по

吉日木图山谷
Зурамтын ам

исслледованию Северной Монголии. 1925 г.

Доржсүрэн Ц. Умард Хүннү. УБ.,1961 он.

Доржсүрэн Ц. Раскопки могил Хүннү в горах Нойн-Ула на реке Хуни гол. //1954-1957/ МАС. М.,1962 г.

Доржсүрэн Ц. Хойд Хүннүгийн булш. // ШУХ ЭШБ №1, УБ.,1956 он, 39-54-р талууд.

Доржсүрэн Ц. Хараагийн Ноён ууланд 1954 онд археологийн шинжилгээ хийсэн тухай. // ШУ. №4, УБ.,1954 он, 97-102-р талууд

Доржсүрэн Ц. 1955 онд Төв, баруун аймгуудад археологийн шинжилгээ, хайгуулын ажил явуулсан тухай.

Доржсүрэн Ц. Симуковын булш. // ШУТ. №5-6, УБ.,1956 он.

Доржсүрэн Ц. Хойд Хүннүгийн булш. // ШУ-ны хүрээлэнгийн эрдэм шинжилгээний бичиг. (Түүх, хэл бичиг). № 1,УБ.,1956 он.

Доржсүрэн Ц. Изучение историко-археологических памятников Монголии. // Археологийн судалгаа. (эрдэм шинжилгээний бүтээлийн эмхэтгэл) УБ.,2003 он.

Козлов П.К. Северная Монголия Нойн-улинские памятники. –в.кн. // Краткие отчеты экспедиции исслледованию Северной Монголо – Тибетской экспедицей. 1925 г.

Козлов. П К. Современная Монголия-Нойн-улинские памятники. Л.,1925г.

Коновалов П.Б. Некоторые итоги и задачи изучения Хунну. // Древние культуры Монголии. Новосибирск 1985 г. 41-50 стр.

Монгол нутаг дахь түүх соёлын дурсгал. УБ.,1999 он.

Руденко С.И. Культура Хуннов и Нойн-Улинские курганы. Л.,1962 г.

Теплоухов С А. Раскопки курганов в горах Нойн-Ула. Л.,1925г.

Тревер К. Находки из раскопах в Монголии, 1924-1925 г. // Сообщение Государственной Академии Истории Материальной Культуры, №9-10. 1931 г.

Умехара М. Моко нойн ура хаккенно ибүцү. (Монголын ноён уулын булшнаас олдсон олдворууд) япон хэлээр. Токио 1960 он.

Пэрлээ Х. Монгол орны археологийн шинжилгээний товч тойм. УБ.,1957 он.

Camila Trever. Excavation in North Mongolia. Leningrad.,1932.

Санжмятав Т. Архангай аймгийн нутаг дахь түүх соёлын дурсгалууд. УБ.,1993 он.

Симуков А.Д. Отчет по раскопам двух Курганов в падях Зурамте и Сужигте. // ШУА-ийн ТХГБСХ №27/453.

Сэр-Оджав Н. Археологические исследования в Монгольской Народной Республике. // Монгольскии Археологический Сборник. Москва 1962 г, 5-6 стр.

Форбат Л. Өргөө дэх цуст хядлага. // Иозеф Гелетагийн өдрийн тэмдэглэл. УБ.,1992 он.

Хандсүрэн Ц. Ноён уул дахь Хүннүгийн булшнаас олдсон аяганы бичээсийг дахин уншсан нь. // АС.Т.4. УБ.,1965 он, 29-34-р талууд.

Пэрлээ Х. Хуучны дурсгалт зүйлийг сахин хамгаалах дүрмийг биелүүлье. Ноён уулын булшнууд. // Эрдэм шинжилгээний өгүүллүүд I. УБ.,2001 он.

吉日木图山谷内的匈奴大墓
Язгууртны булш

ХҮННҮГ

Пэрлээ Х. Некоторые вопросы истории оседлости в Монголии в свете археологии. // Эрдэм шинжилгээний өгүүллүүд. II. УБ.,2001 он, 10-р тал.

Цэвэндорж Д. Новые данные по археологии Хунну. Древние културы Монголии. Новосибирск 1985 г. 51-52 стр.

Эрдэнэбаатар Д. Хүннүгийн археологийн судалгаа. УБ.,2002 он, Т ХХ.

Эрдэнэбаатар Д, Ерөөл-Эрдэнэ Ч, Батболд Н, Франсис А, Миллер Б. Умард Хүннүгийн язгууртны булшны судалгаа. // ТС. Т.3, F.3. УБ.,2002 он, 20-28-р талууд.

Форбат Л. Өргөө дэх цуст хядлага. Иозеф Гелетагийн өдрийн тэмдэглэл. УБ.,1992 он.

Хандсүрэн Ц. Ноён уул дахь Хүннүгийн булшнаас олдсон аяганы бичээсийг дахин уншсан нь. УБ.,1965 он, АС.Т.4. 29-34-р талууд.

Пэрлээ Х. Хуучны дурсгалт зүйлийг сахин хамгаалах дүрмийг биелүүлье. Ноён уулын булшнууд. Эрдэм шинжилгээний өгүүллүүд I. УБ.,2001 он.

Пэрлээ Х. Некоторые вопросы истории оседлости в Монголии в свете археологии. Эрдэм шинжилгээний өгүүллүүд. II. Уб.,2001 он, 10-р тал.

Цэвэндорж Д. Новые данные по археологии Хунну. Древние културы Монголии. Новосибирск.,1985 г. 51-52 стр.

苏珠克图山谷内的匈奴墓葬
Хүннү булш

苏珠克图山谷中发掘过的匈奴墓葬
Хүннү булшны нүх

Эрдэнэбаатар Д. Хүннүгийн археологийн судалгаа. УБ.,2002 он, Т XX.

Эрдэнэбаатар Д, Ерөөл-Эрдэнэ Ч, Батболд Н, Франсис А, Миллер Б. Умард Хүннүгийн язгууртны булшны судалгаа. ТС. Т.3, F.3. Уб.,2002 он, 20-28-р талууд.

① Ц.Доржсүрэн. Умард Хүннү. Археологийн судалгаа. Бүтээлийн эмхэтгэл. Уб.,2003 он, 187-188-р талууд
② Ц.Доржсүрэн. Умард Хүннү. УБ.,1961 он.
③ Ц.Доржсүрэн. Хараагийн Ноён ууланд 1954 онд археологийн шинжилгээ хийсэн тухай. Ц.Доржсүрэнгийн бүтээлийн эмхэтгэл. УБ.,2003, 17-23 -р тал.
④ Ц.Доржсүрэн. 1961 онд Хараагийн Ноён уул хавьд эртний судлалын малтлага хайгуул хийсэн тухай. Археологийн судлал. УБ.,1963 он, Т.III, F.4, 39-49-р талууд.

苏珠克图山谷中发掘过的匈奴墓葬
Хүннү булшны нүх

马头山匈奴墓地

编号05012-2。地理位置为东经105°40′00″、北纬47°18′38″。位于乌兰巴托市西南方向的中央省阿拉坦宝拉格苏木境内土拉河东岸的草原之上。墓地三面环山，向西约1公里处可见土拉河。墓地内墓葬分布密集，山坡靠下部分为匈奴墓，靠上部分为四方墓。1975年，前苏联考古学家瓦·斯维因在马头山墓地发掘一座匈奴墓葬。此后1988年和1989年，蒙匈联合考古队和蒙古国科学院历史研究所匈奴遗存研究考古队在此墓地共发掘四座墓葬，发现铁带跨、水波纹陶器、骨质乐器等遗物[①]。2000年，蒙韩联合"蒙韩"项目考古队发掘一座墓葬，出土了铜镜、骨质筷子、桦树皮具、陶器等精美遗物[②]。

Морин толгойн Хүннү булш

GPS-ийн байрлал: N 47°18′38″, E 105°40′00″, Alt 1116м

Холбогдох он цаг:Хүннүгийн үе МЭӨ III-МЭ I зуун.

Харъяалагдах засаг захиргаа: Төв аймгийн Алтанбулаг сум

Туул голын савд орших Морин толгой хэмээх газарт Хүннүгийн жирийн иргэдийн чулуун дараастай булшууд байна. Морин толгойд 1975 онд В.В.Свинин 1 булш, 1988 онд Монгол-Унгарын хамтарсан археологийн экспедиц, 1989 онд ШУА-ийн Түүхийн Хүрээлэнгийн Хүннүгийн дурсгал судлах археологийн шинжилгээний анги 4 булшийг малтаж, бүсний төмөр арал, төмөр эдлэлийн хэсэг, долгио хээтэй шавар ваар, ясаар хийсэн хэл хуур зэрэг сонирхолтой олдворууд олжээ[①]. 2000 онд Монгол – Солонгосын хамтарсан "Мон-Сол" төслийн экспедици 1 Хүннү булш малтаж, хүрэл толины хагархай, ясан савх, үйсэн эдлэл, шавар ваар, вааран тогоо, ээдэм шүүх ваар зэрэг сонирхолтой олдворуудыг олсон байна[②].

Холбогдох ном зохиол:

Боровка Г.И. Археологическое исследования среднего течение Толы. // Северная Монголия. Т.2, П 1927 г.

Монгол нутаг дахь түүх соёлын дурсгал. УБ.,1999 он.

Свинин В.В. Путшествие в настоящее и далекое прошлое Монголий. Иркутский Университет, 22 Октября 1975 г.

Цэвээндорж Д. 1989 оны Хүннүгийн дурсгал судлах ангийн тайлан. // ТХГБС. УБ.,1989 он.

Цэвээндорж Д. Морин толгойн булшнаас олдсон хэл хуур. // Монголын археологийн судалгаа. Боть III, УБ.,2004, 203-204-р талууд.

Монголын Морин толгойн Хүннү булш. // Монгол-Солонгосын хамтарсан эрдэм шинжилгээний судалгааны тайлан. Сөүл 2001 он, 229-257-р талууд.

---

① Д.Цэвээндорж. Морин толгойн булшнаас олдсон хэл хуур. Монголын археологийн судалгаа. Боть III, УБ.,2004, 203-204-р тал

② Монголын Морин толгойн Хүннү булш. Монгол-Солонгосын хамтарсан эрдэм шинжилгээний судалгааны тайлан. Сөүл.,2001 он. 229-257-р тал

现场记录
Дурсгалыг судалж байгаа нь

墓葬区
Хүннү булш

遗址概况
Судалгааны ангийнхан дурсгалыг судалж байгаа нь

额布根特匈奴墓地

　　编号05019。地理位置为东经104°05′57″、北纬48°06′52″。位于布尔干省布日格杭爱苏木境内，西、北、东三面均为群山环绕。西北山上岩石多见岩画，向下的山坡上布满密集的匈奴墓，再向下的山坡下方为祭祀性遗迹；西北部和东部山上的岩画绘有大量动物纹，主要有羊、鹿及射猎等内容。1983年，蒙古国与前苏联联合历史文化遗存考察队匈奴遗存考察分队共发现30余座匈奴墓并对之进行了发掘，出土了金质马具、铜牌饰、带有类似鲁尼文字样的圆形金质牌饰等遗物[①]。2001年蒙古国与比利时联合发掘了三座匈奴墓葬。

Өвгөнтийн Хүннү булш

GPS-ийн байрлал: N 48°06′52″, E 104°05′57″, Alt 1116м

Холбогдох он цаг: Хүннүгийн үе МЭӨ III-МЭ I зуун.

Харъяалагдах засаг захиргаа: Булган аймгийн Бүрэгхангай сум

Энд Хүннүгийн жирийн иргэдийн чулуун дарааст булшнаас гадна хүрэл зэвсгийн үейийн хадны зураг, булш хиргисүүр зэрэг олон дурсгалууд зэрэгцэн оршдог. Уг дурсгалт газарт Хүннүгийн 30 орчим булш байх бөгөөд анх 1983 онд МЗТСХЭ-ийн Хүннүгийн дурсгалыг судлах ангийн

遗址概貌
Өвгөнтийн Хүннү булш

发掘过的匈奴墓葬
Хүннү булш

匈奴墓葬
Хүннү булш

судлаачид илрүүлж, заримыг нь малтжээ. Малтлагаар морины хударганы алтан товруу, хүрэл чимэглэл, хүний цээжин хэсгийг дүрсэлсэн, бичээс бүхий дугуй хэлбэртэй, алтан чимэглэл зэрэг зүйлс илэрч олджээ[1]. Мөн 2001 онд Монгол-Бельгийн хамтарсан Хүннүгийн дурсгал судлах ангийнхан 3 булш малтжээ.

Холбогдох ном зохиол:

Наваан Д, Сумъяабаатар Б. Өвөг монгол хэл бичгийн чухаг дурсгал. УБ.,1987 он.

Наваан Д. Алт эрдэнэсийн дурсгал. УБ.,2004 он, 6, 13-14-р талууд.

Цэвээндорж Д. Хүннүгийн археологи. // Монголын археологийн судалгаа. УБ.,2003 он, 123-р тал.

Төрбат Ц. Хүннүгийн жирийн иргэдийн булш. УБ.,2004 он, 11-12-р талууд.

---

① Д.Наваан, Б.Сумъяабаатар. Өвөг монгол хэл бичгийн чухаг дурсгал. УБ.,1987 он.

高勒毛都二号匈奴墓园

编号05033。地理位置为东经101°12′28″、北纬48°00′20″。位于后杭爱省温都尔乌兰苏木境内杭爱山的一个山谷中，当地人称作"巴拉嘎孙塔拉"。墓地周围为沙壤的森林环境。当中可见一座大墓，墓顶封石高2~3米，墓长（加墓道）约70、宽约40米；围绕其周边可见直径约1米的石头圈，中心立有一根较高的石桩。该墓地大约有400多座墓葬。2000年蒙美联合考古队开始发掘，清理了20余座小型墓葬及祭祀遗迹，出土人骨，牛、马等动物骨骼以及青铜刀等遗物。

Гол мод 2 (Балгасан тал)-ын Хүннү булш

GPS-ийн байрлал: N 48°00′20″, E 101°12′28″, Alt 1775м

Холбогдох он цаг: Хүннүгийн үе МЭӨ III-МЭ I зуун.

Харъяалагдах засаг захиргаа: Архангай аймгийн Өндөр-Улаан сум

Архангай аймгийн Өндөр-Улаан сумын нутагт, Хануй голын баруун хөвөө, Бөхөн шарын нурууны салбар уулын ар налуу, ой модтой, элсэрхэг хөрстэй газар Хүннүгийн язгууртны болон жирийн иргэдийн нийт 200 гаруй булш байна. Нутгийнхан энэ газрыг Гол мод буюу Балгасан тал хэмээн нэрлэх ажээ. Эндэхийн хамгийн том булш нь үүдэвчийн хамт 70 орчим м урт, гонзгой дөрвөлжин хэлбэртэй бол жижиг булшууд нь гол төлөв цагираг хэлбэртэй, голч нь дунджаар 3-7 м орчим хэмжээтэй. 2000 онд Монгол улсын ШУА-ийн Түүхийн Хүрээлэн, Америкийн Пенсильваны Их Сургуулийн хамтарсан археологийн "Хануйн хөндий" төслийн судлаачид анх илрүүлжээ. Тус экспедици 1-р булшны дагуул, цагираг хэлбэртэй чулуун дараастай булшуудыг малтаж олон сонирхолтой олдворуудыг илрүүлсэн байна.

Холбогдох ном зохиол:

Эрдэнэбаатар Д, Батболд Н. Монгол-Америкийн хамтарсан археологийн хээрийн шинжилгээний ангийн тайлан. // ШУА-ийн АХГБСХ, УБ.,2001 он

Эрдэнэбаатар Д, Ерөөл-Эрдэнэ Ч, Батболд Н, Франсис А, Миллер Б. Умард Хүннүгийн язгууртны булшны

墓葬地表形状
Хүннүгийн язгууртны булш

大型墓葬
Хүннүгийн язгууртны булш

高勒毛都二号匈奴墓园
Гол мод 2

судалгаа. // ТС. Т.3, F.3. Уб.,2002 он, 20-28-р талууд.

Эрдэнэбаатар Д, Батболд Н. Архангай аймгийн Өндөр-Улаан сумын Хануйн хөндийд ажилласан Монгол-

Америкийн экспедицийн тайлан. // ШУА-ийн АХГБСХ. Уб.,2003 он

匈奴墓葬分布情况
Хүннүгийн булш

发掘过的陪葬墓
Язгууртны булшны дагуул булш

高勒毛都一号匈奴墓园

编号05040。地理位置为东经101°55′04″、北纬48°32′33″。位于后杭爱省海日汗苏木境内的杭爱山森林之中。1956~1957年，蒙古国考古学家策·道尔基苏荣发现该墓地并发掘了26座小型墓葬[1]，出土了铁镞、金牌饰、琉璃串珠、银耳环、漆器、陶器、弓弥等遗物[2]。从2001年开始，蒙古与法国联合考古队对一座大型贵族墓连续进行了为期五年的发掘工作，2005年发掘完毕，尚未回填，墓室填土中可见防止盗掘的石块。该墓约45米见方，深约20米，墓道为东向，墓室呈阶梯状向下收缩，底部墓室长约5米，宽约4米。出土了一辆完整的汉代木制马车冥器以及陶器等遗物。另一座大墓由蒙古国在上世纪60年代开始发掘，前几年再次进行了清理，墓葬顶部石块皆按编号放回原始位置。该墓深约17米，墓道长约40米，墓室约40~50米见方，出土有彩绘的木棺椁以及破碎的铜镜等。据蒙法联合考古队1993年的研究成果，该墓地内总共有大大小小416座墓葬[3]，目前已发掘30余座。

Гол мод ны Хүннү булш

GPS-ийн байрлал: N 48°32′33″, E 101°55′04″, Alt 1775м

Холбогдох он цаг: Хүннүгийн үе МЭӨ III-МЭ I зуун

Харъяалагдах засаг захиргаа: Архангай аймгийн Хайрхан сум

Архангай аймгийн Хайрхан сумын нутаг Хүний голын урд бие, Бөхөн шарын нурууны ард, Гол мод хэмээх элсэрхэг хөрстэй газар энэхүү дурсгал байрладаг. 1956-1957 онд археологич

匈奴陵墓地表形状
Хүннүгийн язгууртны булшны чулуун дараас

高勒毛都一号匈奴墓园
Гол мод

Ц.Доржсүрэн анх илрүүлэн олж, улмаар 26 жижиг булшийг малтан судалсан байна[①]. Тэдгээр булшнаас төмөр сумны зэв, сувс, алтан чимэг, мөнгөн ээмэг, чий будагтай эдлэл, шавар ваар, нумын гичир зэрэг зүйлсийг олжээ[②]. Тэрээр Гол модонд нэг том язгууртны булш малтсан боловч элсний нуралтаас шалтгаалан дуусгаж чадаагүй орхисон байна. Энд буй булшууд урдаа үүдэвчтэй, дөрвөлжин хэлбэртэй, ханыг нь байшингийн чулуун суурь мэт өрж хийсэн язгууртны булш болон дугуй хэлбэрийн чулуун далан бүхий жирийн иргэдийн булшаас бүрдэнэ. 1993 оноос Монгол-Францын хамтарсан археологийн экспедицийн судалгааны ажлын үр дүнд нийт 416 булштай болох нь тогтоогдсон байна[③]. Тус экспедиц 2000 оноос археологич Ц.Доржсүрэнгийн малтаад дуусгаж чадалгүй орхисон 1-р булшийг малтсан. 2003 оноос Монгол улсын ерөнхийлөгч Н.Багабанди болон Францын ерөнхийлөгч Жак Ширак нарын ивээл дор өргөн хүрээтэй, хамтын судалгаа явуулах болжээ.

Холбогдох ном зохиол:

Батсайхан З. Хүннү. УБ.,2002 он 19-р тал.

Доржсүрэн Ц. Изучение историко-археологических памятников Монголии. // Археологийн судалгаа. (эрдэм шинжилгээний бүтээлийн эмхэтгэл) УБ.,2003 он, 97-102-р талууд.

Доржсүрэн Ц. 1956-1957 онд Архангай аймагт археологийн шинжилгээ хийсэн тухай. УБ.,1958 он.

Доржсүрэн Ц. Раскопки могил Хунну в горах Нойн-Ула на реке Хуни гола. // Монгольскии Археологический Сборник. Москва 1962 г, 36-44 стр.

Монгол-Францын хамтарсан археологийн тайлан. 2001.

Mongolie. Le premier empire de steppes. Actes Sud/ Mission archeologiques Francaise en mongolie. 2003.

Пэрлээ Х. Монгол орны археологийн шинжилгээний товч тойм. УБ.,1957 он.

Санжмятав Т. Архангай аймгийн нутаг дахь түүх соёлын дурсгалууд. Уб.,1993 он.

Цэвэндорж Д. Новые данные по археологии Хунну. // Древние културы Монголии. Новосибирск 1985 г. 51-52 стр.

Эрдэнэбаатар Д. Хүннүгийн археологийн судалгаа. // АС.Т ХХ.УБ.,2002 он,

Эрдэнэбаатар Д, Ерөөл-Эрдэнэ Ч, Батболд Н, Франсис А, Миллер Б. Умард Хүннүгийн язгууртны булшны судалгаа. // ТС. Т.3. УБ.,2002 он.

匈奴大墓
Хүннүгийн язгууртны булш

法国考古队驻地
Судалгааны ангийн бааз

回填后的匈奴大墓
Язгууртны булш

① Ц.Доржсүрэн. 1956-1957 онуудад Архангай аймагт явуулсан археологийн шинжилгээ хийсэн нь. //
Ц.Доржсүрэнгийн бүтээлийн эмхэтгэл. УБ.,2003, 109-125-р тал
② Мөн тэнд тайлан. Сөүл.,2001 он. 229-257-р тал
③ Жан-Пол Дэрош. Гол мод дахь 2000-2003 оны малталт бол Ц.Доржсүрэнгийн ажлын үргэлжлэл.
// Ц.Доржсүрэн. Археологийн судалгаа. (эрдэм шинжилгээний бүтээлийн эмхэтгэл). Уб.,2003 он.
8-10-р тал

蒙法发掘过的匈奴大墓
Язгууртны булшийг малтсан байдал

苏勒碧山匈奴墓地

　　编号05044。地理位置为东经101°52′56″、北纬47°47′38″。位于后杭爱省巴特钦格勒苏木境内，墓地处于后塔米尔河的北岸，苏勒碧山山坡的阳面，三面环山，一面临水。墓葬分布密集，均呈圆形石圈状，大者直径约10～12米，小者3～4米。分为两个地点，第一地点偏东，约有40余座，蒙古国国立大学曾在此发掘过10余座墓。第二地点偏西，隔山坡相连，约有60余座，1979年蒙古国科学院历史研究所策温道尔基曾经发掘过两座，1980年蒙苏历史文化遗存联合考察队在此调查发现了14座墓葬，并对其中的3座墓葬进行了发掘研究。在苏勒碧山东侧山谷共发现有57座匈奴墓，发掘了其中的两座，出土了汉代铜钱、陶器等遗物[①]。1974年蒙匈联合考古队也对这一山谷的匈奴墓葬进行发掘，发现了许多人和动物骨骼以及铁器、陶器、铜线等遗物[②]。两个地点共有百余座墓葬，为一平民墓葬区，与马头山匈奴墓地的地理环境、墓葬形制均十分接近。

Солби уулын Хүннү булш

GPS-ийн байрлал: N 47°47′38″, E 101°52′56″, Alt 1775м

Холбогдох он цаг: Хүннүгийн үе МЭӨ III-МЭ I зуун.

Харъяалагдах засаг захиргаа: Архангай аймгийн Батцэнгэл сум

Архангай аймгийн Батцэнгэл сумын төвөөс 5 орчим км зайтай, Солби уулын энгэрт оршино. Энэ уулын 3 аманд Хүннүгийн жирийн иргэдийн булш байх бөгөөд баруун аманд 1980 онд МЗТСХЭ-ийн хүрэл, төмөр зэвсгийн үеийн дурсгал судлах анги 141 булш бүртгэн 3-ыг, зүүн аманд 57 Хүннү булш бүртгэгдэж 2 булшийг малтжээ. Эндээс хятад үсэг бүхий зоос, ваарны хагархай зэрэг олдвор гарчээ[①]. Мөн Монгол-Унгарын археологичид 1974 онд уг дурсгалт газар малтлага хийж, хүн малын яс, төмөр эдлэл, шавар ваар, хэлхээтэй хүрэл зоос зэрэг сонирхолтой олдворууд олжээ[②].

墓地远景
Солби уулын Хүннү булш

墓葬排列
Хүннү булшууд

Холбогдох ном зохиол:

Быков А.А. Монеты Китая. Л.,1969.

Монгол нутаг дахь түүх соёлын дурсгал. УБ 1999 он.

Төрбат Ц. Хүннүгийн жирийн иргэдийн булш. Уб.,2004 он, 11-12-р талууд.

Цэвээндорж Д. 1983 оны Хүннүгийн дурсгал судлах ангийн тайлан. // ШУА-ийн АХГБСХ.

Цэвээндорж Д. 1987 оны Монгол-Унгарын археологийн хамтарсан экспедицийн тайлан. // ШУА-ийн АХГБСХ.

Цэвээндорж Д. Худгийн толгой, Солби уул, Наймаа толгойн Хүннү булш. // ТС.№24, УБ.,1990 он.

Цэвээндорж Д, Эрдели И. Из новейших достяжении совместной Монголо-Венгерской археологич еской экспедиций. // ОУМЭ-ийн 5-р их хурал. УБ.,1992 он.

Цэвээндорж Д, Баяр Д, Цэрэндагва Я, Очирхуяг Ц. Монголын археологи. УБ.,2002 он, 148-155–р талууд.

Цэвээндорж Д. Монголын хүннүгийн зарим булшнаас олдсон амьтны гаралтай эдлэл ба ургамлын үрийн тухай. // Монголын археологийн судлал. УБ.,2004 он, 57-р тал.

_____

① Д.Цэвээндорж. Худгийн толгой, Солби уул, Наймаа толгойн Хүннү булш. // Монголын археологийн судалгаа. Боть II. УБ.,2004 он 274-292 тал

② Д.Цэвээндорж. Монголын Хүннүгийн зарим булшнаас гарсан амьтны гаралтай эдлэл ба ургамлын гаралтай үрийн тухай. // Монголын археологийн судлал. Боть III. УБ.,2004 он 57 тал

墓葬地表情况
Хүннү булш

墓地概况
Хүннү булш

呼都格陶勒盖匈奴墓地

编号05045。地理位置为东经101°43′22″、北纬47°50′38″。位于后杭爱省巴特钦格勒苏木境内，三面环山，离河较远。墓葬共有200余座，1987年蒙古国和匈牙利联合考古队在该墓地发掘几座墓葬，出土了鹿角杯、刀、弓弭、马衔、铜镜、纺轮、陶器等遗物。蒙古国科学院考古所与韩国合作发掘过数十座墓葬，发掘报告已经出版。

Худгийн толгойн Хүннү булш

GPS-ийн байрлал: N 47°50′38″, E 101°43′22″, Alt 1637м

Холбогдох он цаг: Хүннүгийн үе МЭӨ III-МЭ I зуун

Харъяалагдах засаг захиргаа: Архангай аймгийн Батцэнгэл сум

Сумын төвөөс баруун хойш 30 орчим км, Адуун чулуу уулын өвөрт Худгийн толгой хэмээх жижиг толгойн энгэрт оршино.1987 онд Монгол-Унгарын хамтарсан судалгааны анги малтлага хийж, бугын эврээр хийсэн иштэй хутга, нумын ясан наалт, амгайн хэсэг, хүрэл толь, ээрүүлийн дугуй, ваар сав зэрэг олдворуудыг олжээ. Мөн Монгол–Солонгосын хамтарсан Мон-Сол төслийн судлаачид Хүннү булш малтаж, олон сонирхолтой хэрэглэгдэхүүнүүдийг илрүүлсэн байна.

Холбогдох ном зохиол:

Монгол нутаг дахь түүх соёлын дурсгал. УБ.,1999 он.

Рэгзэн Г. Худгийн толгойд малтсан Хүннү булш. // Монгол-Солонгосын эрдэм шинжилгээний анхдугаар симпозиумын илтгэлийн эмхэтгэл. Сөүл 2003 он, 155-167-р талууд.

Төрбат Ц. Хүннүгийн жирийн иргэдийн булш. Уб.,2004 он, 11-12-р талууд.

Цэвээндорж Д, Эрдели И. Худгийн толгой, Наймаа толгой, Солби уулын Хүннү булш. // ТСТ.24.Ф.11.

Цэвээндорж Д, Баяр Д, Цэрэндагва Я, Очирхуяг Ц. Монголын археологи. Уб.,2002 он, 148-155–р талууд.

墓葬区远景
Худгийн толгойн Хүннү булш

МОНГОЛ УЛСЫН НУТАГ ДАХЬ АРХЕОЛОГИЙН ХАЙГУУЛ СУДАЛГАА

蒙古国古代游牧民族文化遗存考古调查报告

匈奴墓葬排列情况
Худгийн толгойн Хүннү булшууд

匈奴墓葬
Хүннү булш

匈奴墓葬
Хүннү булш

发掘过的墓葬
Хүннү булш

回填后的墓葬
Мон-Сол төслийн малтсан Хүннү булш

塔林和热姆匈奴三连城

　　编号05047。地理位置为东经102°21′27″、北纬47°48′05″。位于后杭爱省巴特钦格勒苏木境内，距后塔米尔河较近，三座城东西一字排开。西城方向北偏东5度，边长约400米，城门位于城墙中部，中心可见夯土台基，约50米见方，两侧的两个夯土台基较小，西南部还可见三个更小的夯土台基。中城边长约140米，方向北偏西5度，中心台基的南部东、西两侧皆可见较小的台基。东城边长约280米，方向北偏东7度，中心台基最大，西侧略小，西台基南部可见两个更小的夯土台基。早年蒙古国学者赫·普日莱调查发现该城，与其他城址对比后认为是一处匈奴时期的古城。在地表可采集到金元时期的白瓷片等，对古城的年代尚需进行深入的考究。

Талын хэрэм

GPS-ийн байрлал: N 47°48′05″, E 102°21′27″, Alt 1410м

Холбогдох он цаг: Хүннүгийн үе МЭӨ III-МЭ I зуун

Харъяалагдах засаг захиргаа: Архангай аймгийн Батцэнгэл сум

Архангай аймгийн Батцэнгэл сумын нутаг, Тамирын голын ойролцоо хоорондоо залгаатай, шороон хэрэмтэй 3 хот байна. Тэдгээрийн баруун талын хотын шороон далангийн дөрвөн тал нь тус бүр 400 м, хаалга нь хэрмийн төв дунд, хэрмийн дотор 50 x 50 хэмжээтэй шороон овгортой. Үүний 2 хажууд мөн жижиг шороон овгортой. Баруун өмнө буландаа 3 жижиг шороон овгортой. Дунд хотын хэрэм нь 140 м урт, голын овгорын зүүн баруун талд жижиг овгортой. Зүүн хотын шороон хэрэм

城址远景
Талын хэрэм

东城
Талын хэрэм

城墙与城壕
Хотын шороон хэрэм ба шуудуу

东城东墙
Хотын шороон хэрэм

城内建筑台基
Хотын доторхи шороон овгор

нь 280 м урт ажээ. Голын овгор нь том, баруун талд нь үл ялиг жижиг шороон овгортой. Үүний өмнө талд мөн 2 жижиг шороон овгор байна. Энд Х.Пэрлээ судалгаа хийж гарсан олдвор хэрэглэгдэхүүнд тулгуурлан Хүннүгийн үед хамааруулжээ.

Холбогдох ном зохиол:

Х.Пэрлээ. Монгол Ард Улсын эрт, дундад зууны үеийн хот суурины товчоон. УБ.,1962 он, 129-р тал.

Ц.Доржсүрэн. 1956-1957 онуудад Архангай аймагт археологийн шинжилгээ хийсэн тухай. // Археологийн судалгаа. Эрдэм шинжилгээний бүтээлийн эмхэтгэл. УБ.,2003 он.

Ц.ТөрбатТамирын Улаан хошууны булш ба Хүннүгийн угсаатны бүрэлдэхүүний асуудалд. // Түүхийн сэтгүүл. Т.IY.F.1, УБ.,2003 он.

Х.Пэрлээ. Монгол Ард Улсын эрт, дундад зууны үеийн хот суурины товчоон. УБ.,1962 он, 129-р тал.

Ц.Доржсүрэн. 1956-1957 онуудад Архангай аймагт археологийн шинжилгээ хийсэн тухай. // Археологийн судалгаа. Эрдэм шинжилгээний бүтээлийн эмхэтгэл. УБ.,2003 он.

巴彦阿达日嘎匈奴墓地

　　编号05084。地理位置为东经110°17′40″、北纬48°25′39″。位于肯特省巴彦阿达日嘎苏木境内西部的一片松林之中，缓坡上长满了樟子松，大约有200余座墓葬分布其间。墓葬地表形制为圆形石头圈，或方形石头堆，内部有轻微塌陷的凹坑。此次调查发现有三座大墓，顶部边缘以石头做框，其中一座大墓石头框边长17米，墓道南向，长约17米。其余两座并排分布，墓顶石框边长约50米、石框宽约1米。小墓往往分布于大墓的周围，属于陪葬墓。一般大墓都有墓道，小墓或有或无。这片墓地是目前在蒙古国境内最靠东部的匈奴墓地，保存较好。1974年、1990～1992年，蒙古国科学院考古所德·策温道尔基组织考古队曾对此墓地进行过发掘①。2007年蒙韩联合考古队发掘了其中的一座大型贵族墓葬，发现了金带钩、金串珠、鎏金铜马、筒灯、陶器等精美遗物②。

Дуурлиг нарсны Хүннү булш

GPS-ийн байрлал: N 48°25′39″, E 110°17′40″

Холбогдох он цаг: Хүннүгийн үе (МЭӨ III-МЭ I зуун)

Харъяалагдах засаг захиргаа: Хэнтий аймгийн Баян-Адарга сум

Сумын төвөөс урагш 500 метр гаруй зайтай, шигүү нарсан ойн ар хормойд оршино. Энэхүү дурсгалт газрыг Дуурлиг нарс буюу Баян Дуурлиг хэмээнэ. Энд дугуй хэлбэрийн чулуун далантай, мөн үүдэвчтэй, дөрвөлжин хэлбэрийн чулуун далантай язгууртны булшууд байна. Элсэрхэг хөрстэй ойд тарж байрласан бөгөөд энд ойролцоогоор 200-аад Хүннү булш байгаа бололтой. 1974, 1990-1992 онд Д.Цэвээндорж нар судалгаа хийсэн байна①. 2007 онд Монгол-Солонгосын хамтарсан Мон-Сол төслийн судлаачид нэгэн язгууртны булшийг малтаж тэрэгний эд анги, бүсний алтан тоног, алтан сувс, алтадсан хүрэл морь, хүрэл цөгц, ваар зэрэг олон арван сонирхолтой хэрэглэгдэхүүнүүдийг илрүүлжээ②.

塌陷的墓葬
Хүннү булш

墓葬区
Хүннү булш

Холбогдох ном зохиол:

Батсайхан З. Дорнод Монголын эртний нүүдэлчид. // МУИС-ийн ЭШБ. №210, Уб.,2003 он.

Батсайхан З. Хүннү. УБ.,2002 он 150-р тал.

Монгол-Солонгосын хамтарсан Мон-Сол төслийн 2007 оны тайлан.

Монгол-Японы хамтарсан Гурван гол шинжилгээний ангийн тайлан. УБ.,1993 он.

Цэвээндорж Д. Монгол-Японы хамтарсан Гурван гол хайгуул. // Монголын археологийн судалгаа. УБ.,2004, 45-47-р талууд.

Цэвээндорж Д. Archeological research. // Монголын археологийн судалгаа. УБ.,2004 он,169-177-р талууд.

Цэвээндорж Д. Новые памятники Хуннской знати. // Монголын археологийн судалгаа. УБ.,2004 он, 266-277-р талууд.

Эрдэнэбаатар Д, Ерөөл-Эрдэнэ Ч, Батболд Н, Франсис А, Миллер Б. Умард Хүннүгийн язгууртны булшны судалгаа. // TC. Т.3. УБ.,2002 он.

---

① Д.Цэвээндорж. Монгол Японы хамтарсан "Гурван гол" хайгуул. // Монголын археологийн судалгаа. Боть III УБ.,2004 он 45-47-р тал

Д.Цэвээндорж. Д.Като, Д.Баяр. Archaeological research. // A report on the joint investigation under the Mongolian and Japanese "Gurvan gol" historic relic project. Tokio 1994. pp 4-17

- Д.Цэвээндорж. Archaeological research. // Монголын археологийн судалгаа. Боть III УБ.,2004 он 169-182 тал

② П.Алдармөнх. Дуурлиг нарсны Хүннү булшны судалгаа. // Талын Их Эзэнт гүрэн – Хүннү. Монгол - Солонгосын хамтарсан судалгааны 10 жилийн ойн симпозиумын илтгэлийн эмхэтгэл. Сөүл 2008 он, 155-168-р талууд.

ХҮННҮГИЙН ҮЕ ● 匈奴文化遗存

蛮汗陶勒盖匈奴墓葬

编号06011。地理位置为东经101°43′16″、北纬43°14′17″。位于南戈壁省古尔板德斯苏木白思呼嘎查。这处墓地共有墓葬十多座，没有发掘过，是介于青铜时代和匈奴之间的早期匈奴墓葬，曾出土过青铜短剑。在地表采集到的遗物有红色陶片和细石器。其中三座墓较为完整，一座被盗，盗坑直径1米、深1米。墓地东为蛮汗山，是戈壁阿尔泰的最东端，离中蒙边境线50公里，中国境内为阿拉善盟额济纳旗。

Манхан толгой

GPS-ийн байрлал: N 43°14′17″, E 101°43′16″

Холбогдох он цаг: Хүннүгийн үе МЭӨ III-МЭ I зуун.

Харъяалагдах засаг захиргаа: Өмнөговь аймгийн Гурвантэс сум

Энд цагираг хэлбэрийн чулуун дараастай 10 орчим булштай. Тэдгээр булшны зарим нь тоногдсон бололтой голдоо хонхорхой. Мөн энэ орчмын газрын хөрсөн дээрээс улаан өнгөтэй ваарын хагархай, чулуун зэвсгийн зүйлс олдож байна.

Холбогдох ном зохиол:

Монгол-Хятадын хамтарсан археологийн экспедицийн 2006 оны ажлын тайлан. УБ.,2007 он, МҮМ-н номын сан.

匈奴墓葬
Хүннү булш

墓地远景
Манхан толгойн дурсгалт газар

达赉哈尔山遗址

编号06014-2。地理位置为东经106°44′07″、北纬45°46′06″。位于中戈壁省古尔班赛汗苏木境内。遗址由两个赫列克苏尔和六座匈奴墓组成，匈奴墓南北向为一排，单体墓葬约3米×4米。上世纪80年代，蒙古国国家考古所和前苏联考古队合作进行过考古发掘，出土了马骨、牛头骨、羊骨和青铜弓箭等典型的游牧文化遗物，但资料尚未发表。

Далайн хар уулын Хүннү булш

GPS-ийн байрлал: N 45°46′06″, E 106°44′07″

Холбогдох он цаг: Хүрэл зэвсгийн үеэс Хүннүгийн үе

Харъяалагдах засаг захиргаа: Дундговь аймгийн Гурвансайхан сум

Энд хүрэл зэвсгийн үейин хоёр хиргисүүрийн ойролцоо 6 хүннү булш байна. Хиргисүүрийн нэг нь дугуй хүрээтэй, хүрээний голч 40 м, нөгөө нь дөрвөлжин хэлбэртэй. Хүннү булшууд нь нэг эгнээнд цуварсан байдалтай харагдах аж.

Холбогдох ном зохиол:

Монгол-Хятадын хамтарсан археологийн экспедицийн 2006 оны ажлын тайлан. УБ.,2007 он, МҮМ-н номын сан.

石圈墓
Хүннү булшууд

墓地全景
Далайн хар уулын Хүннү булшууд

4. 突厥文化遗存

2005年调查的突厥时期文化遗存，大部分集中于后杭爱省、布尔干省南部和中央省一带。主要分为两大类，一类是祭祀性遗址，另一类是墓葬。祭祀性遗址的规模大小不等，但建构模式大同小异，一般以四块石板围成的方形石框为建筑主体，由石框向外通常延伸长短不等的列石，即所谓的"巴拉巴拉石"，长者可达数百米，还有的在石框周围树立石人、石神兽和石羊等雕像。本次调查的温格图遗址位于中央省阿拉坦宝拉格苏木境内，是一处规模较大的突厥祭祀性遗址。方形石框由四块长约2~3、宽约2、高约1米的石板围砌而成，石板外侧均刻有菱形网格纹，向西北方向延伸的"巴拉巴拉石"长达300余米，石框周围分布有石雕像群。最为著名的毗伽可汗碑、阙特勤碑和暾欲谷碑三大突厥碑刻的出土地点，同时也是三位突厥大贵族的祭祀庙堂所在，基本上由碑刻、庙堂、祭奠石臼、石雕像和"巴拉巴拉石"等几大部分组成，非常壮观。突厥墓地一般分布在平坦的山谷地带，墓地内的墓葬排列分布没有规律。墓葬在地表往往是由小块石板砌成圆形或方形、长方形的边框，内部或填土，或填埋石块，呈微微隆起状，显得较为随意。调查的后杭爱省哈沙特苏木境内的呼图嘎突厥墓地位于山坡地带，地表石圈也有立石为标示。2006年调查的突厥时期文化遗存有一处，为有石人的祭祀性遗存。

IV. ТҮРЭГИЙН ҮЕ

551-745 оны хооронд Монгол нутагт Түрэг угсаатнууд хүчирхэгжин, Түрэгийн хаант улсыг байгуулжээ. Хоёр зуу шахам жилийн хугацаанд төр улсаа байгуулж хүчирхэгжин мандан, нэгэн цагт доройтож асан Хөх Түрэгүүдийн бүтээсэн олон мянган дурсгалууд бидний үед уламжлагдан ирсэн байна. Нас барсан язгууртнуудад зориулан шүтээний сүм, гэрэлт хөшөө, зэл чулуу, хүн болон амьтны дүрст чулуун баримлууд бүхий тахилын онгоныг барьж байгуулдаг байжээ. Мөн жирийн иргэдийн хүн чулуун хөшөө, булш зэрэг дурсгалууд Монгол нутагт өргөн тархжээ.

Бид 2005-2006 онуудад хийсэн хайгуулаар Түрэгийн үед холбогдох 20 орчим дурсгал үзсэний дийлэнхи нь Архангай, Булган аймгийн өмнөд хэсэг болон Өвөрхангай, Төв аймгийн нутгаар байв. Тахилын онгонууд нь том жижгээрээ харилцан адилгүй, нас барсан хүний язгуур угсаа, зэрэг дэвээс хамаарах бөгөөд жирийн иргэдийн тахилын онгон нь 4 чулуун хавтан бүхий хашлага чулууд болон түүнээс зүүн зүгт үргэлжлэх зэл чулуутай байна. Түрэгийн хамгийн алдартай дурсгалуудад Билгэ хаан, Культегин, Тоньюукук зэрэг хаад язгууртнуудын тахилын онгонууд багтдаг.

查干敖包突厥祭祀遗址

编号05001。地理位置为东经107°28′26″、北纬47°42′18″。位于乌兰巴托市那莱呼区，属于查干敖包遗址群中的第一个遗址，南、西、北为特尔勒基山所环绕。遗址地表清晰可见一排呈东西向的立石遗存。立石一端为一石框，高约140、宽约150厘米，单体石框侧面可见菱格状纹，其他较小的立石向西呈一线分布。

Цагаан-Овоо дахь Түрэгийн тахилын онгон

GPS-ийн байрлал: N 47°42′18″ , E 107°28′26″ , Alt 1511м

Холбогдох он цаг: Түрэгийн үе (YI-YIII зуун)

Харъяалагдах засаг захиргаа: Улаанбаатар хотын Налайх дүүрэг

Тоньюукукын цогцолбор дурсгалаас баруун хойд зүг 1 км орчим зайд оршино. Дөрвөн ширхэг хавтан чулуу, зүүн зүг чиглэсэн зэл чулуу зэргээс бүрдэнэ. Эдгээр хавтан чулууг хавтгай боржин чулуугаар хийсэн бөгөөд чулууны нэг талд ханан хээ сийлсэн нь Түрэгийн тахилын онгоны хавтан чулуунд түгээмэл тохиолддог хээ юм. Зарим хавтан чулуу унаж анхны байрнаасаа хөдөлжээ.

Холбогдох ном зохиол:

Монгол – Хятадын хамтарсан археологийн экспедицийн 2005 оны хайгуулын ажлын тайлан. УБ.,2006 он, МҮМ-н Номын сан.

Сэр-Оджав Н. Эртний түрэгүүд. УБ.,1970 он.

工作现场
Судалгааны ангийнхан

遗址概况
Хашлага чулуу, зэл чулуу

祭祀石框
Хашлага чулуу

突厥 "巴拉巴拉石"
Зэл чулуу

暾欲谷碑刻遗址

编号05002。地理位置为东经121°28′58.2″、北纬47°41′57.7″。位于乌兰巴托市那莱呼区境内，距查干敖包祭祀遗址约500米。遗址三面环山，属于一处突厥祭祀性遗存。遗址西部矗立有两块石碑，呈长方形柱状体，石碑四面皆刻有古突厥文字，记载了暾欲谷本人的生平事迹。南北两石碑之间为一排东西向外延伸的列石遗存，长约1400米，一直通向东部的小山脚下。石碑向西的地表残存有四根高约1米左右的石柱，呈长方形，南北间距约3米，东西间距约2米。四周地表可见石建筑坍塌后的石板，呈长方形，上面刻有缠枝牡丹花草纹，应与四根石柱属同一建筑遗存。

Тоньюукукын цогцолбор дурсгал

GPS-ийн байрлал: N 47°41′57.7″ , E 121°28′58.2″ , Alt 1529м

Холбогдох он цаг: Түрэгийн үе (YI-YIII зуун)

Харъяалагдах засаг захиргаа: Улаанбаатар хотын Налайх дүүрэг

Улаанбаатар хотын Налайх дүүргийн нутагт Түрэгийн гурван төрийн сайд агсан Тоньюукук хэмээх хүнд зориулсан нэгэн алдартай дурсгал байдаг. Уг дурсгалыг анх 1897 онд Оросын эрдэмтэн Е.Клеменц олж хуулбар хийснийг нь В.В.Радлов орчуулж, улмаар 1909 онд Финийн эрдэмтэн Рамстедт, 1925 онд Оросын эрдэмтэн Б.Я.Владимирцов нар судалж байжээ. 1957 онд археологич Н.Сэр-Оджав малтлага хийж, хөх тоосгон ханатай барилгын нурангийг илрүүлжээ. Тэг дөрвөлжин хөх тоосгоор өрж зассан шалтай, барилгын дээврийг шатаасан хөх саарал өнгийн ваараар хучиж, ханын гадна талыг хар, улаан, цагаан шаргал, зосон улаан зэрэг хурц өнгийн будгаар будсан байжээ. Шар хуваар хийсэн сувс, хөх хээтэй шаазангийн хагархай, болхидуу хийцтэй том шавар ваарын хагархай, бог малын яс зэрэг зүйлс эндээс олдсон байна. Барилгын шалнаас нөмрөг, тосуур ваарын захыг нийлүүлэн нааж цувруулан тавьсан усан хоолой гарчээ.

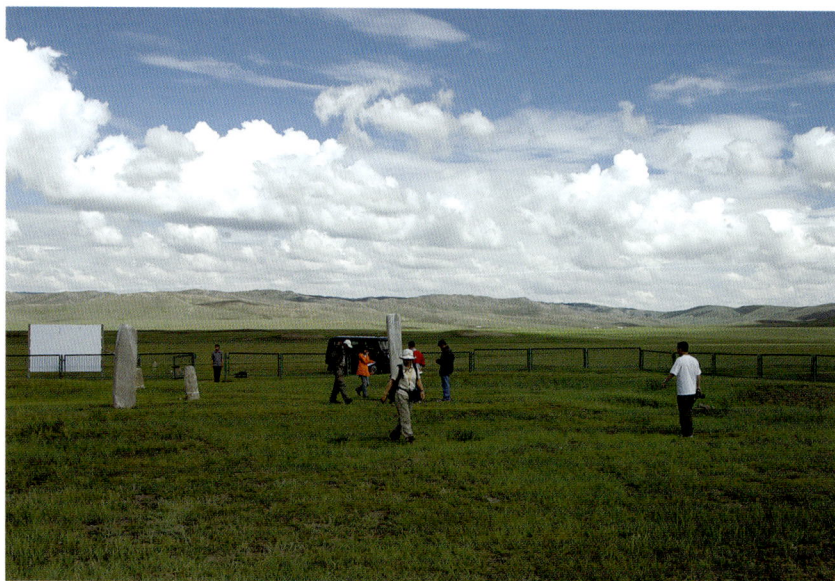

工作现场
Дурсгалтай танилцаж байгаа нь

遗址概况
Тахилын онгон, гэрэлт хөшөөд

Тоньюукукын гэрэлт хөшөөний бичээс:

Орхон, Енисейн бичээс хэмээн дэлхийд алдаршсан цөөн тооны бичгийн дурсгалын нэгд тооцогддог. Уг бичээсийг хоёр хөшөөний найман талд 62 мөр болгон бичсэн. Нэгдүгээр хөшөөний өндөр нь 1 м 70 см, хоёрдугаар хөшөөний өндөр нь 1 м 60 см. Тоньюкук нь Ашина овгийн язгууртан гаралтай хүн байсан бөгөөд өөрийн амьд сэрүүн ахуйдаа энэхүү гэрэлт хөшөөг босгуулжээ. << Мэргэн Тоньюкук өөрөө нанхиадын эрхэнд хүмүүжсэн нь тэр цагт Түрэг улс Нанхиадын эрхэнд байсан учир хийгээд Түрэг улс хаантай болох цагийг үзээсэй хэмээн санаж явсан, дараагаар хаантай болсон авч удалгүй Нанхиадад дахин дагаар орсон ... тэрээр Элтерес, Капган, Билгэ хаанд шөнө нойр хугаслан, өдөр амрыг олохгүй улаан цус, хар хөлсөө асгаруулан хүчин зүтгэсний үрээр улс нь улс шиг болж, төр нь төр шиг болсныг тэмдэглэжээ... >> Түрэг улс Хятадын эрхшээлд байхад Тоньюкук хэрэгт холбогдож шоронд хоригдож байгаад Кутулугийн бослогын үеэр суллагдан улмаар Кутулуг хаан болоход зөвлөх сайд нь болсон байна. 693 онд Элтерес /Кутулуг/ хааныг нас барахад дүү Можо нь хаан ширээг залгамжлан улс төрийн шинэтгэл хийж хуучин сурвалжтан нарыг төрийн албанаас зайлуулахад мөн Тоньюкукыг зайлуулжээ. Эдгээр хуучин сурвалжтан нарыг Тоньюкук удирдан нууц хуйвалдаан зохион байгуулж Можог хаан ширээнээс зайлуулан хун тайж Могиляныг Билгэ цолтойгоор хаан суухад үлэмж хүчин зүтгэсэн ажээ.

祭祀石板
Хашлага чулуу

突厥 "巴拉巴拉石"
Зэл чулууд

Холбогдох ном зохиол:

Alto R. Ramsdedt.G. Und die inschrift von Tonyukuk 'Peny Armagani' Ankara 1958. p19-24.

Айдаров Г. Язык памятников древнетюрской письменности VIII века. Алма-Ата 1971 г. 319-332-р талууд.

Амар А. Монголын товч түүх. УБ.,1989 он. 62-66-р талууд.

Баттулга Ц, Туньюкукийн гэрэлт хөшөөний судалгаа, // ТС, Ephemeris Historiae, Academia Doctrinae Mongolia, Tom.IV, fasc.1-23, Уб., 2003 он, 29-39-р талууд.

Болд Л. БНМАУ-ын нутаг дахь хадны бичээс. УБ.,1990 он.

Доржсүрэн Ц. Изучение историко-археологических памятников Монголии. // Археологийн судалгаа. (Эрдэм шинжилгээний бүтээлийн эмхэтгэл) УБ.,2003 он, 97-102-р талууд.

Малов С. Е. Памятники древнетюркской письменности в Монголии и Киргизии. М-л., 1951 г.

Монгол нутаг дахь түүх соёлын дурсгал. УБ.,1999 он.

Orkun H.N. Eski turk yazitlari I-IV. I-1936. p 97-124.III-1940. p 218-234.

Радлов В.В. Атлас древностей Монголии. Выпуск IV.табл CY-CXYI, Спб.,1899.

Radloff W. Die inschrift des Tonyukuk. Die Altturkischen. Zweite Folge. 1899.pl-27.

Ramsdedt G.I. Grano und Alto.P Album of the Turkish Monuments in Mongolia. Ankara 2001.

Ramsdedt G.I. Grano und Pentti Alto. Materialien zu den altturkischen Inschriften der Mongolei Memories de la Sasiete Finno-Ougrienne Helsinki. 1958. p13-49.

Materialen den altturkischen inschriften der Mongolei, Eripainos Suomalais seuran ai kakanskzijasts-60. Extrait du Helsinki p 91.

Ринчен Б. Монгол нутаг дахь хадны бичээс, гэрэлт хөшөөний зүйл. УБ.,1968 он. 45-52-р талууд.

Ross E Denisson. The Tonyukuk inscription Bulletin of the School of Oriental Studies. London, t 6, 1930-1931. p37-43.

Ciraund R.L. Inscription de Bain Tsokto Edition critique, Paris.,1961.

Сэр-Оджав Н. Тоньюукукын булшнаас олдсон Түрэг бичээс. // АС.1959 он.

Сэр-Оджав Н. Эртний түрэгүүд. УБ.,1970 он 29-32, 83, 88, 91-94-р талууд.

Сэр-Оджав Н. Түрэг бичээсний хоёр дурсгал. // ШУА. УБ.,1960 он, №3.

Thomsen V. Turcica, Etudes concernant l interpretation des inshriptions turques de la Siberie, Memories des la

Soc-Ougr-XXXVII, Helsingfors 1916.

Thomsen V. Altturkische inschriften aus der Mongolei, Zeit, d, Peutsch, Morg, Gesell t. 78, Leipzig. 1924-1925. p121-175.

Пэрлээ Х. Монгол-Ардчилсан Германы шинжилгээний ангийн ажлын тухай. // SA.T.III, УБ.,1963 он, 69-72-р талууд.

Пэрлээ Х. Хуучны дурсгалт зүйлийг сахин хамгаалах дүрмийг биелүүлье. Налайх дахь Түрэгийн ерөнхий сайд Тоньюкукын пайлуур. // Эрдэм шинжилгээний өгүүллүүд-I. УБ.,2001 он, 52-р тал.

Пэрлээ Х. Карта рунических письмен на территории МНР. // Эрдэм шинжилгээний өгүүллүүд- II. УБ.,2001 он, 25-26 стр.

Цэвээндорж Д, Баяр Д, Цэрэндагва Я, Очирхуяг Ц. Монголын археологи. УБ.,2002, 172-173, 178-179, 186–р талууд.

碑身上的突厥文字
Түрэг бичээс

温格图突厥祭祀遗址

编号05009。地理位置为东经106°12′11″、北纬47°44′05″。位于中央省阿拉坦宝拉格苏木境内的土拉河东岸的草原之上，东南部不远处可见桑根山，地势平坦。该遗址为一处突厥时期的祭祀性遗址，可见石板围砌的长方形石框，长约1.5、宽约1米，呈东南——西北走向。据了解，以前同类的遗址曾发掘出土过动物骨骼，以马骨居多，个别出土金质碗、勺等遗物。

Өнгөтийн цогцолбор дурсгал

GPS-ийн байрлал: N 47°44′05″ , E 106°12′11″ , Alt 1173м

Холбогдох он цаг: Түрэгийн үе (YI-YIII зуун)

Харъяалагдах засаг захиргаа: Төв аймгийн Алтанбулаг сум

Улаанбаатар хотоос 80 гаруй км зайтай, Хустайн нурууны салбар, Туул голын хойд хөндий Өнгөт уулын бэлд оршино. Уг дурсгалыг анх 1891 онд илрүүлж олсон байна. VI-VIII зууны Түрэгийн хант улсын үеийн тахил шүтээний цогцолбор дурсгалын дотор томоохонд орох, харьцангуй сайн судлагдсан дурсгалын нэг юм. Цогцолборыг тойруулан гонзгой дөрвөлжин хэлбэртэй, мөлгөр булантай далан хэрэмтэй байжээ. Далангийн дотор ханан хээгээр чимсэн дөрвөн хавтан суулгаж хийсэн чулуун хашлагатай, хэдэн хүн чулуун хөшөөтэй. Шороон далангийн зүүн талаас 500 орчим зэл чулууг зүүн тийш цувруулан зоосон нь 2.5 км орчим урт үргэлжилдэг ажээ. Өнгөтийн дурсгал нь Монгол болоод нийт Төв Азид судлан шинжилсэн хүн чулуут цогцолбор дурсгалуудын дотроос хамгийн олон хүн чулуутай дурсгал юм. Өнгөтийн дурсгалын хүн чулууны хийц загвар, бусад нутгаас олдсон ижил төрлийн дурсгалуудынхаас өвөрмөц бөгөөд хүнийг босоо байдалтай хоёр гараа цээжиндээ зөрүүлэн барьснаар урласан нь Түрэгийн хүн чулуунд нийтлэг дүрслэгддэг, нэг гартаа сав суулга барин, нөгөө гараа бүснээс зүүсэн хутганаас барьсан байдаг дүрслэлээс өөр юм. Түүнчлэн, тухайн үеийн эдийн боловсролын онцлогийг харуулах товруун тольтот бүс болон хутга, сэлэм, хавтага, ваар сав, ээмэг зэргийг дүрслээгүй ажээ. Өнгөтийн дурсгалын малтлагаар гарсан бас нэгэн сонин олдвор бол морин цэргийн довтолгооноос хамгаалах зорилгоор хэрэглэдэг "шөрөг"

突厥 "巴拉巴拉石"
Зэл чулуу

石雕人像
Хүн чулуун хөшөөд

遗址概况
Өнгөтийн цогцолбор дурсгал

祭祀石框
Хашлага чулуу

хэмээх төмөр өргөст зэвсэг юм. Эндээс мөн дээврийн ваар, чулуун хашлагыг тойрон байрласан 13 модон баганын ёзоор илэрсэн нь энд тахилын сүм байсныг илтгэдэг байна. Хүн чулууны зарим нь толгойтой, зарим нь хоёр гараа цээжин тус газраа зөрүүлсэн дүрслэлтэй. Хүн чулууны ойролцоо 2-3 x 2м, 1м өндөр, ханан хээтэй чулуун хашлага байсныг өмнө нь малтжээ. Зарим судлаачид энэ дурсгалыг Жужаны үед холбогдоно гэдэг бол бид Түрэгийн дурсгал хэмээн үзэж байна.

Холбогдох ном зохиол:

Баяр Д. Туулын хөндий дэх Түрэгийн өмнөх үеийн хүн чулууны тухай. // SA, Т. VII, f. 10, УБ, 1979 он, 3-22-р талууд.

Боровка Г.И. Археологическое обследование среднего течения р. Толы. // Северная Монголия. вып. II. Ленинград, 1927 г.

Войтов В.Е. Каменные изваения из Унгету-Центральная Азия. // Новые памятники письменности и искусства. М.,1987 г, стр 97-109.

Монгол нутаг дахь түүх соёлын дурсгал. // Сэдэвчилсэн лавлах. УБ.,1999 он.

Сэр-Оджав Н. Унгутинские памятники. // ОУМЭ-ийн 3-р их хурал. 3-р боть. 1979 г, 258-262 талууд.

Радлов В.В. Атлас древностей Монголии. Спб. вып. 1, 1892 г.

太哈尔石突厥石刻文字遗存

　　编号05030。地理位置为东经101°15′11″、北纬47°36′00″。位于后杭爱省车车尔勒格市西伊和塔米尔苏木境内，后塔米尔河位于遗址的东部约200米处，草原环境，四周为杭爱山脉所环绕。遗迹为一处单独突兀耸立石山，岩壁上写满了文字，有鲁尼文、突厥文、粟特文以及蒙元时期的文字，共计约150余处。还可见到蒙古人民共和国社会主义时期、前苏联时期的一些文字。部分文字为有关佛教或祝语等内容。俄罗斯学者德·阿·科列蒙茨首次发现古突厥文，后瓦·拉德洛夫释读该文①，赫·纳·奥尔浑②、斯·耶·玛罗夫③等进一步释读这些文字并翻译成英文。此外巴·仁亲④、赫·普尔莱⑤、勒·宝力道⑥、欧·斯尔特卡亚⑦、策·巴图图拉嘎⑧等学者均对此鲁尼文进行了研究。

Тайхар чулуу

GPS-ийн байрлал: N 47°36′00″ , E 101°15′11″ , Alt 1615м

Холбогдох он цаг: Хүрлийн үеэс –XYIII зууны үе

Харъяалагдах засаг захиргаа: Архангай аймгийн Их Тамир сум

Хойд Тамирын голын урд хөвөөнд орших энэхүү цохионд олон мянган жилийн турш эртний хүмүүс өөрсдийн овог аймгийн тамга, сүг зураг, олон төрлийн бичээс зэргийн олон зуун дурсгалыг үлдээжээ. Олон хэлээр бичсэн 150 гаруй бичээс байдгаас хамгийн эртнийх нь VI-VIII зууны Түрэгийн хаант улсын үеийн руни бичиг болно. Анх руни бичээсийг Д.А.Клеменц олж

太哈尔石遗址北侧的塔米尔河
Хойд Тамирын гол

170

太哈尔石遗址远景
Тайхар чулуу

В.В.Радлов уншжээ[1]. Тэрчлэн Х.Н.Орхун[2], С.Е.Малов[3] нар нягталж турк, англи хэлнээ орчуулан, Б.Ринчен[4], Х.Пэрлээ[5], Л.Болд[6], С.Харжаубай, О.Ф.Серткая[7], Ц.Баттулга[8], Ж.Гэрэлбадрах нарын судлаачид судалсан байна.

Холбогдох ном зохиол:

Album of the Turkish Monuments in Mongolia. Ankara 2001.

Аззаяа Б. Тайхар чулуун руни бичээс. // Acta Historica. Уб.,2007 он,T.YIII, F.9, 68-75-р талууд.

Бичээс судлалын тайлан, // МУИС, Монгол хэл, соёлын сургууль, Түрэг судлалын тэнхим, гар бичмэлийн сан хөмрөг, 2004 он.

Болд Л. БНМАУ-ын нутаг дахь хадны бичээс. УБ.,1990 он.

Дорж Д. К истории изучения наскальных изображений Монголии. // Археологические сборник Монголии. Москва 1962 г, стр 47-48.

Малов С.Е. Памятники древнетюркской письменности Монголии и Киргизии, Москва-Ленинград 1959 г, стр 46-54.

Монгол нутаг дахь түүх соёлын дурсгал. // Сэдэвчилсэн лавлах. Уб.,1999 он.

Ramstedt ,J.G.Grano und Pentti Aalto. Bearbeited und herausgegeben Pentti, Aalto, Helsinki 1958.

Orhun H.N., Eski Türk yazıtları II, İstanbul, 1938 (1987), s.109-117(299-309).

Окладников А.П. Петроглифы Монголии. Л.,1981 он.

Пэрлээ Х. Тайхир чулуу. // АС.Т.1,УБ.,1960 он.

Пэрлээ Х. Хуучны дурсгалт зүйлсийг сахин хамгаалах дүрмийг биелүүлцгээе. // Эрдэм шинжилгээний бүтээлийн эмхэтгэл. УБ.,2001 он, 41-р тал.

Пэрлээ Х. Археологийн нэгэн сонин олдвор. // Эрдэм шинжилгээний бүтээлийн эмхэтгэл. УБ.,2001 он, 303-304-р талууд.

Пэрлээ Х. Карта рунических письмен на территории МНР. // Эрдэм шинжилгээний өгүүллүүд- II. УБ.,2001 г, 26 стр.

Radloff W., Die alttürkischen inschriften der Mongolei, St.Peterburg, 1894 (1987), pp.260-268.

Ренчин Б. Монгол нутаг дахь хадны бичээс гэрэлт хөшөөний зүйл. УБ.,1968 он.

Rintchen. Les dessins pictographiques et les inscriptions sur les rochers et sur les steles en Mongolie, // Corpus Scriptorum Mongolorum,Tom.XVI. fasc.1, Улаанбаатар (Oulanbator).,1968, pp.34-36.

古突厥文字
Руни бичээс

太哈尔石
Тайхар чулуу

Санжмятав Т. Архангай аймгийн нутаг дахь түүх соёлын дурсгалууд. Уб.,1993 он, 10-р тал.

Сэр-Оджав Н. Эртний Түрэгүүд. Уб.,1970 он, 82-р тал.

Sertkaya O.F, Harcavbay S, Hoyto Tamır (Moğolistan)dan yeni yazıtlar (ön neşir), -Türk Dili Arat rmaları Yıllığı, Belleten 2000 , Ankara, 2001, s.313-346.

① W. Radloff, Die alttürkischen inschriften der Mongolei, St.Peterburg, 1894 (1987), pp.260-268.
② H.N.Orhun, Eski Türk yazıtları II, İstanbul, 1938 (1987), s.109-117(299-309).
③ С.Е.Малов, Памятники древнетюркской письменности Монголии и Киргизии, Москва-Ленинград, 1959, стр. 46-54.
④ Rintchen , Les dessigns pictographiques et les inscriptions sur les rochers et sur les steles en Mongolie, -Corpus Scriptorum Mongolorum,Tom.XVI. fasc.1, Улаанбаатар (Oulanbator), 1968, pp.34-36.
⑤ Х.Пэрлээ, Тайхар чулуу, - Studia Archaeologica,Tom.I, Fasc IV, Улаанбаатар, 1960, 26 тал.
⑥ Л.Болд, Тайхар чулууны монгол бичээс, -БНМАУ-ын нутаг дахь хадны бичээс, Улаанбаатар, 1990, 90-92 дугаар тал.
⑦ Sertkaya O.F, Harcavbay S, Hoyto Tamır (Moğolistan)dan yeni yazıtlar (ön neşir), -Türk Dili Araştırmaları Yıllığı, Belleten 2000 , Ankara, 2001, s.313-346.
⑧ Бичээс судлалын тайлан, -МУИС, Монгол хэл, соёлын сургууль, Түрэг судлалын тэнхим, гар бичмэлийн сан хөмрөг, 2004.

巴彦查干突厥祭祀性遗址

编号05032-2。地理位置为东经101°20′08″、北纬47°45′00″。位于后杭爱省伊和塔米尔苏木境内，处于呼勒哈日乌珠尔遗址东部约1公里处的巴彦查干山谷之中，山谷较深，地势平缓，东南方向可见后塔米尔河。该处遗址包括青铜时代赫列克苏尔、鹿石以及突厥时期的"巴拉巴拉石"祭祀性遗迹。祭祀石框已经坍塌，基本上湮没于地下，地表略呈圆圈状，由此向前竖立"巴拉巴拉石"块呈一线分布，长达二三百米。

Түрэгийн тахилын онгон

GPS-ийн байрлал: N 47°45′00″, E 101°20′08″, Alt 1542м

Холбогдох он цаг: Түрэгийн үе (МЭ YI-YIII зуун)

Харъяалагдах засаг захиргаа: Архангай аймгийн Их тамир сум

Архангай аймгийн Их тамир сумын Баянцагаан буюу Гэндэн булаг хэмээх газарт оршино. Гадуураа намхан шороон далантай, хавтгай чулууг газарт ханалуулан суулгасан, 4 тал хашлага чулуу болон түүнээс зүүн зүгт үргэлжилсэн олон тооны зэл чулуутай.

Холбогдох ном зохиол:

Монгол-Хятадын хамтарсан экспедицийн 2005 оны хайгуулын ажлын тайлан. УБ.,2006 он, МҮМ-н Номын сан.

突厥 "巴拉巴拉石"
Зэл чулуу

突厥 "巴拉巴拉石"
Зэл чулуу

伊和哈尼突厥祭祀性遗址

编号05036。地理位置为东经101°22′08″、北纬48°29′20″。位于后杭爱省额尔德尼曼达勒苏木伊和哈尼湖北部的草原之上。可见两尊突厥时期的石人雕像，头部已缺失，右手抱于胸前。石人背后为一石板竖立砌成的方形围框，石板上刻有古突厥文，原来的巴拉巴石已破坏不存。1891年，俄罗斯学者德·阿·科列蒙茨发现该遗址后，斯·玛·杜丁对其进行研究，并发表了简报[1]。1909年和1927年，学者萨卡尔·普尔斯[2]、巴·巴姆布耶夫分别对该石刻进行考释并手抄刻文[3]。此外，瓦·沃伊拖瓦[4]和蒙古国考古学家德·巴雅尔[5]分别对该遗存的祭祀遗址和石人进行了详细的研究。瓦·拉德洛夫也释读该石刻文并译成英文和德文[6]。赫·纳·奥尔浑也对此进行研究并发表了研究成果[7]。后斯·葛·卡拉亚施陶尔尼进一步释读该刻文[8]，蒙古国学者勒·宝力道由俄文把它译成蒙古文[9]。蒙日联合"碑铭"项目研究队日方专家也释读该碑文并把它译成日文和英文发表在相关报告中[10]。

Түрэгийн үеийн хүн чулуу хөшөөд, Их хануй нуурын Түрэг бичээс

GPS-ийн байрлал: N 48°29′20″ , E 101°22′08″ , Alt 1508м

Холбогдох он цаг: Түрэгийн үе (МЭ YI-YIII зуун)

Харъяалагдах засаг захиргаа: Архангай аймгийн Эрдэнэмандал сум

Архангай аймгийн Эрдэнэмандал сумын төвөөс баруун урагш 5 орчим км-т, Хануй нуураас холгүй тэгш талд байдаг. Анх 1891 онд Оросын эрдэмтэн Д.А.Клеменц илрүүлж, С.М.Дудин уг дурсгалын товч тодорхойлолтыг үйлджээ[1]. 1909 онд Финийн судлаач Сакари Пэлс[2], 1927 онд Б.Бамбаев уг бичээсийн гар хуулбар үйлдэж археологийн тодорхойлолт хийсэн[3]. В.В.Войтов тахилын байгууламж, цогцолборуудыг[4] судалсан бол Д.Баяр уул цогцолборын хүн чулууг[5] судалсан байна. Их Хануй нуурын бичээсийг В.Радлов анх тайлан уншиж "Die Inschrift vom Ichi-Chanyn-Nor"[6], Туркийн судлаач Х.Н.Орхун "Ihi-Hanın-Nor-yazıtı"[7] хэмээх нэртэйгээр тус тус хэвлүүлжээ. С.Г.Кляшторный[8], Л.Болд[9], Ц.Баттулга, Монгол-Японы хамтарсан "Бичээс" төслийн хүрээнд Такаши Оосава[10] нар тус тус судалжээ.

Холбогдох ном зохиол:

Бамбаев Б, Предварительный краткий отчет Бамбаев Бальджи о работе в этнолого-лингвистическом отряде научной экспедиции АН СССР по исследованию Внешней Монголии и Танну-Тувы составленный в 1927 г, // ШУА-ийн АХГБСХ,Ф-IX, Т.10, ХН.20-21.

Баяр Д. Монголын төв нутаг дахь Түрэгийн үеийн хүн чулуу, УБ.,1997 он.

Болд Л. БНМАУ-ын нутаг дахь хадны бичээс. УБ.,1990 он.

Болд Л. Их Хануй нуурын бичээс, // Орхон бичгийн дурсгал II, УБ.,2000 он, 232-р тал.

Войтов В.Е. Древнетюркский пантеон и модель мироздания в культово-поминальных памятниках Монголии YI-YIII вв.// Государственный Музей Востока, Москва 1996 г, стр.114-115.

Клеменц Д.А. Объяснительная записка к рисункам и эстампажам. // Атлас древностей Монголии-Санктпетербург 1893 г. Вып.2.

Клеменц Д.А, Объяснительная записка к рисункам и эстампажам, // Атлас древностей Монголии-Санктпетербург, 1893. Вып.2.

Кляшторный С.Г, Храм изваяние и стела в древнетюркских текстах (К интерпретации Ихе-Ханын-норские надписи), // Тюркологический сборник 1974, Москва, 1978 г, стр 238-256.

Малов. С.Е.Памятники древнетюской письменности Монголии и Киргизии. М-Л. 1959 г, стр 44-46.

Монгол нутаг дахь түүх соёлын дурсгал. // Сэдэвчилсэн лавлах. Уб.,1999 он.

Orhun H.N、Eski Türk yazıtları I I,Istanbul 1938 (1987), s.103 (295).

Radloff W., Die Alttьrkischen Inschriften Der Mongolei, St.Peterburg, 1894 (1987), pp.259;

Радлов В.В, Предварительный отчет о результатах снаряженной с Высочайшего соизволения Императорской Академией Наук экспедиции для археологического исследования р.Орхона, -1892 г. Вып.1стр.1-12;

Радлов В.В. Атлас древностей Монголии. Табл. 1-4. СПб. 1892-1899. табл. 1.

Memoria Saecularis Sakari Pälsi, - Aufzeichnungen von einer Forschungsreise nach der nördlichen Mongolei im jahre 1909, -Soumalai-Ugrilainen Seura- Société Finno-Ougrienne, Kansatieteellisiä julkaisuja X, Travaux ethnographiques X, Helsinki, Harry Halén (ed.), 1982 ā, pp.182.

Санжмятав Т. Архангай аймгийн нутаг дахь түүх соёлын дурсгалууд. УБ.,1993 он, 49-р тал.

大孝, イフ・ハヌイ・ノル文, ——モンゴル国存・碑文研究报告集, 森安孝夫・オチル, 中央ユラシア学研究会, 1999, ページ 137-140. (Takashi Osawa, Site and Inscription of Ikh-Khanui-Nor // Provisional report of researches on historical sites and inscriptions in Mongolia from 1996 to 1998, The Society of Central Eurasian Studies, 1999, pp, 137-140.

① W. Radloff, Die Alttьrkischen İnschriften Der Mongolei, St.Peterburg, 1894 (1987), pp.259;
  В.В.Радлов, Предварительный отчет о результатах снаряженной с Высочайшего соизволения Императорской Академией Наук экспедиции для археологического исследования р.Орхона, -1892. Вып.1стр.1-12;
  Д.А. Клеменц, Объяснительная записка к рисункам и эстампажам, -Атлас древностей Монголии-Санктпетербург, 1893. Вып.2,
② Memoria Saecularis Sakari Pälsi, - Aufzeichnungen von einer Forschungsreise nach der nördlichen Mongolei im jahre 1909, -Soumalai-Ugrilainen Seura- Société Finno-Ougrienne, Kansatieteellisiä julkaisuja X, Travaux ethnographiques X, Helsinki, Harry Halén (ed.), 1982, pp.182.
③ Б.Бамбаев, Предварительный краткий отчет Бамбаев Бальджи о работе в этнолого-лингвистическом отряде научной экспедиции АН СССР по исследованию Внешней Монголии и Танну-Тувы составленный в 1927 г,- Шинжлэх Ухааны Академийн Археологийн Хүрээлэнгийн гар бичмэлийн сан хөмрөг,Ф-IX, Т.10, ХН.20-21.
④ В.Е.Войтов, Древнетюркский пантеон и модель мироздания в культово-поминальных памятниках Монголии YI-YIII вв.- Государственный Музей Востока, Москва, 1996, стр.114-115.
⑤ Д.Баяр, Монголын төв нутаг дахь Түрэгийн үеийн хүн чулуу, Улаанбаатар, 1997,
⑥ W.Radloff, Die Alttürkischen inschriften der Mongolei, St.Petersburg, 1894 (1987), pp.259.
⑦ H.N.Orhun, Eski Türk yazıtları I I,Istanbul 1938 (1987), s.103 (295).
⑧ С.Г.Кляшторный, Храм изваяние и стела в древнетюркских текстах (К интерпретации Ихе-Ханын-норские надписи), - Тюркологический сборник 1974, Москва, 1978, стр.238-256.
⑨ Л.Болд, Их Хануй нуурын түрэг бичээс, -БНМАУ-ын нутаг дахь хадны бичээс, Улаанбаатар, 1990, 38-39-р тал.
⑩ 大澤 孝, イフ=ハヌイ=ノール遺跡一銘文, -モンゴル國現存遺跡・碑文調査研究報告,責任編集, 森安孝夫・オチル, 中央ユーラシア學研究會, 1999, ページ 137-140. (Takashi Ōsawa, Site and Inscription of Ikh-Khanui-Nor,- Provisional report of researches on historical sites and inscriptions in Mongolia from 1996 to 1998, The Society of Central Eurasian Studies, 1999, pp, 137-140.)

石板上刻划的古突厥文
Руни бичээс

西沃图乌兰突厥祭祀遗址

编号05038。地理位置为东经102°60′18″、北纬48°47′51″。位于后杭爱省海日汗苏木境内呼尼河与哈尼河交汇处的一座山顶之上。山顶为一碎石堆成的大型高台基。台基前排列有石人、石羊、石狮等雕像。石人头部均失，双手抱于胸前，有的握杯，有的手持长柄状物，腰间佩剑，挂有荷包。瑞典的学者格·基·拉姆斯特丹[①]、策·道尔基苏荣[②]、斯·哈尔朱白[③]、特·散朱米耶塔瓦[④]等学者曾对此遗址进行详细的研究。有些学者根据该遗址的形制结构、石碑上的刻文、石人形状等特征认为是后突厥可汗的祭祀性遗存[⑤]。

Шивээт улааны цогцолбор

GPS-ийн байрлал: N 48°47′51″ , E 102°60′18″

Холбогдох он цаг: Түрэг- Уйгурын үе (МЭ YI-IX зуун)

Харъяалагдах засаг захиргаа: Архангай аймгийн Хайрхан сум

Архангай аймгийн Хайрхан сумын нутаг Хануй, Хүнүй голын бэлчирт, голын хойт этгээдэд Шивээт хэмээх жижиг хадтай толгой дээр уг дурсгал оршино. Шивээт улааны дурсгалыг анх 1912 онд илрүүлж олсноос хойш судлаачид удаа дараа судлан шинжилсээр ирсэн байна. Эл дурсгалыг G.J.Ramstedt[①], Ц.Доржсүрэн[②], С.Харжубай[③], Т.Санжмятав[④] нар судалжээ. Дөрвөлжин гортигтой голдоо томоохон чулуун байгууламжтай, уртаараа 90 м, өргөнөөр 40 м орчим хэмжээтэй. Энд хүн чулуун хөшөөд, чулуун хонь, чулуун арслан, хөшөөний засмал чулуун суурь зэрэг дурсгалууд байна. Хөх өнгийн засмал дөрвөлжин хавтан чулуун суурь байгаа нь дээрээ хөшөө суулгах дөрвөлжин нүхтэй. Энд байсан хөшөө 225 см өндөр, 83 см өргөн, 30 см зузаан, нүүрэн талдаа олон тооны тамга тэмдэг сийлсэн байжээ. Эндхийн хүн чулуудыг хар бараан өнгийн хүрмэн

工作现场
Дурсгалтай танилцаж байгаа нь

遗址前的呼尼河与哈尼河
Хануй, Хүнүй голын бэлчир

чулуугаар ур чадвартай сайтай урлаж хийсэн байх бөгөөд бүгд хоёр тийш эргүүлсэн өргөн захтай дээлтэй, босоо дүрслэлтэй юм.Энд чулуун арслан гурав, хонь тав, хүн чулуу найм байна. Зарим судлаачид уг цогцолбор дурсгалын бүтэц, зохион байгуулалт, хөшөөн дээрх тамга тэмдгийн зүйлс, хүн чулууд болон бусад цоолбор дүрсүүдийн онцлог зэрэгт үндэслэн түүнийг VII зууны сүүл үед, түрэгийн хожуу хаант улсыг үндэслэн байгуулагч Эльтерес хаанд зориулан босгосон дурсгал гэж үзэх нь бий[5]. Уулын оройд байрлалтай, Түрэгийн тахилын сүм байсан ор үлдэц мэдэгдэхгүй, мөн зэл чулуугүй зэрэг онцлогуудыг харгалзан зарим судлаачид Уйгурын үед хамааруулж үздэг байна.

Холбогдох ном зохиол:

Album of the Turkish Monuments in Mongolia. Ankara 2001.

Доржсүрэн Д. Шивээт улаан гэж юу вэ? // ШУТ, Уб.,1975, №1.

Materialien zu den Altturkischen inschriften der Mongolei. Gesammet von.

Ramstedt G.J, Grano J.G.und Pentti. Aalto, bearbeitet und herausgegeben Pentti, Aalto, Helsink.,1958.

Монгол-Японы хамтарсан бичээс судлалын ангийн тайлан. УБ.,1988 он. ТХГБС.

Монгол нутаг дахь түүх соёлын дурсгал. // Сэдэвчилсэн лавлах, УБ.,1999 он.

Санжмятав Т. Архангай аймгийн нутаг дахь түүх соёлын дурсгалууд. УБ.,1993.

Харжубай С. Шивээт улааны цогцолбор дурсгал. // ТС. УБ.,1979 он.

Харжубай С. Шивээт улааны цогцолбор дурсгалын тухай дахин өгүүлэх нь. // АС. Т.Х, УБ.,1982 он.

Цэвээндорж Д. 1976 онд Архангай аймагт ажилласан нүүдэлчдийн дурсгал судлах ангийн тайлан. // ТХГБСХ.

---

① Materialien zu den Altturkischen inschriften der Mongolei. Gesammet von G.J.Ramstedt,   J.G.Grano und Pentti, Aalto, bearbeited und herausgegeben Pentti, Aalto, Helsink, 1958.

② Ц.Доржсүрэн. Шивээт улаан гэж юу вэ? ШУТ 1975, №1; Ц.Доржсүрэн. "1956-1957 онуудад Архангай аймгийн нутагт археологийн шинжилгээ хийсэн нь" Археологийн судалгаа. (Эрдэм шинжилгээний бүтээлийн эмхэтгэл). УБ.,2003 он, 109-125-р тал,

③ С.Харжубай. Шивээт улааны цогцолбор дурсгал. ТС УБ.,1979
С.Харжубай. Шивээт улааны цогцолбор дурсгалын тухай дахин өгүүлэх нь. АС 10-р боть, УБ.,1982.

④ Т.Санжмятав. Архангай аймгийн нутаг дахь түүх соёлын дурсгалууд. Уб.,1993.

⑤ Монгол нутаг дахь түүх соёлын дурсгал. Сэдэвчилсэн лавлах. УБ.,1999 он

石狮
Чулуун арслан

МОНГОЛ УЛСЫН НУТАГ ДАХЬ АРХЕОЛОГИЙН ХАЙГУУЛ СУДАЛГАА

蒙古国古代游牧民族文化遗存考古调查报告

遗址概况
Шивээт улааны цогцолбор

持杯石人
Хүн чулуун хөшөө

持剑石人
Хүн чулуун хөшөө

ТҮРЭГИЙН ҮЕ • 突厥文化遗存

毗伽可汗碑、阙特勤碑遗址

　　编号05049。地理位置为东经102°53′13″、北纬47°31′26″。这两处著名的突厥遗址位于后杭爱省哈沙特苏木境内。遗址分为两个地点，南部为毗伽可汗的庙堂遗址，北部为其兄弟阙特勤的祭祀地。两个遗址形制布局均相似。1889年俄罗斯学者纳·雅德林采夫发现了该遗址。1891年瓦·拉德洛夫对其进行考察。1958～1959年，蒙古国与捷克合作对阙特勤碑周围的遗址进行了大规模的发掘[①]。近年，土耳其与蒙古国联合考古队已经合作进行了为期五年的发掘工作，主要对毗伽可汗庙堂基址进行了仔细的清理。整个建筑呈东西向，清理出东出口的石灰地面、门外的排水设施和门两侧的石羊等。西侧即为毗伽可汗碑，现已移至库房保存，再向西为庙堂，可见四排四列石柱础，最后是一焚燃香火性质的石制遗物，为一座2.2米见方、暴露地表约40厘米、外方内圆的石凹。发掘清理出土的建筑构件以及石人、动物雕像均放在库房内。瓦·拉德洛夫最先发现了巴拉巴拉石并释读了上面的刻文[②]。蒙古和土耳其联合考古队2000年的发掘工作也发现了刻有文字的巴拉巴拉石[③]。阙特勤碑刻遗址也进行过考古发掘，石碑现已不在原址。该碑正面为突厥文，顶端为麒麟造型的碑额，向下为一代表部落徽记的符号，再向下及碑的两侧皆为突厥文。背面为汉文，顶端可见"故阙特勤之碑"，下为汉文书写的碑文，落款为"大唐开元廿年岁……"，以及"宣统三年库伦使者三多观并建亭护之"等刻文。碑座龟趺为晚期所重新更换。

毗伽可汗祭祀遗址发掘现场
Малтлага хийсэн талбай

闕特勤碑祭祀遗址发掘现场
Культегиний тахилын онгон

Культегиний тахилын онгон

GPS-ийн байрлал: N 47°31′26″ , E 102°53′13″ , Alt 1532м

Холбогдох он цаг: Түрэгийн үе (МЭ YI-YIII зуун)

Харъяалагдах засаг захиргаа: Архангай аймгийн Хашаат сум

Анх 1889 онд Оросын эрдэмтэн Н.М.Ядринцев илрүүлэн олжээ. 1890 онд Г.Гейкель, 1891 онд В.В.Радлов, 1902 онд Польшийн судлаач В.Л.Котвич нар үзэж судалсан бол 1958-1959 онд Монгол-Чехословакийн эртний судлалын хамтарсан судалгааны анги бараг бүхэлд нь малтан шинжсэн байна[1]. Түрэгийн хоёрдугаар хаант улсыг үндэслэн байгуулагч Эльтерес хааны отгон хүү Кул-Тегин нь 16 наснаасаа төрийн хэрэгт хүчин зүтгэж, өөрийн ах Билгэ хааны улс төр, эдийн засаг, дипломат бодлогыг хэрэгжүүлэн улс орныхоо тусгаар тогтнолыг бэхжүүлэхэд хүч авъяасаа зориулсан цэргийн авъяаслаг жанжин, улс төрийн бодлоготон байжээ. Тэрвээр 731 онд 47 настай таалал төгсөхөд дурсгалд нь зориулсан энэ тахилын цогцолбор, шүтээний сүмийг 732 онд босгожээ. Энэхүү ёслолын ажиллагаанд олон газрын хүмүүс цугларсан бөгөөд Нанхиад газраас элч төлөөлөгчөө томилон ирүүлж хүндэтгэн ёсолсон төдийгүй нэртэй сайн зураач урчуудыг илгээж тахилын сүм, хөшөө дурсгал тэргүүтнийг цогцлон бүтээхэд оролцуулсан байна. Энэхүү дурсгал нь 67,25 x 29,25 м хэмжээтэй нэг метр зузаан тоосгон хэрэмтэй, түүний гадуур нь шуудуугаар хүрээлсэн бөгөөд хэрмийн доторхи сул зайг бүхэлд нь 32 x 32 x 6 см-ийн хэмжээтэй тоосгоор шалласан байжээ. Хэрмийн оройг дээврийн вааараар гадарласан байв. Хэрмийн төв хэсэгт тэгш дөрвөлжин шороон тавцан байсныг бүхэл талбайгаар нь малтахад 10,4x10,8 м талбайтай 65 см зузаан ханатай барилгын суурь байсан нь ханыг улаан тоосгоор ташуу өрж хийсэн бөгөөд

毗伽可汗碑碑额
Билгэ хааны гэрэлт хөшөөний орой хэсэг

үүний дотор талд 5,7x5,85 м хэмжээтэй давхар хана байжээ. Энд Кул-Тегин жанжин, түүний хатан хоёрын чулуун хөрөг байсан бололтой бөгөөд малтлагын явцад Кул-Тегиний хөргийн толгой, хатны хөргийн нүүрийн хэсэг гарсан юм. Энэхүү барилгын баруун талд боржин чулууг засч дөрвөлжлөн голд нь дугуй нүх нэвт гаргасан тахилын чулуу байгаагийн хажуу талаас тасдан авч хожим хөшөөний суурь болгожээ. Дэвсгийн зүүн хэсэгт хөх өнгийн чулуугаар урлаж хийсэн том яст

毗伽可汗祭祀遗址出土的石臼
Билгэ хааны тахилын онгоны хавтан чулуу

毗伽可汗祭祀遗址出土的石框
Билгэ хааны тахилын онгоны хашлага чулуу

毗伽可汗碑正面
Билгэ хааны гэрэлт хөшөө

毗伽可汗碑背面
Билгэ хааны гэрэлт хөшөө

мэлхийн нуруунд углуургадан суулгасан 3,33 м өндөр, 1,32 м өргөн, 0,46 м зузаан гэрэлт хөшөө босгож Кул-Тегин жанжны түүхэн үйл явдлыг Түрэгийн руни болон нангиад бичгээр сийлж бичсэн байжээ. Он цагийн уртад суурь мэлхий чулуу нь хагарч хөшөө унасан байсныг 1911 онд хүрээнд сууж байсан манж амбан Сандо уг байсан газраас нь арай холтгон тахилын чулуунаас тайран шинээр суурь хийлгэн босгожээ. Өдгөө босоо, суугаа дүрстэй олон хүн чулуун хөшөөд ихэд эвдэрч, ундуй сундуй тарсан байдалтай бөгөөд анх их л үзэмжтэй сайхан урлан хийсэн байсан бололтой

阙特勤碑碑额
Культегиний гэрэлт хөшөө

бөгөөд эзэн ноёны шадар албатыг дүрсэлсэн, тодорхой дэс дараалалтай байрлуулсан байсан бололтой. Хэрмийн зүүн зах, үүдний орчимд өөд өөдөөс нь харуулан байрлуулсан хоёр хонины дүрс байжээ. Энэ орчмоос зэл чулуу эхлэн зүүн зүгт гурван км орчим үргэлжилдэг. Малтлагаар дээврийн нүүр, тосгуур, нөмрөг ваар, шавар усны хоолой, шалны тоосго, шавар сав, төмөрлөгөөр хийсэн аж ахуйн хэрэгцээний хийгээд, гоёл чимэглэлийн зүйлс зэрэг олдворууд гарсан байна. Эндэхийн хүн чулуун хөшөөд нь тухайн үеийн хүмүүсийн бодит дүр төрх, хувцас, хэрэглэл, гоёл чимгийг дүрсэлсэн бөгөөд энэ төрлийн судалгаанд чухал сурвалж болдог. Эдгээр хүн чулуун хөшөө, чулуун эдлэлүүдийг хожим БНТУ-ын тусламжаар барьсан барилгад оруулж хамгаалалтанд авчээ.

Билгэ хааны тахилын онгон

GPS-ийн байрлал: N 47°31′26″ , E 102°53′13″ , Alt 1532м

Холбогдох он цаг: Түрэгийн үе (МЭ YI-YIII зуун)

Харъяалагдах засаг захиргаа: Архангай аймгийн Хашаат сум

Улаанбаатараас өрнө зүгт 400 шахам км зайтай, Архангай аймгийн Хашаат сумын нутаг, Хөшөө Цайдамд, Куль Тегиний дурсгалаас өмнө зүг 1 км орчим зайтай оршино. Уг дурсгал нь Дорнод Түрэгийн II хаант улсын их хаадын нэг Могилян буюу Билгэ хаанд зориулж босгосон шүтээний цогцолбор юм. Билгэ хаан 734 онд нас барснаас хойш улс орон нь мөхлийн ирмэгт тулж улмаар 745 онд Уйгуруудад цохигдон бүрмөсөн мөхжээ. Уйгууруд Түрэгийн хаад ноёдын тахилын цогцолборуудыг үлэмж ихээр эвдэхэд Билгэ хаан, Кул-Тегиний цогцолборууд ч мөн эвдрэн сүйджээ. Энэ цогцолборын хэрмийн далан мэдэгдэх төдий бөгөөд түүний дотуур сувгийн хонхор ором, дунд нь гонзгой уртавтар төвгөр шороон довтой. Энд байсан хөшөө дурсгалуудыг тэнд хожим барьж байгуулсан барилгад оруулж байрлуулсан бөгөөд Билгэ хаан болон түүний хатны цагаан гантиг хөшөөг Монголын Үндэсний Музейд шилжүүлэн аваачсан юм. Цогцолборын баруун хэсэгт 245 х 240 см орчим хэмжээтэй тахилын засмал дөрвөлжин чулуу байгаа нь голдоо нэвт гарсан дүгрэг нүхтэй. Цогцолбороос зүүн зүгт балбал-зэл чулуу гурван км орчим зайд үргэлжилдэг байна.

Билгэ хааны хөшөөний бичээс:

Хөшөөний өндөр нь 3.45 м, өргөн нь 1.74 м, зузаан нь 0.75 м. Хөшөө гурван талдаа түрэг бичээстэй бөгөөд хойд талд нь хятад бичээс бий. Билгэ хааны хөшөөний бичээсийг Оросын судлаач Н.М.Ядринцев олны сонорт анх хүргэсэн бөгөөд 1890 онд Г.Гейкел, 1891 онд В.В.Радловын судлагааны анги тус тус судалсан байна. Энэ хөшөөний түрэг бичээсийг тайлж судлах ажилд В.Л.Котвич, Б.Я.Владимирцов, С.Е.Малов, Н.Оркун, Т.Текин, И.В.Стреблева, Г.Айдаров, А.Н.Кононов, С.Т.Кляшторный зэрэг олон эрдэмтэд өөрсдийн хувь нэмрийг оруулжээ. Элтерес хааны хүү Могилян нь 683 оны сүүлчээр төрсөн бөгөөд 716 онд Түрэгийн хаан ширээнд "Билгэ" цолтойгоор суусан ажээ. Билгэ хаан нь түрэгийн харъяанаас гарсан овог аймгуудыг ухуулан дагуулах, эс зөвшөөрснийг зэвсгийн хүчээр нэгтгэх бодлого явуулж байсан ба гадаад бодлогодоо Хятад зэрэг хөрш зэргэлдээ орнуудтай найрамдалт харилцаа тогтоон хилийн худалдаа хөгжүүлэхийг эрмэлзэж байжээ. Тэрбээр түрэг улсын төрийг бэхжүүлэх, эдийн засаг, соёлыг хөгжүүлэхэд ихэд хүчин зүтгэсэн тухайн үеийн улс төрийн томоохон зүтгэлтэн юм. Билгэ хаан 734 оны арван нэгдүгээр сарын 25-нд нас барсан агаад дараа жилийн зургадугаар сарын 22-нд тахилын сүм барьж гэрэлт хөшөө босгожээ. Хөшөөний бичээсийн нэгдүгээр хэсгээс 3-24-р мөр хүртэл, хоёр дугаар хэсгээс 1-9-р мөр хүртэл найман мөр Күл-Тегиний бичээстэй үг утга, найруулга бараг тохирдог байна. Билгэ хааны хөшөөний үгийг түүний ач Йолиг-Тегин нэг сар дөрвөн өдөр суун бичиж, тогтоон соёрхуулснаа дурджээ. Билгэ хааны онгоны зэл чулууны бичээсийг анх В.В.Радлов олж "Төлис шадын чулуун балбал болмуй" хэмээн уншжээ[2]. Уг чулуу шороонд булагдсан байсныг 2000 онд Монгол-Туркийн хамтарсан экспедиц дахин илрүүлжээ[3].

Холбогдох ном зохиол:

Album of the Turkish Monuments in Mongolia. Ankara 2001.

Базылхан Б. Култегиний хөшөөний мэлхий чулууны Түрэг бичээс. // ШУАМ. УБ.,1964 он. №4.

Базылхан Б. Култегиний хөшөөний бичээсний монгол орчуулга. // Хэл зохиол. XYII боть/ УБ.,1987 он.

Баттулга Ц. Монголын руни бичгийн бага дурсгалууд. Тэргүүн дэвтэр. УБ.,2005 он

Болд Л. БНМАУ-ын нутаг дахь хадны бичээс. УБ.,1990 он.

Дорж Д. К истории изучения наскальных изображений Монголии. // Археологические сборник Монголии. Москва 1962 г, стр 45.

Войтов В.Е. Хроника археологического изучения памятников Хушо Цайдам в Монголии (1889-1958) // Древние культуры Монголии. Новосибирск 1985 г 114-136 стр.

Котвич В.Л. В Хушо-Цайдаме. СПб.,1915 г.

Гумильев Л.Н. Древние Тюрки. Москва 1993 г, 312-316, 328-346 стр.

Доржсүрэн Ц. Изучение историко-археологических памятников Монголии. // Археологийн судалгаа. (эрдэм шинжилгээний бүтээлийн эмхэтгэл) УБ.,2003 он, 97-102-р талууд.

Кляшторный С.Г. Рабы и рабыни в древнетюркской общение. (По памятникам рунической письминности Монголии). // Древние культуры Монголии. Новосибирск 1985 г, 159-168 стр.

Кох Э. О двух камнях с китайскими надписями. // Зап. ВОРАО, 1891 г, т-V, вып 2-4, стр 155-156.

Монгол нутаг дахь түүх соёлын дурсгал. УБ.,1999 он.

Mongolia's tentative list. Cultural and natural heritage. UNESCO 1996.

Пэрлээ Х. Карта рунических письмен на территории МНР. // Эрдэм шинжилгээний өгүүллүүд II. УБ.,2001 он, 25-27 стр.

Пэрлээ Х. Хуучны дурсгалт зүйлийг сахин хамгаалах дүрмийг биелүүлье. Орхоны хөшөө цайдам дахь Түрэгийн Могильян хаан ба Куль Тегин хоёрын пайлуур. // Эрдэм шинжилгээний өгүүллүүд-I. УБ.,2001 он.

Пэрлээ Х. Монгол орны археологийн шинжилгээний товч тойм. УБ.,1957 он, 197-208-р талууд.

Пэрлээ Х. Монгол ард улсын эрт дундад үеийн хот суурины товчоон. УБ.,1961 он, 47-49-р талууд.

Радлов В.В. Атлас древностей Монголии СПб, вып 1892, вып 2, 1893, вып 3, 1896, вып 4, 1899 г.

Радлов В.В, Мелоранский П.М. Древнетюркские памятники в Кошо-Цайдаме. // ТОЭ. I боть, СПб.,1897 г.

Heikei A. Inscriptions de l'Orkhon recueilies par l' expedition finnoise. 18908 Helsengfors. 18926.

阙特勤碑正面
Культегиний гэрэлт хөшөө

阙特勤碑背面
Культегиний гэрэлт хөшөө

阙特勤碑正面碑文（汉文）
Нанхиад бичиг

阙特勤碑背面碑文（突厥文）
Түрэг бичиг

Ринчен Б. Монгол нутаг дахь хадны бичээс, гэрэлт хөшөөний зүйлс. УБ.,1968.

Санжмятав Т. Архангай аймгийн нутаг дахь түүх соёлын дурсгалуруд. Уб.,1993 он.

Сэр-Оджав Н. Культегиний булшны барилгын хэрэглэгдэхүүн. // ШУС. 1959 он №5-6.

Сэр-Оджав Н. Хүлтегиний булшнаас олсон хүн чулуун хөшөөний толгой. // АС. №1, УБ.,1959 он, 3-8-р талууд.

Сэр-Оджав Н. Түрэг бичээсний хоёр дурсгал. // ШУА. №3 УБ.,1963 он.

Сэр-Оджав Н. Эртний Түрэгүүд. // SA. УБ.,1970 он, 32-42, 88, 95-97-р талууд.

Уртнасан Н. Түмэн дурсгалт Орхоны хөндий. // Дэлхийн өв. УБ.,2005 он, 67-69, 154-163-р талууд.

Цэвээндорж Д, Баяр Д, Цэрэндагва Я, Очирхуяг Ц. Монголын археологи. УБ.,2002 он, 173-177, 184-186–р талууд.

① Н.Сэр-Оджав. Эртний Түрэгүүд. УБ.,1970 он, 32-42 тал;
Д.Наваан. Алт эрдэнэсийн дурсгал. Уб.,2004 он, 7-8-р тал
② Ц.Баттулга. Монголын руни бичгийн бага дурсгалууд. Тэргүүн дэвтэр. УБ.,2005 он 48-р тал
③ Билгэ хааны онгоныг 1999-2003 онд А.Очир, Д.Баяр, Г.Садатин нарын удирдлагаар малтан судалж, Билгэ хааны алтан титэм тэргүүтэй 1800 гаруй ховор нандин дурсгалыг илрүүлжээ.

西沃陶勒盖突厥岩壁文字遗址

　　编号05050。地理位置为东经102°52′58″、北纬47°39′21″。位于后杭爱省哈沙特苏木西沃陶勒盖山的顶部岩石之上，磨刻而成，内容为古突厥文，刻划皆较为模糊。向西的山顶处有一约40米见方、高约2～3米的由碎石堆成的高台基，中心下凹，蒙古国学者推断为突厥时代的祭祀台基。

Шивээ толгойн дурсгал

GPS-ийн байрлал: N 47°39′21″ , E 102°52′58″ , Alt 1533м

Холбогдох он цаг: Түрэгийн үе (МЭ YI-YIII зуун)

Харъяалагдах засаг захиргаа: Архангай аймгийн Хашаат сум

Архангай аймгийн Хашаат сумын нутаг Хөшөө цайдамын дурсгалын зүүн урд талд Шивээ толгой хэмээх багахан хадат толгой дээр оршино. Уг толгой дээр эртний чулуу овоолж үйлдсэн байгууламж, хадан дээр сийлсэн янгирын дүрс, эртний Түрэгийн руни бичгийн дурсгал зэрэг зүйлсүүд байна. Анх 1973 онд Монгол-Зөвлөлтийн түүх соёлын хамтарсан шинжилгээний ангийн хадны зураг бичээс судлах анги очиж судалсан байна. 1976 онд М.Шинэхүү уг бичээсийг тайлж уншжээ. Уг толгой дээрхи чулуугаар овоолж байгуулсан хиргисүүр нь голдоо хонхор, том хэмжээтэй сүрлэг дурсгал юм. Уг хиргисүүрийг малтаж судлаагүй байна.

Холбогдох ном зохиол:

Монгол-Хятадын хамтарсан археологийн экспедицийн 2005 оны хайгуулын ажлын тайлан. УБ.,2006 он, МҮМ-н Номын сан.

突厥祭祀遗址
Чулуун шивээ

突厥岩壁文字
Хадны бичээс

呼图嘎山突厥墓地

　　编号05052。地理位置为东经102°47′03″、北纬47°36′19″。位于后杭爱省哈沙特苏木境内的鄂尔浑河东岸，在山峰之间的凹地以及山坡的背面皆可见到堆砌的墓葬石块。地表形制为大小不一的圆形、方形墓葬，周围还有略呈方形的石堆墓。四方墓大者直径约7～8米，小者约4～5米，共计有六七十座。石堆墓边框约10米见方，四角有立石，中心为圆形石堆。俄罗斯的学者曾经对该墓地进行考古发掘。

Хутаг уулын булш

GPS-ийн байрлал: N 47°36′19″, E 102°47′03″, Alt 1460м

Холбогдох он цаг: Түрэгийн үе (МЭ YI-YIII зуун)

Харъяалагдах засаг захиргаа: Архангай аймгийн Хашаат сум

Архангай аймгийн Хашаат сумын нутаг, Хөшөө цайдамын дурсгалаас хойш 7 км орчим зайтай, Хутаг ууланд, том том чулуугаар хийсэн олон булш байна. Судлаачид Хутаг уулын хөлд орших гурван булшийг малтжээ. 6.5 х 6.5 м хэмжээтэй нэгэн булшийг малтахад тэндээс зүүн тийш хандуулан 2 адуу, нэг хүнийг хамтад нь оршуулжээ. Булшнаас бүсний чимэг, хээтэй мөнгөн товруу, төмөр хутга, алтан ээмэг, дэгрээ зуузайтай амгай, эмээлийн төмөр олом, төмөр дөрөө, ясан чагт, улаан будагтай нумын наалт зэрэг зүйлс олдсон бөгөөд бусад булшууд нь нэлээд тоногдсон байдалтай байжээ.

Холбогдох ном зохиол:

Монгол нутаг дахь түүх соёлын дурсгал. УБ.,1999 он.

Наваан Д. Алт эрдэнэсийн дурсгал. УБ.,2004 он.

Сэр-Оджав Н. 1956-1957 онд явуулсан хээрийн шинжилгээний тухай. // ШУТ №5-6.

Сэр-Оджав Н. Эртний Түрэгүүд. УБ.,1970 он, 24-25-р талууд.

Санжмятав Т. Архангай аймгийн нутаг дахь түүх соёлын дурсгалууд. УБ.,1993 он, 46-р тал.

Уртнасан Н. Түмэн дурсгалт Орхоны хөндий. // Дэлхийн өв. УБ.,2005 он, тал 103-104-р талууд.

Цэвээндорж Д, Баяр Д, Цэрэндагва Я, Очирхуяг Ц. Монголын археологи. УБ.,2002 он, 187–р тал.

圆形墓葬
Булшны дараас чулуу

方形墓葬
Булшны дараас чулуу

遗址概况
Хутаг уулын булшууд

发掘过的墓葬
Булш

西沃图突厥祭祀性遗址

编号05075。地理位置为东经103°37′44″、北纬47°17′04″。位于前杭爱省伊森巨勒苏木西沃图山的山坡阳面。在山顶高台地处以自然碎石块在山顶堆成一个直径约70米、高3～4米的大型高台基，现在台基的部分被修路取石所破坏，凹凸不平。台基下方为一石人雕象，头部无存，右手持杯抱于胸前，腰间挂有荷包，身上绘满牡丹蔓草纹。

Шивээтийн дурсгал (Тарнын голын хүн чулуу)

GPS-ийн байрлал: N 47°17′04″, E 103°37′44″, Alt 1309м
Холбогдох он цаг: Түрэгийн үе (МЭ YI-YIII зуун)
Харъяалагдах засаг захиргаа: Өвөрхангай аймгийн Зүйл сум

Есөн зүйл сумын Шивээт уулын орой дээр чулуугаар үйлдсэн нэгэн том хиргисүүр байдгийг нутгийнхан Шивээ хэмээн нэрлэнэ. Уг чулуун байгууламж 70 м орчим голчтой, 3.5 м өндөр. Хожим хүмүүс чулууг нь зөөж авсан боололтой. Хөшөөний доод талд Түрэгийн үеийн нэгэн хүн чулуу байна. Уг хүн чулуу толгойгүй, баруун гараа урдаа авсан, бүснээсээ хавтага зүүсэн, цэцгэн хээгээр хувцасыг чимэглэсэн нь нарийн ур хийцтэй.

Холбогдох ном зохиол:

В.Войтов, Д.Баяр. Новые археологические открытия в Хангае. Информационный бюллетень. // Международная Ассоциация по изучению культур Центральной Азии Выпуск 16. 1990 г. стр 59-67.

Д.Баяр. Өвөрхангай аймгийн нутагт буй Түрэгийн үеийн хүн хөшөөний тухай. // Археологийн судлал. SA. T. 13 F.4. 29-52-р талууд.

Album of the Turkish Monuments in Mongolia. Ankara 2001

Монгол нутаг дахь түүх соёлын дурсгал. // Сэдэвчилсэн лавлах. УБ.,1999 он

雕刻的佩饰物
Хүн чулууны хувцасны чимэглэл (хажуугаас)

遗址概况
Шивээт, Тарнын голын хүн чулуу

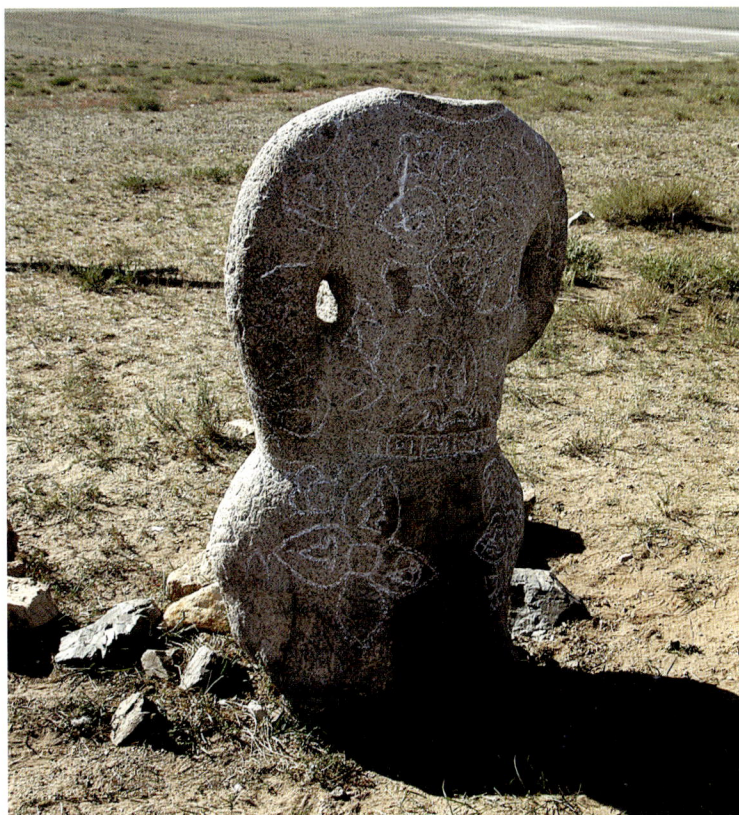

石雕像装饰纹样
Тарнын голын хүн чулуу (араас)

吉日格朗图汗突厥石人遗址

编号06002。地理位置为东经109°32′11″、北纬47°31′08″。位于肯特省吉日格朗图汗苏木境内。周围有两块石棺，前有一石人，早期被盗，石棺只剩两块，为一处小型突厥墓地。

Түрэгийн үеийн хүн чулуун хөшөө, тахилын онгон

GPS-ийн байрлал: N 47°31′08″ , E 109°32′11″ , Alt 1365м

Холбогдох он цаг: Түрэгийн үе (МЭ YI-YIII зуун)

Харъяалагдах засаг захиргаа: Хэнтий аймгийн Жаргалтхаан сум

Хэнтий аймгийн Жаргалтхаан сумын нутагт уг дурсгал оршино. Эргэн тойронд нь 2 чулуун хашлагатай. Өмнө талдаа 1 хүн чулуутай. Эрт үед тоногдсон бололтой. Хүн чулуунд хүний ам, хамар, нүдийг ур хийц сайтай, тод томруун дүрсэлсэн байна.

Холбогдох ном зохиол:

Б.Цогтбаатар, А.Энхтөр, Ж.Гантулга, Г.Лхүндэв. Хэнтий аймгийн Хэрлэнбаян-Улаан, Дэлгэрхаан, Жаргалтхаан сумдын нутагт ажилласан археологийн хээрийн шинжилгээний ангийн тайлан. // АХГБСХ, УБ.,2005 он.

突厥石人
Хүн чулуун хөшөө

ТҮРЭГИЙН ҮЕ ● 突厥文化遗存

5. 回鹘文化遗存

回鹘时期文化遗存主要是城址与祭祀性遗址。回鹘古城遗址规模最大的是首都鄂尔都八里存（Ordu Balik），今天被称作为"哈喇巴拉嘎斯"，是"黑城子"的意思，当时是草原丝绸之路上连接东、西方重要的中转站。古城位于后杭爱省浩腾特苏木鄂尔浑河西岸的草原之上，城墙及城内外遗迹均保存较好。古城分为内、外两城，外城南北长约300米，东西宽约250米。夯土城墙，城门仅见于东城墙。城中部偏西有一座高约10余米的夯土台基，其上可见石柱础，为瞭望台遗址。城外东部及西南部皆可见较矮的城墙围成的小城，里面有建筑基址等。另外，古城外围分布有众多的院落及其他建筑基址，在距古城西约百余米处散落十余块碑体残块，即是著名的《九姓回鹘可汗碑》，为回鹘第八代可汗保义可汗的纪功碑，以鲁尼文、粟特文和汉文三种文字写成。回鹘祭祀性遗址由石堆、碑刻、石雕像等几部分组成。位于布尔干省赛汗苏木茂盖锡尼乌苏草原之上的磨延啜碑，是回鹘第二代可汗葛勒可汗的纪功碑，目前该碑已断为三截，龟趺尚在，石堆遭人为扰乱。另外，在哈剌和林苏木西北的几个山谷之中，发现了数处回鹘时期的特殊遗迹，蒙古国考古学者称之为"四方形遗址"，普遍的形制是一夯土或砖石垒砌的高台基，外围以夯土墙。这种"四方形遗址"遗址仅在哈剌和林多日博勒斤山谷一带发现，考古界或认为是墓葬，或认为是祭祀性遗存。在调查的过程中，对这几处四方形遗址作了重点测绘，并列入发掘计划，希望通过考古发掘对该类遗存有一个明确的认识。

V. УЙГУРЫН ҮЕ

Уйгууруд 745 онд Түрэг улсыг мөхөөж, эзэнт улсаа байгуулан Монгол нутагт 100 шахам жил оршин тогтножээ. Уйгууруд Түрэг гаралтай угсаатан бөгөөд эртний түүхэн сурвалжуудад тэднийг дин лин, дили, тэлэ, гаогюй гэх мэт олон нэрээр нэрлэж байжээ. IX зууны эхээр Уйгуруудад эзлэгдсэн угсаатнууд эсэргүүцэн тэмцэлдэхийн сацуу, язгууртнуудын хоорондын тэмцэл зөрчлөөс болж хүчин доройтжээ. Улмаар 820-иод оноос Енисейн Киргизүүд довтлон байлдсаар Уйгур улсыг мөхөөхөд тэдний зарим нь Киргизүүдийн эрхшээлд орж, үлдсэн хэсэг нь нүүдэллэн оджээ.

Уйгурчууд хот суурин байгуулахдаа ихээхэн дадлага туршлагатай байсныг илтгэхүйц олон тооны хот суурин газруудын үлдэц, балгасууд тус орны нутагт байна. Тэдгээр хот сууringуудын нэлээдийг хожмын Хятан нар ашиглан, сэргээж өөрсдийн хотоо нэмж байгуулсан байх нь археологийн судалгаагаар нотлогддог байна.

Бид 2005-2006 оны хайгуулаар Уйгурын үед хамаарах 18 дурсгалыг үзсэн юм. Уйгурын Орду-Балык буюу одоогийн Хар балгас нь 25 км орчим урт үргэлжилсэн, эртний өрнө дорныг холбосон торгоны замын уулзвар, их хот байсан ажээ. Уйгурын үейн тахилын онгон нь гэрэлт хөшөө, хүн чулуу цогцлоосон, шороон далан бүхий дөрвөлжин хэрэм зэргээс бүрддэг аж. Монгол оронд Уйгурын үед хамаарах Булган аймгийн Сайхан сумын Могойн шинэ усны дурсгал, Архангай аймгийн Шивээт улааны дурсгал, Өвөрхангай аймгийн Хархориноос баруун хойш Баянголын аманд орших Дөрвөлжин хэмээх дурсгал зэрэг олон дурсгалууд байна. Дөрвөлжингийн ихэнхийг шороо дагтаршуулан үйлдсэн шороон хэрэмтэй, хэрмийн төвд шороо тоосго хольж үйлдсэн овгор байгууламжтай, хэрмийн үүд зүүн тийш харсан. Ийм төрлийн дурсгалыг судлаачид тахилын онгон, зарим нь булш хэмээн өөрөөр үзсээр ирсэн бөгөөд бид эдгээрийн тодорхойлолтыг дэвсгэр зургийн хамт үйлдэж, 2006 оноос малтан судлахаар сонгон авсан юм.

磨延啜碑刻遗址

编号05039。地理位置为东经102°12′45″、北纬48°32′26″。为回鹘第二代可汗葛勒可汗的纪功碑。位于布尔干省赛汗苏木茂盖锡尼乌苏草原之上，是一处具有纪念突厥磨延啜可汗的庙堂性质的祭祀遗存，地表可见有圆形的石堆，前苏联考古学者曾经进行过发掘清理。石碑现已断成三截，底座龟趺的头部已失。石碑顶端为一回鹘部落的族徽标记，下端记载磨延啜可汗生平、战功等内容，碑文为古突厥文字，约5000余字。

Моюнчурын хөшөө

GPS-ийн байрлал: N 48°32′26″, E 102°12′45″, Alt 1473м

Холбогдох он цаг: Уйгурын үе (YIII-IX зуун)

Харъяалагдах засаг захиргаа: Булган аймгийн Сайхан сум

Булган аймгийн Сайхан сумын нутаг, Хиргисийн хөндий гэдэг газар оршино. Уйгур улсын түүх, хэл соёлын хосгүй дурсгалын нэг болох руни бичгээр бичигдсэн энэ хөшөөний урт 3.8 метр бөгөөд анх мэлхий чулуун дээр суурилуулсан байжээ. Хөшөө одоо мэлхий чулуунаасаа салж, дундуураа нэг хугарчээ. Хөшөөний нүүр талд 1-12, баруун талд 13-23, хойд талд 25-39, зүүн талд нь 40-44 мөрийг тус тус сийлжээ. Нэг мөрөнд дунджаар 150 орчим үсэг зурлагатай юм. Судлаачид уг хөшөөнд ойролцоогоор 6750 орчим үсэг зурлага байсан бөгөөд 1750 орчим нь баларсан гэж үздэг. Энэ хөшөөг Уйгур улсын хоёр дахь хаан Моюн-Чур /Баянчур/-т зориулан босгожээ. Моюн-Чур нь Уйгур улсыг байгуулж улмаар хаанд өргөмжлөгдсөн Пэйлогийн хүү бөгөөд 747-759 оны хооронд хаан ширээнд суухдаа тэнгэрээс заяат төр засагч мэдэлтэй хаан гэж алдаршжээ. Хөшөөний бичээст 744-750 оны хоорондох түүхэн үйл явдлыг голлон өгүүлдэг.

Бичээсийн агуулгыг тоймлон дурдвал: Хөшөөний нүүрэн талд ...Тэнгэрт болгоогдон улсыг хураасан Цэцэн хаан Өтүкэний орчимд хоёр уулын дунд нутагладаг, уух ус нь Сэлэнгэ, улс түмэн нь нүүдэлчин агсан бөлгөө. Арван уйгур, есөн огузыг зуун жил захиран суусан хаан эцэг нь Күл-Билгэ хаанд өргөмжлөгдсөн, Түрэгийн сүүлчийн хаан Озмис Тегинийг хонин жилд /743/ дайлаар мордсон, түүний хатныг булааж авсан, түрэг түмэн түүнээс хойш үгүй болсон, тахиа жил /746/ арван сум нэгдсэн, гахай жил /747/ тэднийг ялан дийлсэн, Ябгу цолыг соёрхсоны хойно хаан эцэг Пейло нь халин одсон зэргийг өгүүлжээ.

Хөшөөний баруун талын бичээст: Бэкүгүкт тулалдахад дайсан өдөр нь зугатан, шөнө нь дахин цуглан байлдсан боловч найман огуз, есөн татараас хүн үлдсэнгүйг тэмдэглээд, эгэл жирийн харьяат нарыг устгасангүй, тэдний эд агуурс, гэр бараа, адуу малыг нь булааж авсангүй, харин тэднийг өөрийн харьяат бол хэмээн ятгаснаар тэд түүнд /Моюн-Чурт/ дагаар орж ирцгээсэн, Сэлэнгийг уруудан зугатсан дайсныг дарсан, эзлэгдсэн түмэн дахин хүчээ хаандаа үнэнчээр өгөх болсон, 8-р сарын 2-нд /748, 749/ Гашуун Алтыр нуурын тэнд сүр хүч, ид хавыг үзүүлэн ялсан, Өтүкэн уулын орчимд өвөлжиж, Ябгу шад цолыг хоёр хүүдээ соёрхон, Тардуш Төлисийг захируулан мэдүүлсэн, барс жил /750/ Чик рүү дайлаар мордсон, түүний дараа Ыдук башид улмаар Ябаш Токушийн билчирт зуссан, өргөөгөө тэнд босгож хил хязгаар, нутгаа тогтоон бататгаж, мянган жил түмэн өдөр дурсах бичиг, дурсгалаа тэнд зассан, чулуунаа сийлүүлэн босгуулсан хийгээд дараа нь Чикийг дайлаар мордсон түүний морьт цэрэг тэднийг тэнд даран сөнөөсөн зэргийг өгүүлсэн байна.

Моюнчурын тахилын онгон

Хөшөөний хойд талын бичээс нэлээд гэмтсэн. Энд Эрчис мөрөн, Аркар толгойн эрэг, Эр Камыш тийш салаар хүрсэн, Болчу голд гурван Карлукийг дийлсэн, нутгийн захад буй Сиз толгойд хүрч зуссан, мөргөлөө тэнд үйлдсэн, Чик түмэнд Тутукийг өгсөн, нэгэн удаа өндрөөс дайсныг үзэж, Тайган нуурт цэргээ цуглуулан, тэнд хэрхэн байлдсан тухай, тэндээсээ буцан Орхон Балыклык голын бэлчирт улсын өргөө ордыг бүтээн босгуулсан зэргийг дурджээ. Хөшөөний зүүн талын бичээс маш их гэмтсэн бөгөөд Сэлэнгийн эрэгт Байбалык хотыг байгуулахыг согд, табагач нарт даалгалаа би хэмээн тэмдэглэжээ.

Холбогдох ном зохиол:

Айдаров Г. Язык Орхонских памятников древнетюркиской письменности VIII века. Алма-Ата 1971 г.

Album of the Turkish Monuments in Mongolia. Ankara 2001.

Баттулга Ц. Монголын руни бичгийн бага дурсгалууд. УБ.,2005 он.

Болд Л. БНМАУ-н нутаг дахь хадны бичээс. УБ.,1990 он, 61-68-р талууд.

Каржаубай С. Объединенный каганат тюрков в 745-760 годах. Астана 2002г.

Малов С.Е. Памятники древний туркиское письмонности Монголии и Киргизии. М-Л.,1959г.

Монгол нутаг дахь түүх соёлын дурсгал. УБ.,1999 он.

Пэрлээ Х. Карта рунических письмен на территории МНР. // Эрдэм шинжилгээний өгүүллүүд II. УБ.,2001 он, 25 стр.

Санжмятав Т. Архангай аймгийн нутаг дахь түүх соёлын дурсгалууд. УБ.,1993 он, 50-р тал.

Убрятова Е.И, Базылхан Б. Эртний Тюрк бичээсийг судалсан дүнгээс. // ШУАМ. №4. УБ.,1963 он.

Пэрлээ Х. Хууичны дурсгалт зүйлийг сахин хамгаалах дүрмийг биелүүлье. Сэлэнгэ дэх Могойн шинэ ус хэмээх газрын бичигт хөшөө. // Эрдэм шинжилгээний өгүүллүүд-I. УБ.,2001 он.

Пэрлээ Х. Манай оронд эртний судлал хөгжиж байна. // Эрдэм шинжилгээний өгүүллүүд-I. УБ.,2001 он, 247-250-р талууд.

Ramstedt G.L. Die inechrift des grabstiens am Sine-usu "uigurische Runenschriften in der Nord-Mongolei" Helsinki 1913. pl-63.

Ramstedt G.L. "uigrische Runenschriften in der Nord-Mongolei"Memories de la Sasiete Finno-Ougrienne, Helsinki. t XXX, p3-4.

Д.Цэвээндорж, Д.Баяр, Я.Цэрэндагва, Ц.Очирхуяг. Монголын археологи. УБ.,2002 он, 196-200–р талууд.

Рамстедт Г.И. Перевод надписи Селенгинского камня. // Труды Троицкосавская-Кяхтинского отделения императорского Русского географического общества. вып. I Спб.,1914 г. стр. 40-49.

一号石碑
Гэрэлт хөшөө

МОНГОЛ УЛСЫН НУТАГ ДАХЬ АРХЕОЛОГИЙН ХАЙГУУЛ СУДАЛГАА
蒙古国古代游牧民族文化遗存考古调查报告

碑趺
Гэрэлт хөшөөний суурь

二号石碑
Гэрэлт хөшөө

乌日图音术都祭祀性遗址

编号05042。地理位置为东经101°51′08″、北纬48°21′42″。位于后杭爱省海日汗苏木贡诺尔湖西南部2公里处，遗址北部为一条现代水渠。上世纪80年代蒙古与俄罗斯考古队曾合作进行过考古发掘，石块堆砌的祭祀台基还可以见到。石碑已被运回乌兰巴托市保存起来，现仅可见残留在遗址上的龟趺。

Уртын шуудууны тахилын онгон

GPS-ийн байрлал: N 48°21′42″, E 101°51′08″, Alt 1450м

Холбогдох он цаг: Түрэг буюу Уйгурын үе (YI-IX зуун)

Харъяалагдах засаг захиргаа: Архангай аймгийн Хайрхан сум

Архангай аймгийн Хайрхан сумын нутагт эл дурсгал оршино. В.И.Войтов уг дурсгалыг малтсан байна. Гадуураа намхан шороон хэрэмтэй. Нуруун дээрээ эм углуурга бүхий мэлхий чулуутай бөгөөд дээр нь гэрэлт хөшөө байсан бололтой.

Холбогдох ном зохиол:

Mongolie. Le premier empire de steppes. Actes Sud/ Mission archeologiques Francaise en mongolie. 2003.

Монгол-Хятадын хамтарсан экспедицийн 2005 оны хайгуулын ажлын тайлан. УБ.,2006 он, МҮМ-н Номын сан.

工作现场
Дурсгалтай танилцаж байгаа нь

遗址远景
Тахилын онгон

龟趺
Мэлхий чулуун суурь

哈喇巴拉嘎斯古城遗址

编号05051。地理位置为东经102°39′37″、北纬47°25′43″。位于后杭爱省浩腾特苏木鄂尔浑河西岸的草原之上，保存较好。1933~1934年，德·阿·布可尼奇首次对哈喇巴拉嘎斯古城遗址进行发掘。1949年，吉谢列夫[①]与蒙古考古学家赫·普尔莱[②]合作对该城址进行发掘研究。学者尤·斯·胡德亚库瓦撰文对哈喇巴拉嘎斯古城出土的陶器进行了详细的论述[③]。在阿·朱翁[④]、葛·伊·拉姆斯铁德[⑤]、耶·沙旺[⑥]、葛·基洛[⑦]等人的著作中收录了许多有关哈喇巴拉嘎斯古城的文献资料。古城可分为内、外城。内城南北长约300米、东西宽约250米，方向为北偏东20度。城墙之东南角为制高点，高约10米，一般城墙高约4~5米。城门仅见于东城墙，宽约8米。南、北城墙各可见三个马面，东、西各可见两个马面，四角有角楼。西城墙中部内、外皆有防御性的方形瓮城，但不见城门，外侧瓮城约50米见方，城门向北，内侧瓮城约30米见方，城门向南。内城位于外城东南角，城墙高大。外城中部偏西有西向的一处院落，西面开门，门内侧有一座高约14米的夯土台基，其上可见石柱础。有的学者认为这是皇城位置[⑧]。城墙外侧有护城河。城的南、北距城墙约50米处可见一字排开的15个夯土建筑基址，南八北七，为摩尼教的建筑遗存。城外东部及西南部皆可见到较矮的城墙，以及建筑遗址等。城南约百米处可见一建筑遗址，碑石残块散落于遗址周围。石碑顶端有麒麟造型，下方为突厥文，其余散落的石块上还可见到汉文、粟特文等文字，这就是有名的哈喇巴拉嘎斯一号石碑，1889年俄罗斯学者纳·雅德林采夫发现该石碑并释读了碑文[⑨]。后瓦·拉德洛夫又释读了该铭文，并用拉丁文拼写[⑩]。他的著作中还纳入了瓦·普·沃斯里耶夫的汉文碑文的译文[⑪]。除此之外，蒙古国学者尤·宝力道巴特尔[⑫]、勒·宝力道[⑬]和参与蒙日合作"碑铭"项目的特·哈亚西、特·毛利亚苏[⑭]、森安孝夫[⑮]等专家都曾释读过上述碑文。哈喇巴拉嘎斯古城面积很大，方远30公里内皆为城的范围，该城在当时为草原丝绸之路上连接东、西方的重要中转站。

城内亭台遗迹
Харуулын цонж

哈喇巴拉嘎斯古城远景
Хар балгас

Хар балгас

GPS-ийн байрлал: N 47°25′43″, E 102°39′37″, Alt 1361м

Холбогдох он цаг: Уйгурын үе (YIII-IX зуун)

Харъяалагдах засаг захиргаа: Архангай аймгийн Хотонт сум

Архангай аймгийн Хотонт сумын нутагт, Хархорин хотоос баруун хойш 45 км-т Хар балгас хэмээх эртний Уйгур улсын нийслэл хотын туйр бий. Тан улсын Тянь баогийн үед буюу 751 онд байгуулагдсан гэж сурвалж бичигт тэмдэглэгдсэн ажээ. XIX зууны сүүлээр Оросын эрдэмтэн Д.А.Клеменц, В.В.Радлов нар ирж судалсан байна. Хар балгасын хотын туйрыг 1933-34 оны үед Д.А.Букинич, 1949 онд С.В.Киселев [1], Х.Пэрлээ [2] нар малтан шинжилсэн байна. Ю.С.Худяков, Д.Цэвээндорж нар Хар балгасаас олддог ваарын тухай өгүүлжээ [3]. Мөн А.Жүвэн [4], Г.И.Рамстедт [5], Е.Шаван [6], Г.Жиро [7] нарын бүтээлүүдэд энэ хотын тухай түүхэн сурвалжийн мэдээ баримтууд цөөнгүй бий. Хар балгас тухайн үедээ маш том хот байсан бөгөөд бэхлэлт бүхий хэрэмтэй, олон байшин барилга бүхий, 25 км урт сунаж тогтсон их хот байжээ. Хэрмийн төв дунд байгаа цайзын одоогийн өндөр 14 метр орчим. Энэ цайзат хэрэмд хааны орд өргөө байсан бололтой хэмээн судлаачид үзсэн [8]. Уг хотыг Енисейн Киргизүүд 840 онд эзлэн авч шатааснаас болж Хар балгас их түймэрт өртөн мөхсөн байна.

Хар балгасны туйрт руни, согд, нангиад зэрэг үсгээр бичсэн гайхамшигт хөшөө байсныг Н.М.Ядринцев 1889 онд анх илрүүлжээ [9]. Уг гэрэлт хөшөөний руни бичээсүүдийг В.Радлов унших тайлсан бөгөөд тэрээр хөшөөний оройн хэсгийн том бичээсийг анх сэргээснээс гадна түүнээс тусдаа дөрвөн хэсэг бичээсийн үсэг, үгийн галигийг хийсэн байна[10]. В.Радлов Хар балгасын гэрэлт хөшөөний нангиад бичээсийг В.П.Васильевын уншсанаар бүтээлдээ оруулсан ажээ[11]. Туркийн эрдэмтэн Х.Н.Орхун Хар балгасын гэрэлт хөшөөний магнайн бичээсийг "Uygur yaziti" нэрээр хэвл үүлжээ. Түүнчлэн Ю.Болдбаатар[12], Л.Болд[13], Монгол-Японы хамтарсан "Бичээс" төслийн судлаач Т.Хаяаши, Т.Мориясу[14], Ю.Ёшида, А.Катаяма нар судалсан байна[15].

Холбогдох ном зохиол:

Album of the Turkish Monuments in Mongolia. Ankara.,2001.

Атлас древностей Монголии. Труды Орхонской экспедиции. СПб.,1892 г

Баттулга Ц. Монголын руни бичгийн бага дурсгалууд. Тэргүүн дэвтэр. УБ.,2005 он

Болд Л. Хар балгасны орхон бичээс, // Орхон бичгийн дурсгал II, Улаанбаатар, 2000 он, 51-р тал.

Болд Л. БНМАУ-ын нутаг дахь хадны бичээс. УБ.,1990 он.

Болдбаатар Ю, Хар балгасын I руни бичээсийг унших тайлах оролдлого, // Монгол хэл шинжлэл,Tom.III (XXV), fasc.1-13, УБ.,1997 он, 60-69-р талууд.

Васильев В.П. Китайские надписи на Орхонских памятниках в Кушо-цайдаме и Карабалгасуне. // СТОЭ. -1897 Вып-3, с-1-36.

Данилов С.В. Города в кочевых обществах централвной Азии. Улан-Удэ.,2003 г.

Dorjsuren Ts. Kara Balgasun UB.,1959.

Доржсүрэн Ц. Изучение историко-археологических памятников Монголии. // Археологийн судалгаа. (эрдэм шинжилгээний бүтээлийн эмхэтгэл) УБ.,2003 он, 97-102-р талууд.

Монгол нутаг дахь түүх соёлын дурсгал. УБ 1999 он.

Mongolia's tentative list. Cultural and natural heritage. UNESCO 1996.

Наваан Д. "Клад железных предметов из Хархорина" (Отдельный оттиск) Москва 1962 г стр 63-64 с (АН СССР).

内城
Хотын шавар хэрэм

瓮城
 Хэрмийн байдал

西城墙及城内遗迹
Хар балгасны шавар хэрэм

北城墙及城内遗迹
Хар балгасны шавар хэрэм

Orkun H.N, Eski türk yazitlari I, Istanbul, 1936 (in 1vol: Ankara 1987), s.85.

Radloff W.W, Das Uigurische Denkmal von Kara-Balgassun,- Die alttürkischen Inschrift der Mongolei, St.Petersburg, 3.Lieferung 1895;

Neue Folge 1897; Zweite Folge 1899 (in 2 vols: Osnabrück 1987), pp.283-298;

Radloff W.W., Атлас древностей Монголии, Труды Орхонской экспедиции, (Atlas der Alterthümer der Mongolei. Arbeiten der Orchon-Expedition).1. Lieferung 1892; 2. Lieferung 1893; 3. Lieferung 1896; 4. Lieferung 1899, Taf. XXXI, Taf.u,XXIV, Fig.1,2,3,

Рамстедт Г. Уйгур улсын хураангуй түүх. УБ.,1922 он.

Санжмятав Т. Архангай аймгийн нутаг дахь түүх соёлын дурсгалууд. УБ.,1993 он, 50-51-р талууд.

Худяков Ю.С, Цэвээндорж Д. Керамика Орду балыка. Археология северной Азии. Новосибирск 1982 г, стр 85-94.

Уртнасан Н. Түмэн дурсгалт Орхоны хөндий. // Дэлхийн өв. УБ.,2005 он, 83-87, 125-127-р талууд.

Wassiljeff W.P. Die chinesische Insschrift des zerstörten Denkmals von Kara-Balgassun nach der Zusammenstellung des Hernn Gesandten Shu-King-Cheng, // Die alttürkischen Inschrift der Mongolei, St.Petersburg, 3.Lieferung 1895; Neue Folge 1897; Zweite Folge 1899 (in 2 vols: Osnabrück 1987), pp.286-291.

Пэрлээ Х. Монгол орны археологийн шинжилгээний товч тойм. УБ.,1957 он.

Пэрлээ Х. Хуучны дурсгалт зүйлийг сахин хамгаалах дүрмийг биелүүлье. Орхоны Хар балгас. // Эрдэм шинжилгээний өгүүллүүд-I.

Пэрлээ Х. Монгол газрын түүхэн нэрийн нэгэн зүйл. // Эрдэм шинжилгээний өгүүллүүд-II. УБ.,2001 он, 186-р тал.

Пэрлээ Х. Некоторые вопросы истории оседлости в Монголии в свете археологии. // Эрдэм шинжилгээний өгүүллүүд. II. УБ.,2001 он, 10-12-р талууд.

Пэрлээ Х. Монголын эртний сөнөсөн хот суурины асуудалд. // Эрдэм шинжилгээний өгүүллүүд-I. УБ.,2001 он, 143-р тал.

Пэрлээ Х. Монгол ард улсын эрт дундад үеийн хот суурины товчоон. УБ.,1961 он, 47-49-р талууд.

Пэрлээ Х. К вопросу о древней оседлости в Монгольской Народной Республике. // Эрдэм шинжилгээний өгүүллүүд. II. УБ.,2001 он, 343-347-р талууд.

МОНГОЛ УЛСЫН НУТАГ ДАХЬ АРХЕОЛОГИЙН ХАЙГУУЛ СУДАЛГАА

蒙古国古代游牧民族文化遗存考古调查报告

Пэрлээ X. К истории древних городов и поселений в Монголии. // Эрдэм шинжилгээний өгүүллүүд. II. УБ.,2001 он, 330-р тал.

Цэвээндорж Д, Баяр Д, Цэрэндагва Я, Очирхуяг Ц. Монголын археологи. УБ.,2002 он, 192-194, 197-199-р талууд.

Цэвээндорж Д. Уйгурын хаант улсын үеийн бичигтэй хөшөөд. // Монголын археологийн судалгаа-3. УБ.,2004 он, 243-245-р талууд.

Шинэхүү М. Уйгурын Карабалгасунаас олдсон шинэ дурсгал. // МЭШИХМ. 3-р боть.

Ядринцев Н, Предварительный отчет об исследованиях по р.Толе, Орхону и в Южном Хангае, // Сборник трудов Орхонской экспедиции I, Санкт-Петербург, 1892 г, стр 27-40;

Ядринцев Н, Отчет экспедиции на Орхон, совершенной в 1889 г. Поручению Восточно-Сибирского Отд. Географического Общества, // Сборник трудов Орхонской экспедиции I, Санкт-Петербург, 1892 г .

Ядринцев Н, Отчет и дневник о путешествии по Орхону и в Южный Хангай в 1891 году, // Сборник трудов Орхонской экспедиции V, Санкт-Петербург 1901 г, стр1-54.

林　俊雄・森安　孝夫, カラ=バラガスン官城と都市遺址 ; 森安孝夫・吉田　豊・片山章雄, カラ=バラガスン碑文, -モンゴル国現存遺跡・碑文調査研究報告, 責任編集, 森安　孝夫　・　オチル, 中央ユーラシア学研究会, 1999, ページ209-224. (Toshio Hayashi, Takao Moriyasu, Palase and City of Qara-Balgasun; Takao Moriyasu, Yutaka Yoshida, Akio Katayama, Qara-Balgasun Inscription; // Provisional report of researches on historical sites and inscriptions in Mongolia from 1996 to 1998, The Society of Central Eurasian Studies, 1999, pp,199-224.).

南城门
Хотын үүд

城外建筑台基
Хэрмийн гаднах байгууламж

城外街道遗迹
Хэрмийн гаднах байгууламж

① С.В.Киселев, Древние города Монголии, -Советская Археология, №2, Москва, 1957, стр.91-101; С.В.Киселев, Древне Монгольские города, Москва, 1965.

② Х.Пэрлээ, Монгол ард улсын эрт, дундад үеийн хот суурины товчоон, Улаанбаатар, 1961. 46-52 дугаар тал.

③ С.Ю.Худяков, Керамик Орду-Балыка, -Археология Северной Азии, Новосибирск, 1982, стр.85-94; С.В.Киселев, Памятники уйгурской культуры в Монголии, -Центральная Азия и соседние территории в средние века, Новосибирск, 1982, стр.84-89.

④ "Ala-ad-Din" Ata-Malik Juvaini, The History of the World-Conqueror, Translated from the text of Mirza Muhammad Qazvini, translated from the Persian by John Andrew Boyle, Manchester University Press, Vol.I, 1958, pp.54-55; Alaaddin Ata Melik Cuveynî, Tarih-i Cihan Güşa I, çeviren Mürsel Öztürk, Kültür ve Turizm Bakanlığı Yayınları: 880, Kaynak Eserleri Dizisi: 10, Ankara,1988, s.116-117.

⑤ Г.И.Рамстедт, Уйгар улсын түүхийн товч (монгол бичгээр), -Археологийн хүрээлэнгийн гар бичмэлийн сан хөмрөг, Ф.IV, 1924, 7 дугаар тал.

⑥ E.Chavannes, Documents sur les Tou-Kiue (Turcs) occidentaux, Saint-Pétersbourg, 1903, pp.198.

⑦ Réne Giraud, L'Empire des Turcs Célestes, Les Régnes d'Elterisch, Qapghan et Bilgä (680-734), Paris, 1960; Réne Giraud, Göktürk İmparatorluğu (İlteriş, Kapagan ve Bilge'nin Hükümdarlıkları, 680-734), çeviren: İsmail Mangaltepe, İstanbul, 1999, s.248-249

⑧ МНДТСД (сэдэвчилсэн лавлах). УБ.,1999 он 187-188-р тал

⑨ Н.Ядринцев, Предварительный отчет об исследованиях по р.Толе, Орхону и в Южном Хангае, -Сборник трудов Орхонской экспедиции I, Санкт-Петербург, 1892, стр.27-40; Н.Ядринцев, Отчет экспедиции на Орхон, совершенной в 1889 г. Поручению Восточно-Сибирского Отд. Географического Общества, - Сборник трудов Орхонской экспедиции I, Санкт-Петербург, 1892; Н.Ядринцев, Отчет и дневник о путешествии по Орхону и в Южный Хангай в 1891 году, - Сборник трудов Орхонской экспедиции V, Санкт-Петербург, 1901, стр.1-54.

⑩ W.W.Radloff, Das Uigurische Denkmal von Kara-Balgassun,- Die alttürkischen Inschrift der Mongolei, St.Petersburg, 3.Lieferung 1895; Neue Folge 1897; Zweite Folge 1899 (in 2 vols: Osnabrück 1987), pp.283-298; W.W.Radloff, Атлас древностей Монголии, Труды Орхонской экспедиции, (Atlas der Alterthümer der Mongolei. Arbeiten der Orchon-Expedition).1. Lieferung 1892; 2. Lieferung 1893; 3. Lieferung 1896; 4. Lieferung 1899, Taf. XXXI, Taf.u,XXIV, Fig.1,2,3,

⑪ W.P.Wassiljeff, Die chinesische Insschrift des zerstörten Denkmals von Kara-Balgassun nach der Zusammenstellung des Hernn Gesandten Shu-King-Cheng, ,- Die alttürkischen Inschrift der Mongolei, St.Petersburg, 3.Lieferung 1895; Neue Folge 1897; Zweite Folge 1899 (in 2 vols: Osnabrück 1987), pp.286-291.

⑫ Ю.Болдбаатар, Хар балгасын I руни бичээсийг уншиж тайлах оролдлого, -Монгол хэл шинжлэл,Tom.III (XXV), fasc.1-13, Улаанбаатар, 1997, 60-69 дүгээр тал.

⑬ Л.Болд, Хар балгасны орхон бичээс,- Орхон бичгийн дурсгал II, Улаанбаатар, 2000, 51 дүгээр тал.

⑭ 林　俊雄 • 森安　孝夫, カラ=バラガス官城と都市遺址ページ199-208. (Toshio Hayashi, Takao Moriyasu, Palase and City of Qara-Balgasun)

城外建筑遗迹
Хэрмийн гаднах байгууламж

城外 "九姓回鹘可汗碑" 所在地
Гэрэлт хөшөөний хугархай

⑮ 林　俊雄　・　森安　孝夫，カラ=バラガスン官城と都市遺址　；森安孝夫　・　吉田　豊　・　片山章雄，カラ=バ
ラガスン碑文，－モンゴル国現存遺跡・　碑文調査研究報告，責任編集，森安　孝夫　・　オチル，中央ユー
ラシア学研究会，1999，ページ209-224.　(Toshio Hayashi, Takao Moriyasu, Palase and City of Qara-Balgasun;
Takao Moriyasu, Yutaka Yoshida, Akio Katayama, Qara-Balgasun Inscription;　-Provisional report of researches
on historical sites and inscriptions in Mongolia　from 1996 to 1998, The Society of Central Eurasian Studies,
1999, pp,199-224.)

"九姓回鹘可汗碑" 碑額
Гэрэлт хөшөөний хугархай

"九姓回鹘可汗碑" 碑文
Согд үсэгтэй гэрэлт хөшөөний хугархай

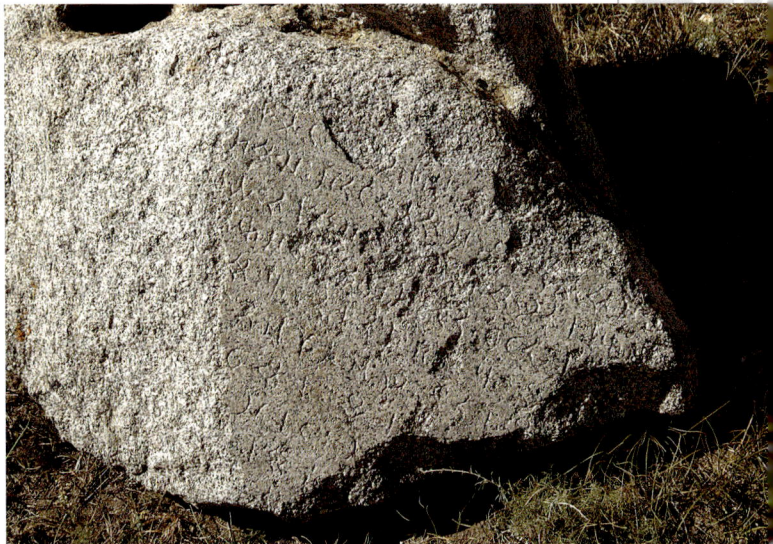

祁连回鹘古城遗址

编号05053。地理位置为东经102°38′37″、北纬47°45′24″。古城位于后杭爱省奥给诺尔苏木塔米尔河与鄂尔浑河交汇处，东南部可见祁连湖。城址较小，约百米见方。城墙高约3～4米，四角有角楼。城门位于南城墙正中。东北角可见为一50米见方、高约10米的夯土台基，台基西侧城墙凹下处为门道所在。

Чилэн балгас

GPS-ийн байрлал: N 47°45′24″, E 102°38′37″

Холбогдох он цаг: Уйгурын үе (YIII-IX зуун)

Харъяалагдах засаг захиргаа: Архангай аймгийн Өгийнуур сум

Архангай аймгийн Өгийнуур сумын нутаг, Тамирын гол болон Орхон голын уулзварт, Чилэн нуурын баруун хойно оршино. Ойролцоогоор 100 x 100 м хэмжээтэй, хэрмийн өндөр 3-4 м, 4 буландаа булангийн асартай. Өмнө хэрмийн төв дунд хаалгатай. Зүүн хойд буланд нь 50 x 50 м, 10 м өндөртэй шороон байгууламжтай. Уг шороон байгууламжын баруун талд хотойсон хэсэгт хаалга байсан бололтой. Уг дурсгалыг С.В.Киселев, Д.Д.Букинич, А.Очир нарын судлаачид судалжээ.

Холбогдох ном зохиол:

Сборник трудов Орхонской экспедиции. I. СПб.,1892 г, стр 2-54.

Сборник трудов Орхонской экспедиции. II. СПб.,1895 г, стр 48-59.

Д.Д.Букинич. Дневник разведок и раскопок на обратном пути от Эрдэницзу до Уланбатора 1933 г. // ШУА-ийн Археологийн Хүрээлэнгийн ГБСХ.

А.Очир, А.Энхтөр, Л.Эрдэнэболд. Хар бух балгас ба Туул голын сав дахь Хятаны үеийн суурингууд. УБ.,2005 он.

А.Очир, А.Энхтөр. Чилэн балгасны тухай. // Үндэсний монгол судлал. УБ.,2003 он, 6-14-р талууд.

С.В.Киселев. Монголия в древности. // Известия АН.СССР. Сер истории и философи. 4.М.,1947 г.

А.Г.Малявкин. Материалы по истории Уйгуров в IX-XII в. Новосибирск 1974 г, стр-74.

城内建筑台基
Хотын байгууламж

城门
Хотын үүд

古城遗址远景
Чилэн балгас

建筑台基与城门
Хотын байдал

城墙
Хотын шороон хэрэм

浑地壕莱四方形遗址

编号05056。地理位置为东经102°41′20″、北纬47°17′45″。位于后杭爱省浩腾特苏木境内，距哈剌和林苏木约15公里，地处杭爱山边缘的深入的山谷之中，三面环山。该遗址共分布大小七处四方形遗存，周边为夯土墙基，中心为夯土台基。五号四方形遗址，方向为北偏东35度，南北长约41、东西宽约28米，中心台基为石块垒砌而成。其东西还各连有一个较小的四方形遗址，未见明显的门址所在，北边的小四方形遗址借用大四方形遗址东墙建筑，南北宽约15米，东西长约18米，南墙空缺。遗址可见少量砖瓦残片及辽代陶片。

Хундын хоолойн дөрвөлжингүүд

GPS-ийн байрлал: N 47°17′45″, E 102°41′20″, Alt 1503м

Холбогдох он цаг: Уйгурын үе (YIII-IX зуун)

Харъяалагдах засаг захиргаа: Архангай аймгийн Хотонт сум

Архангай аймгийн Хотонт сумын төвөөс зүүн урагш 20 гаруй км, Өвөрхангай аймгийн Хархорин сумын төвөөс баруун хойш 17 км орчимд Хундын хоолойн хэмээх газар байна. Хундын хоолойд дөрвөлжин хэмээх долоон дурсгал байна. Тэдгээрийн зарим нь хоорондоо нийлсэн боловч дийлэнхи нь тус тусдаа байрлана. Намхан шороон хэрмээр хүрээлэгдсэн, гадуураа шуудуутай, хэрмийн үүд нь зүүн талдаа, голдоо тоосго, чулуу, шороогоор үйлдсэн овгор байгууламжтай. Уг дурсгалыг А.Очир нарын судлаачид 1999 онд илрүүлжээ. 2007, 2008 онуудад Монгол-Хятадын хамтарсан археологийн судалгааны ангийнхан малтлага хийжээ.

Холбогдох ном зохиол:

Монгол-Хятадын хамтарсан археологийн экспедицийн 2005 оны хайгуулын ажлын тайлан. УБ.,2006 он, МУМ-н номын сан.

Очир А, Энхтөр А, Анхбаяр Б, Одбаатар Ц. Дөрвөлжингүүд хэмээх дурсгалын тухай. // Nomadic studies. УБ.,2005 он, 37-58-р талууд.

Пэрлээ Х. Хуучны дурсгалт зүйлийг сахин хамгаалах дүрмийг биелүүлье. Баянголын балгас. // Эрдэм шинжилгээний өгүүллүүд -1. УБ.,2001 он.

四方形遗址
Дөрвөлжин хэмээх дурсгал

浑地壕莱四方形遗址概貌
Хундын хоолойн Дөрвөлжин

五号四方形遗址建筑台基局部
Голын овгор байгууламж

乌布尔哈布其勒山谷四方形遗址

编号05073。地理位置为东经102°40′34″、北纬47°18′50″。位于后杭爱省浩腾特苏木杭爱山乌布尔哈布其勒山谷之中，山坡以及向下的凹地皆可见到该类遗址。此山谷中可见四方形遗址九座。该类遗址夯土城墙，东墙留有宽3米左右的门。城址中心可见夯土或石块垒砌而成的高台基，其中一座方向为北偏东20度，约39米见方，中心台基可见散落的石块。在遗址所在山坡上发现一些陶器残片，时代为突厥、回鹘时期，陶质疏松，火候不高。

Өвөр хавцалын дөрвөлжингүүд

GPS-ийн байрлал: N 47°18′50″, E 102°40′34″

Холбогдох он цаг: Уйгурын үе (YIII - IX зуун)

Харъяалагдах засаг захиргаа: Архангай аймгийн Хотонт сум

Архангай аймгийн Хотонт сумын төвөөс зүүн урагш 20 гаруй км, Өвөрхангай аймгийн Хархорин сумын төвөөс баруун хойш 17км орчимд Өвөр хавцалын ам хэмээх газар байна. Өвөр хавцалын аманд 10 дөрвөлжин байгууламж байна. Шороон хэрмээр хүрээлэгдсэн, гадуураа шуудуутай, хэрмийн үүд нь зүүн талдаа байрласан, Голдоо чулуу, тоосго, шороо холимог овгортой юм. Уг дурсгалуудыг 1999 онд А.Очир нарын судлаачид анх илрүүлжээ. 2006 онд Монгол-Хятадын хамтарсан археологийн экспедици 3-р дөрвөлжинг малтаж, бунхант оршуулга, ваар савын хагархай, сарьсан багваахайн дүрстэй өвөрмөц барилгын чимэглэл, үхрийн толгой, хүний яс зэрэг олон сонирхолтой хэрэглэгдэхүүнүүдийг илрүүлсэн байна.

工作现场
Судалгааны ангийнхан

遗址概况
Өвөр хавцалын дөрвөлжингүүд

Холбогдох ном зохиол:

Монгол-Хятадын хамтарсан экспедицийн 2006 оны малтлагын ажлын тайлан. УБ., 2007 он. МYM-н Номын

сан.

А.Очир, А.Энхтөр, Б.Анхбаяр, Ц.Одбаатар. Дөрвөлжингүүд хэмээх дурсгалын тухай. // Nomadic studies.

УБ.,2005 он.

四方形遗址
Дөрвөлжин

四方形遗址围墙
Шороон хэрэм

赫列克苏图壕莱四方形遗址

编号05074。地里遗址为东经102°35′10″、北纬47°18′38″。位于后杭爱省浩腾特苏木杭爱山赫列克苏图壕莱山谷之中，在山坡以及向下的平地上分布有七座四方形遗址。普遍的形制是：中心为夯土或砖石垒砌的高台基，外围以夯土墙。其中较大的一座，外围为35米见方的方形夯土墙，中心砖石混合垒砌的台基为15米见方、高约4米。台基顶部中心向下陷落，可见散落的砖瓦残片，周边还采集到一件莲花纹瓦当。蒙古国部分学者认为这种四方形遗址为墓葬遗存，部分学者认为是贵族祭祖之地，由于该类遗存以前一直未曾被发掘过，最终性质尚难以确定。

Хиргист хоолойн дөрвөлжингүүд

GPS-ийн байрлал: N 47°18′38″, E 102°35′10″, Alt 1548м

Холбогдох он цаг: Уйгурын үе (YIII - IX зуун)

Харъяалагдах засаг захиргаа: Архангай аймгийн Хотонт сум

Архангай аймгийн Хотонт сумын төвөөс урагш 10 орчим км зайд оршино. Энд 7 тооны дөрвөлжин хэмээх дурсгал байна. Эдгээр дөрвөлжингүүд нь харьцангуй том хэмжээтэй, голын овгор нь өндөр бөгөөд чулуугаар үйлдсэн. Дурсгалуудын орчмоос тоосгоны хагархай нэлээд олдож байна. Шороон хэрмийн гадуур шуудуутай, гол дундах овгоруудын дунд ихэвчлэн хонхорхой. Уг дурсгалыг 2005 онд Монгол-Хятадын хамтарсан хайгуул судалгааны анги анх илрүүлжээ.

Холбогдох ном зохиол:

Монгол-Хятадын хамтарсан экспедицийн 2005 оны хайгуулын ажлын тайлан. УБ.,2006 он, MYM-н номын сан

А.Очир, А.Энхтөр, Б.Анхбаяр, Ц.Одбаатар. Дөрвөлжингүүд хэмээх дурсгалын тухай. // Nomadic studies. УБ.,2005 он

四方形遗址
Дөрвөлжингүүд

遗址远景
Хиргист хоолойн Дөрвөлжингүүд

胡拉哈山谷四方形遗址

编号05088。地理位置为东经102°41′49″、北纬47°17′09″。遗址位于后杭爱省浩腾特苏木境内的杭爱山脉东段胡拉哈山谷。共有两处四方形遗址，一号四方形遗址北面的围墙外分布有20多座蒙元时期的墓葬，南部的围墙附近亦分布有八座墓葬。二号四方形遗址位于一号四方形遗址东南，规模相对较小，保存情况不佳，地表上隐约可见轮廓。

Хулхийн амны дөрвөлжингүүд

GPS-ийн байрлал: N 47°17'09″, E 102°41'49″, Alt 1512м
Холбогдох он цаг: Уйгурын үе (YIII - IX зуун)
Харъяалагдах засаг захиргаа: Архангай аймгийн Хотонт сум
Архангай аймгийн Хотонт сум, Өвөрхангай аймгийн Хархорин сумын зааг Баянгол хэмээх жижиг голын зүүн урсгал, Хулхийн аманд Уйгурын үеийн дөрвөлжин хэмээх дурсгал 3 байна. Нэг нь харьцангуй бүтэн бөгөөд шороон далангийн хэмжээ 40 x 48 м, шороон хэрмийн үүд нь зүүн урд талдаа байрласан, голдоо өндөр шороон овгортой, хэрмийн дотор болон баруун хойд талаар чулуун дараалт булшуудтай байна. Нөгөө дөрвөлжингүүд нь хэмжээгээрээ бага, маш их эвдэгдэж, хэлбэр төрх нь алдагдсан. Энэ хавиас тоосго, ваарын хагархай зэрэг зүйлс олдож байна. Уг дурсгалыг 1999 онд А.Очир нарын судлаачид анх илрүүлжээ. 2006-2007 онуудад Монгол-Хятадын хамтарсан археологийн экспедици Хулхийн амны 1-р дөрвөлжинг малтаж, тоосгон бунхант булшууд, руни бичээстэй нумын ясан наалт, хос ширэн гутал, алтан ээмэг зэрэг олон гайхамшигт олдворуудыг илрүүлсэн байна.

遗址上的晚期墓葬
Дөрвөлжингийн хэрмийн доторхи Монголын үеийн булш

遺址全景
Хулхийн амны 1-р дөрвөлжин

Холбогдох ном зохиол:

Монгол-Хятадын хамтарсан экспедицийн 2005 оны хайгуулын ажлын тайлан. УБ., 2006 он, МҮМ-н Номын сан.

Очир А, Энхтөр А, Анхбаяр Б, Одбаатар Ц. Дөрвөлжингүүд хэмээх дурсгалын тухай. // Nomadic studies. УБ.,2005 он, 37-58-р талууд.

Монгол-Хятадын хамтарсан археологийн экспедицийн 2006 оны тайлан. УБ.,2007 он, МҮМ-н Номын сан.

6. 辽金文化遗存

2005年调查的辽金时期文化遗存，集中于蒙古国中部的布尔干省和东部的肯特省。辽代在漠北设立西北路招讨司，下辖镇州建安军和防、维、招三刺史州，统治室韦－鞑靼诸部。在布尔干省南部鄂尔浑河和土拉河之间调查的五座辽代城址中，其中四座应分别为四个州治所在。位于达欣其楞苏木的青陶勒盖古城，是西北路招讨司的治所镇州城。俄蒙联合考古队对城内北部的一座台基进行了清理发掘，除出土大量辽代陶片外，在底部的文化层中还发现了回鹘时期装饰八字形梳篦纹的泥质红陶片。史载镇州本是回鹘可敦城，辽人因其故垒修筑新城，考古发现的回鹘时期陶片证实了这一点。从青陶勒盖古城往东有哈尔布哈古城，往西有塔林乌兰和热姆古城，分别是与镇州同建于辽统和二十二年（1004年）的维、防二州。招州于辽开泰三年（1014年）后置，具体位置一直难以确定。辽开泰元年曾爆发"阻卜"大叛乱，招州的建立是在平定这次叛乱之后不久。位于布日格杭爱苏木的额默根特古城，位置较镇、维、防三州偏北，可能即是辽朝为进一步强化对室韦－鞑靼诸部的统治而建立的招州城。金代的遗址主要是金界壕，蒙古国境内的金界壕壕堑较浅，规模不大。

2006年调查的辽金遗址只有一处，位于苏赫巴托尔省苏木特陶日木苏木，韩国和蒙古合作发掘过，认为是高句丽城址，但从出土的遗物看应为契丹时期的遗址。

VI. ХЯТАНЫ ҮЕ

Киданчууд (Хятанчууд) X-XII зууны эхэнд хүчирхэгжин мандаж Монгол нутагт өөрийн хяналтыг тогтоожээ. Тэд өөрсдийн эзэлсэн газар орнуудад хот суурин байгуулж, гар урлал, аж ахуй эрхлэхийн зэрэгцээ бослого тэмцлийг дарах дарангуй цэргийг суулгадаг байжээ.

Бид 2005-2006 онуудад Хятаны үед хамаарах 12 орчим дурсгал үзсэний дийлэнхи нь Булган, Хэнтий, Архангай аймгийн нутгаар тархсан байв. Орхон гол, Туул голын сав дагуу Хятаны үейн 5 хотыг үзаж танилцсан. Булган аймгийн Дашинчилэн сумын нутагт байгаа Чин толгой бол түүхийн сурвалжид дурдагддаг Чжэн жоу хот юм. 2005 онд Монгол-Оросын хамтарсан археологийн судалгааны анги малтаж Хятаны үейн олон ховор дурсгалуудыг илрүүлсэний зэрэгцээ доод талын соёлт давхаргаас нь Уйгурын үед холбогдох олон олдворууд олджээ. Түүхийн сурвалжид Чжэн жоуг Уйгурын Хатун хот хэмээжээ. Сүхбаатар аймгийн Сүмтийн тойромд буй Гуулин улсын хотыг Монгол-Солонгосын хамтарсан эрдэмтэд судалжээ. Хятадын судлаачид энэхүү хотыг мөн Хятаны үейн хот байж магадгүй хэмээн үзэж байна.

哈尔布哈契丹古城遗址

编号05017-2。地理位置为东经103°53′34″、北纬47°52′11″。位于布尔干省达欣其楞苏木境内，因其北部有哈尔布哈河，故名，南临拉穆山。俄罗斯地理研究所专家阿·帕迪林发现该城址[1]，1933～1934年德·德·布可尼奇制作了城址平面图[2]。此后分别在1948～1949年、1970年、2002～2003年，瓦·吉谢列夫、赫·普尔莱、阿·奥其尔等考古学家前后组织考古队对哈尔布哈古城遗址进行了发掘研究[3]。该城址土筑城墙，保存较好，平面大致呈长方形状，四面开门，中通十字道路，有半圆形瓮城。西门内有喇嘛庙残址数处，城北瓮城上建有一座覆钵式塔。

Хар бух балгас

GPS-ийн байрлал: N 47°52′11″, E 103°53′34″, Alt 1015м

Холбогдох он цаг: X-XI ба XYI-XYII зуун

Харъяалагдах засаг захиргаа: Булган аймгийн Дашинчилэн сум

Булган аймгийн Дашинчилэн сумын нутаг Хар бух голын зүүн хөвөөнд оршино. Анх Оросын Газар зүйн нийгэмлэгийн судлаач А.Падерин олж үзэж тодорхойлолт хийсэн[1], 1933-1934 онуудад Д.Д.Букинич дэвсгэр зургийг үйлдсэн[2] бол 1948-1949 онд С.В.Киселев, 1970 онд Х.Пэрлээ, 2002-2003 онд А.Очирын удирдсан археологийн "Хар бух" төслийнхэн малтлага судалгаа хийжээ[3]. Уг балгас нь Хар бух голын баруун эргээс 600 метр зайтай орших бөгөөд балгасны зүүн талд Борогчингийн бор тал, хойд талд нь Хар бух голын тохой, голын хойд талд Бөөр толгой, Бөөр нуур, түүний цаана 5 км орчим зайтай Ямаат уул байна. Хэрмийн баруун талд Хүрэмт хэмээх галт уулын хүрмэн чулуу зонхилсон жижиг уул байна. Анх Хятан улсын үед байгуулсан бөгөөд хожим XYI-XYII зууны үед дахин ашиглан чулуун барилгуудыг нэмж байгуулжээ. Балгас ерөнхийдөө дөрвөлжин зохион байгуулалттай. Хэрмийн гадна талаар сувгаар хүрээлсэн ба түүнээс салбарлуулан олон суваг татсан ажээ. Үндсэн суваг нь чулуун хашлагатай, шороон далантай байжээ. Хэрмийн одоогийн өндөр нь 2-2,5 м байна. Хэрмийн дөрвөн талын хана тус бүрдээ нэг чихтэй хаалгатай. Хэрмийн дотор талд 4 хаалгыг холбосон хойноос урагш, баруунаас зүүн тийш чиглэсэн өргөн гудамжтай. Дөрвөлжин шороон хэрмийн баруун хойд талд мөн дөрвөлжин зохион байгуулалттай хоёр барилгын туурьтай. Хэрмийн дотор талд болон ойр орчноос Хятан улсын үед хамаарах ваар савны хагархай, шаазан эдлэлийн хэсгүүд элбэг олдож байна. Малтлага судалгааны явцад XYI-XYII зууны үед тэнд сүм дуган байгуулан, хурал номын үйл ажиллагаа явуулж байсны ул мөр, хусны үйсэн дээрхи бичсэн ном, бурхан тахилын зүйлс олджээ.

Холбогдох ном зохиол:

Букинич Д.Д. Обший отчет по археологическим работам за 1933 и 1934 г. // ТХГБС. Фонд 9.Т.11. хн 23.

Васильевский Р.С, Волков В.В. Некоторые итоги работ Советско-Монгольской историко культурной экспедиции. // Древние културы Монголии. Новосибирск 1985 г. 6-10 стр.

Данилов С.В. Города в кочевых обществах центральной Азии. Улан-Удэ.,2003 г, 67-68 стр.

Клеменц Д. Археологический дневник поездки в Среднего Монголию в 1891г. Сборник трудов Орхонской экспедиции. СПб.,1895 г.

Монгол нутаг дахь түүх соёлын дурсгал. УБ.,1999 он.

Очир А, Энхтөр А, Эрдэнэболд Л. "Хар бух" грантын судалгааны ангийн Булган аймгийн нутагт хийсэн археологийн судалгааны тайлан. УБ.,2004 он, МУМ-н Номын сан.

古城遗址
Хар бух балгасны хэрмийн далан

Очир А, Энхтөр А, Эрдэнэболд Л. Хар бух балгас ба Туул голын сав дахь Хятаны үейин хот, суурингууд. УБ.,2005 он.

Падерин А. О Каракоруме и других развалинах близ Орхонов // Известия Русского Географического Общества. T.IX. Вып.10, СПб.,1874. стр 350-370.

Пэрлээ Х. Хятан нар тэдний Монголчуудтай холбогдсон нь. УБ.,1959 он, 84-85-р талууд.

Пэрлээ Х. Монгол ард улсын эрт, дундад зууны үейин хот суурины товчоон. УБ.,1961 он, 66, 124-р тал.

Пэрлээ Х. Киданьские города и поселения на территории Монгольской народной Республики. // Археологические сборник Монголии. Москва.,1962 г, стр 61.

Пэрлээ Х. Халхын шинэ олдсон цааз-эрхэмжийн дурсгалт бичиг. // Монгол ба Төв Азийн орнуудын түүхэнд холбогдох хоёр чухал сурвалж бичиг. УБ.,1974 он.

Пэрлээ Х. Хуучны дурсгалт зүйлийг сахин хамгаалах дүрмийг биелүүлье. Хар бухын балгас буюу хунтайжийн балгас. // Эрдэм шинжилгээний өгүүллүүд-I. УБ.,2001 он.

Пэрлээ Х. Монгол орны археологийн шинжилгээний товч тойм. УБ.,2001 он, 197-208-р талууд.

Пэрлээ Х. Манай оронд эртний судлал хөгжиж байна. // Эрдэм шинжилгээний өгүүллүүд-I. УБ.,2001 он, 247-250-р талууд.

---

① А.Падерин. О Каракоруме и других развалинах близ Орхонав /Известия Русского Географического Общества. T.IX. Вып.10, СПб.,1874. тал 350-370/

② Д.Д.Букинич. Обший отчет по археологическим работам за 1933 и 1934 г. ТХГБС. Фонд 9.Т.11. хн 23

③ А.Очир, А.Энхтөр, Л.Эрдэнэболд. "Хар бух балгас ба Туул голын сав дахь хятаны үейин хот, суурингууд" УБ.,2005

晚期龟趺
Чин толгой балгаснаас авчирсан гэрэлт хөшөөний чулуун мэлхий суурь

城墙
Хэрмийн шороон далан

建筑遗迹
Хотын туурь

ХЯТАНЫ ҮЕ • 辽金文化遗存

额默根特契丹古城遗址

　　编号05020。地理位置为东经106°08′53″、北纬48°05′08″。古城遗址位于布尔干省布日格杭爱苏木境内，距额默根特匈奴墓地约1公里，在其东部的额默根特山下，四面环山。古城平面呈长方形，南北长400米，东西宽200～300米，仅东、南墙见有两门。城墙两边为石头垒砌，中间为填土，宽约2.5～3米。地表可见篦点纹陶片。该城址以前曾经进行过测量，但未发掘。

Эмгэнтийн хэрэм

GPS-ийн байрлал: N 48°05′08″, E 106°08′53″, Alt 973м

Холбогдох он цаг: Хятаны үе (X-XI зуун)

Харъяалагдах засаг захиргаа: Булган аймгийн Бүрэгхангай сум

Булган аймгийн Бүрэгхангай сумын нутаг, Бүсийн ханан хэмээх уулын өвөрт нэгэн өвөрмөц зохион байгууулалт бүхий хэрэм орших бөгөөд хэрмийн баруун талын толгойг Эмгэнт хэмээнэ. Хэрэм ерөнхийдөө дөрвөлжин зохиомжтой, шороо дагтаршуулсан суурин дээр хоёр талаар нь чулуу өрж, шавраар дагтаршуулж барьжээ. Хэрмийн одоогийн өндөр дунджаар 1 метр орчим, хойд болон урд талдаа үүдтэй байсан бололтой. Хэрмийн хананы өргөн суриараа 10 метр орчим. Энэ хэрмийн ор чмоос Хятаны үейн дусал хээтэй ваарны хагархай нэлээд олдож байна. Уг хэрмийг анх Х.Пэрлээ илрүүлж судалсан бөгөөд 2002-2003 онд А.Очир нарын судлаачид дэвсгэр зургийг шинэчлэн үйлдэж, эрдэм шинжилгээний тодорхойлолтыг хийж, энэ хот нь Алс Дорнодын Бохай нарын хот байгуулдаг аргатай зарим талаараа төстэйг тодруулсан байна.

Холбогдох ном зохиол:

Данилов С.В. Города в кочевых обществах центральной Азии. Улан-Удэ 2003 г, 71-72 стр.

Очир А, Энхтөр А, Эрдэнэболд Л. Хар бух балгас ба Туул голын сав дахь Хятаны үеийн хот, суурингууд. УБ.,2005 он.

工作现场
Дурсгалыг судалж байгаа байдал

遗址概况
Эмгэнтийн хэрэм

Пэрлээ Х. Киданьские города и поселения на территории Монгольской народной Республики. // Археологические сборник Монголии. Москва.,1962 г, стр 62.

城墙
Эмгэнтийн хэрмийн чулуу, шороо холимог далан

青陶勒盖辽镇州古城遗址

编号05024。地理位置为东经104°14′27″、北纬47°52′44″。城址位于布尔干省达欣其楞苏木境内，南北长1200米、东西宽700米，土筑城墙，宽6米，外侧有护城壕，四墙皆有城门，北门可见瓮城。城内可见辽代陶片。1930年，前苏联德·德·布可尼奇绘制了古城遗址的平面图并在城内北部进行了小规模发掘[①]；上世纪60年代，赫·普尔莱组织镇州古城的发掘工作，并发表了发掘简报[②]；2000年初，日本学者白石典之在镇州古城遗址进行发掘工作并公布了相关成果[③]；从2000年开始，蒙古国国家博物馆阿·奥其尔馆长和纳·卡拉丁为首的蒙俄联合考古队对镇州古城遗址进行发掘研究[④]，目前发掘工作仍在继续，该考古队于2005年在城内北部发掘400平方米，文化层深2米左右，发掘处原为一座夯土台基。通过蒙俄联合考古队的发掘，出土了带有16个字符的筒瓦、泥质龙眼、石磨盘、唐宋铜钱、辽代陶器、瓷器等珍贵遗物[⑤]。

Чин толгой балгас

GPS-ийн байрлал: N 47°52'44", E 104°14'27", UTM

Холбогдох он цаг: Киданы үе (IX-XI зуун)

Харъяалагдах засаг захиргаа: Булган аймгийн Дашинчилэн сум

Туул голын хөндий Борогчингийн талын дундахь жижиг толгойн энгэрийг түшүүлэн, Чин толгой балгасыг байгуулсан аж. Чин толгой балгасны хойт талд 0,8 км орчимд байгаа толгойг Чин толгой гэнэ. Уг толгойн оройд чулуу өрж өндөрлөн, сүрлэг байгууламж барьжээ. Балгасны зүүн биед 3 км зайтай нэгэн жижиг нуур байна. Түүнийг Борогчингийн Цагаан нуур гэнэ. Оросын судлаач Д.Д.Букинич 1930 оны сүүлчээр бага зэрэг малтлага хийж, анхны тойм дэвсгэр зургийг үйлдсэн[①], Х.Пэрлээ 1960-аад оны эхээр Чин толгой балгасыг судлан, товч тодорхойлолт үйлдэж нийтлүүлжээ[②]. Японы судлаач Н.Ширайши 2000 оны эхээр Чин толгойг үзэж судлан дэвсгэр зургийг нь хийж нийтэлжээ[③]. А.Очир, Н.Н.Крадин нарын удирдсан Монгол–Оросын хамтарсан экспедиц 2005-2007 онуудад малтлага хийсэн байна[④]. Чин толгой балгасыг баруун хойноос зүүн урагш чиглүүлж байгуулсан аж. Чин толгой нь шороо дагтаршуулан дэлдсэн хэрэмтэй, ерөнхийдөө дөрвөлжин зохиомжтой. Хэрмийг дундуур нь баруунаас зүүн тийш нь шороо дагтаршуулан хамарлаж, хойт, өмнөд хоёр хэсэг болгон хуваажээ. Түүний урд, баруун, зүүн гурван талд нь гадагш сунган барьсан чих бүхий гулдан хаалга байсны ор мэдэгдэж байна. Чин толгой балгасны хойт хэсэгт нь нэлээд олон барилга байсны ор үлдэц нь мэдэгдэж байна. Харин түүний урд хэсэгт нь хойтохоо бодвол арай цөөн барилга байсан аж. Чин толгой балгасны хэрмийн хойд, баруун, зүүн тал, хэрмийн дөрвөн өнцөгт, хэрмээс гадагш түлхэн байгуулсан цонжнуудтай байжээ. Чин толгой балгасны шороон хэрэм нь сууриараа өргөн, дээгүүрээ нарийвтар, хэрмийн өндөр нь 2,5-4 метр орчим байна. Чин толгойн балгасны гадуурхи сувгийн далан зарим хэсэгтээ тодорхой, зарим газраа бүдэгрэн балархайшсан байна. Энэ далан нь нэг талаас хэрэм рүү бороо үерийн ус орохоос хамгаалсан, нөгөө талаас Чин толгойгоос бууж ирсэн хурын усыг хуримтлуулан, тариалангийн тариг руу чиглүүлэн урсгаж байсан бололтой аж. Монгол–Оросын хамтарсан судалгааны анги 2000-2004 оны малтлагаар Чин толгой балгаснаас янз бүрийн тамга, тэмдэг бүхий дээврийн нөмрөг ваар, шавар цутгамал лууны нүдний хэсэг, тээрмийн чулуу, хээтэй ваарны хагархай, Сүн, Тан улсын үеийн зоос, ширмэн цөнгийн хагархай, ясан сойз, шаазан хүн зэрэг сонирхолтой олдворууд олсон байна[⑤]. Чин толгой балгасны дээд хэсэг нь Хятан улсын үеийн цэргийн хотын үлдэц бөгөөд харин доод хэсэг нь Уйгурын үеийн Хадун (Хатун) хот байсныг А.Очир нар тогтоосон байна. Өөрөөр хэлбэл энэ балгас нь Уйгурын бас Хятаны үеийн соёлын хоёр өөр давхарга бүхий хот ажээ.

城址概况
Чин толгой балгас

Холбогдох ном зохиол:

Данилов С.В. Города в кочевых обществах центральной Азии. Улан-Удэ 2003 г, 70-71 стр.

Монгол нутаг дахь түүх соёлын дурсгал. УБ.,1999 он.

Очир А, Энхтөр А, Эрдэнэболд Л. Чин толгой балгасны тухай. // Nomadic studies. №8, 2004 он, 53-63-р талууд.

Очир А, Энхтөр А, Эрдэнэболд Л. Монгол-Оросын хамтарсан экспедицийн Булган аймгийн Дашинчилэн сумын нутаг дахь Чин толгой балгасанд хийсэн археологийн малтлага судалгааны ажлын тайлан. УБ.,2004 он.

Очир А, Энхтөр А, Эрдэнэболд Л. Хар бух балгас ба Туул голын сав дахь Хятаны үейин хот, суурингууд. УБ.,2005 он.

Пэрлээ Х. Монгол орны археологийн шинжилгээний товч тойм. УБ.,1957 он, 197-208-р талууд.

Пэрлээ Х. Хятан нар тэдний Монголчуудтай холбогдсон нь. УБ.,1959 он, 84-85-р талууд.

Пэрлээ Х. Чин толгойн балгаснаас олдсон бичигт ваар. // Studia Mongolica. T.I, F.5. УБ.,1959 он.

Пэрлээ Х. Монгол ард улсын эрт, дундад зууны үейин хот суурины товчоон. УБ.,1961 он, 47-49-р талууд.

Пэрлээ Х. Киданьские города и поселения на территории Монгольской народной Республики. Археологические сборник Монголии. Москва.,1962 г, стр 55-56.

Пэрлээ Х. Хуучны дурсгалт зүйлийг сахин хамгаалах дүрмийг биелүүлье. Чин толгойн балгас.// Эрдэм шинжилгээний өгүүллүүд-I. УБ.,2001 он.

Сэр-Оджав Н. Археологические исследования в Монгольской Народной Республике. Монгольскии Археологи ческий Сборник. Москва.,1962 г, 5-6 стр.

Пэрлээ Х. Монгол газрын түүхэн нэрийн нэгэн зүйл. Эрдэм шинжилгээний өгүүллүүд-II. УБ.,2001 он, 185-р тал.

Пэрлээ Х. Манай оронд эртний судлал хөгжиж байна. Эрдэм шинжилгээний өгүүллүүд-I. УБ.,2001 он, 247-250-р талууд.

Цэвээндорж Д, Баяр Д, Цэрэндагва Я, Очирхуяг Ц. Монголын археологи. УБ.,2002 он, 214-215–р талууд.

① А.Падерин. О Каракоруме и других развалинах близ Орхонав /Известия Русского Географического Общества. Т.IX. Вып.10, СПб.,1874. тал 350-370/
② Д.Д.Букинич. Обший отчет по археологическим работам за 1933 и 1934 г. ТХГБС. Фонд 9.Т.11. хн 23
③ А.Очир, А.Энхтөр, Л.Эрдэнэболд. "Хар бух балгас ба Туул голын сав дахь хятаны үеийн хот, суурингууд" УБ.,2005
④ Д.Д.Букинич. Общий отчет по археологическим работам за 1933-1934 гг. Монгол Улсын ШУА-ийн Археологийн хүрээлэнгийн гар бичмэлийн хөмрөг. Ф-9, Т-11, ХН-23.
А.Очир, А.Энхтөр, Л.Эрдэнэболд. "Хар бух балгас ба Туул голын сав дахь хятаны үеийн хот, суурингууд" УБ.,2005 он,
Монгол-Оросын хамтарсан экспедицийн Булган аймгийн Дашинчилэн сумын нутаг дахь Чин толгой балгасанд хийсэн археологийн малтлага, судалгааны ажлын тайлан. Уб.,2004 он, Монголын Үндэсний Музейн номын сан
⑤ Монгол-Оросын хамтарсан экспедицийн Булган аймгийн Дашинчилэн сумын нутаг дахь Чин толгой балгасанд хийсэн археологийн малтлага, судалгааны ажлын тайлан. Уб.,2004 он, Монголын Үндэсний Музейн номын сан

城外石筑敌台
Хотын орчим дахь байдал

城门
Хотын үүд

城墙
Чин толгой балгасны хэрмийн шороон далан

塔林乌兰和热姆契丹保州城

编号05076。地理位置为东经104°32′15″、北纬47°55′48″。城址位于布尔干省巴彦诺尔苏木，南部不远处即为由达欣其楞苏木通往乌兰巴托的公路。蒙古国赫·普尔莱最先发现该城址[1]，2001～2003年，阿·奥其尔等学者在塔林乌兰和热姆城址进行调查，新发现了建筑遗址。日本考古队对该城址进行了测量，并准备进行为期五年的考古发掘。城址方向为北偏东25度，东、南、西三城墙开门，北城墙不见城门。西城门外可见瓮城，约40米见方，瓮城城门向南。城墙上有马面设施，每边四个，四角有角楼。地表散落砖瓦残块，西城门的一处夯土台基上瓦片较为集中，地表可见较少陶、瓷片，陶片饰篦点纹，瓷片有白瓷和茶叶末釉瓷等。

Талын улаан хэрэм

GPS-ийн байрлал: N 47°55′48″, E 104°32′15″, Alt 950м

Холбогдох он цаг: Киданы үе (X-XI зуун)

Харъяалагдах засаг захиргаа: Булган аймгийн Баяннуур сум

Булган аймгийн Баяннуур сумын нутаг Баян-Улаан уулын зүүн хормойд оршино. Уг хэрмийг анх Х.Пэрлээ илрүүлэн олсон байна[1]. А.Очир нар 2001-2003 онд хайгуул хийж, эндээс хэд хэдэн шороон хэрэмтэй, хэрэмгүй байгууламжуудыг нэмэн олжээ. Тэд хэрмийн орчинд буй балгас, барилгын үлдэцүүдийн дэвсгэр зургийг үйлдэж, судалгааны тодорхойлолтуудыг хийж нийтлүүлсэн байна. Эдгээр хэрэмнээс бид 1-р Хэрэмийг үзэж танилцсан бөгөөд энэхүү хэрэм дөрвөлжин зохиомжтой, хэрэмний суурийн өргөн 20 гаруй метр, дээгүүрээ 3-4 орчим метр өргөнтэй. Хэрэмний баруун, өмнөд, зүүн талд чих бүхий том хаалгатай, хэрэмний гадуур тойруулан ухсан сувагтай. Баруун хаалгыг зүүн хаалгатай холбосон гол гудамжтай байжээ. 1-р Хэрэм нь бусад хэрэмнүүдээс хэмжээгээрээ хамгийн том нь юм. Хэрэм дотор маш олон барилга байгууламжийн туурь байснаас үзэхэд тухайн үедээ хүн ам олонтой, томоохон суурин байсан болохыг харуулж байна.

Холбогдох ном зохиол:

Очир А, Энхтөр А, Эрдэнэболд Л. Хар бух балгас ба Туул голын сав дахь Хятаны үейн хот, суурингууд.

护城河遗迹
Хотын хэрмийн гаднах суваг

古城概况
Талын улаан хэрэм

УБ.,2005 он.

Ochir A, Enkhtor A, Erdenebold L. Study of Kidan cities in Mongolia. Международный симпозиум, Владивосток, 2005 г. // Динайзм людей, выщый и технологий на Северо-Восточном Азии Среднего века.

Пэрлээ Х. Хятан нар тэдний Монголчуудтай холбогдсон нь. УБ.,1959 он 84-85-р талууд.

Пэрлээ Х. Монгол ард улсын эрт дундад үейин хот суурины товчоон. УБ.,1961 он 67, 75-р талууд.

Пэрлээ Х. Монгол орны археологийн шинжилгээний товч тойм. УБ.,2001 он, 197-208-р талууд.

Пэрлээ Х. Манай оронд эртний судлал хөгжиж байна. // Эрдэм шинжилгээний өгүүллүүд-I. УБ.,2001 он, 247-250-р талууд.

---

① Х.Пэрлээ. Монгол Ард Улсын эрт, дундад үейин хот суурины товчоон. УБ., 1961, 52-55 тал;

城门
Хотын үүд

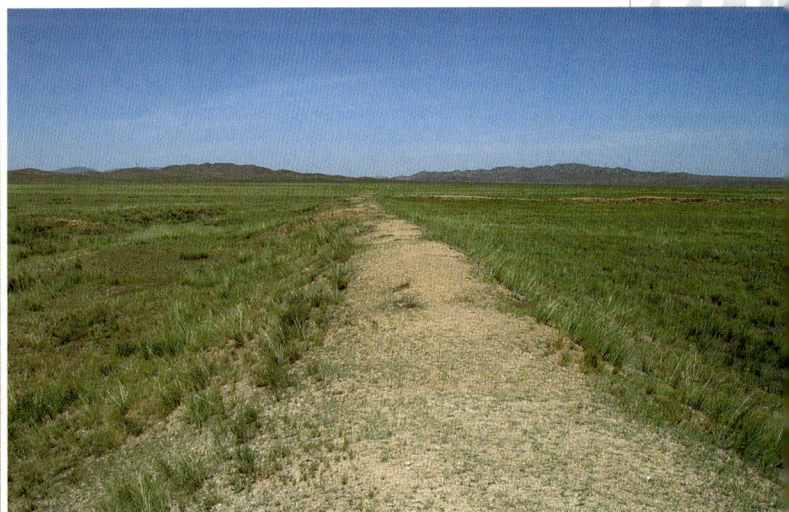

城墙
Талын улаан хэрмийн шороон далан

巴仁和热姆契丹西城址

　　编号05078。地理位置为东经110°21′42″、北纬47°13′46″。该城址位于肯特省莫伦苏木境内的克鲁伦河西岸，距河8～10公里。西城北墙825米、东墙862米、南墙826米、西墙803米，四墙宽7～12米、残高1.5～3米左右[①]，城墙上有马面，方向为北偏西25度。蒙古国考古学者推测为《辽史》中所记载的琵琶城，为屯兵和工匠居住的地方。上世纪50年代蒙古国考古学家赫·普日莱曾进行过发掘，发现了耕地遗迹。

Баруун хэрэм

GPS-ийн байрлал: N 47°13′46″, Е 110°21′42″, Alt 1055м

Холбогдох он цаг: Киданы үе (X-XI зуун)

Харъяалагдах засаг захиргаа: Хэнтий аймгийн Мөрөн сум

Хэнтий аймгийн Мөрөн сумын нутагт Хэрлэн голын баруун хөвөөнөө оршино. Энэ хэрэм нь дөрвөлжин зохиомжтой, дөрвөн талдаа хаалгатай, дөрвөн өнцөгтөө цонжтой, гадуураа усан татаалтай. Хэрмийн дотор барилгын шороон тууриудтай. Хэрмийн урд тал 826 м, баруун тал 803 м, хойт тал 825 м, зүүн тал 862 м бөгөөд ханын зузаан 7-12 м, өндөр 1.5-3 м хэмжээтэй[①]. Энд хийсэн малтлагаар гарсан олдвор, хотын ерөнхий хэлбэр байдал зэргийг харьцуулан үзээд уг хотыг Киданы үед холбогдоно хэмээн Х.Пэрлээ үзжээ. Баруун хэрэмд аж байдлын ул мөр тун бага, аж ахуйн даамал, нярав зэрэг цөөвтөр хүн амьдарч байсан боллтой бөгөөд эндээс зүүн зүг 2 км зайд орших Зүүн хэрмийн аж ахуйн газар нь байсан боллтой хэмээн судлаачид үздэг.

Холбогдох ном зохиол:

Данилов С.В. Города в кочевых обществах центральной Азии. Улан-Удэ 2003 г. 67-68 стр.

Монгол нутаг дахь түүх соёлын дурсгал. УБ.,1999 он.

Пэрлээ Х. 1951-1953 онд явуулсан археологийн шинжилгээний тухай товч мэдээ. // ШУ № 2. УБ.,1954 он.

Пэрлээ Х. Хятан улсын хоёр бэхлэлт хотын үлдэгдэл. УБ.,1957 он.

Пэрлээ Х. Хятан нар тэдний Монголчуудтай холбогдсон нь. УБ.,1959 он, 85-р тал.

Пэрлээ Х. Монгол Ард Улсын эрт, дундад үеийн хот суурины товчоон. УБ.,1961 он.

Пэрлээ Х. Киданьские города и поселения на территорий Монгольское Народная Республики. // Монгольский археологический сборник. М.,1962 г, стр 58.

Пэрлээ Х. Монгол орны археологийн шинжилгээний товч тойм. УБ.,2001 он, 197-208-р талууд.

Пэрлээ Х. Монгол газрын түүхэн нэрийн нэгэн зүйл. // Эрдэм шинжилгээний өгүүллүүд-II. УБ.,2001 он, 185-р тал.

城墙
Баруун хэрэмийн шороон далан

Сэр-Оджав Н. Археологические исследования в Монгольской Народной Республике. // Монгольскии Археологический Сборник. Москва 1962 г, 5-6 стр.

Цэвээндорж Д, Баяр Д, Цэрэндагва Я, Очирхуяг Ц. Монголын археологи. УБ.,2002 он, 215-217–р талууд.

文化遺存

朱恩和热姆契丹东城址

编号05079。地理位置为东经110°23′07″、北纬47°14′34″。位于肯特省莫伦苏木境内，与巴仁和热姆契丹西城相距不到1000米。东城较西城为小，但保存较好，布局较为清楚，方向为北偏西20度。南墙约420、北墙约510米、东墙约507米、西墙502米，城墙残高约1.5～2米、宽约4～6米[①]。四城门位于城墙正中。城中有一座大型夯土台基，可见砖瓦残片。

Зүүн хэрэм

GPS-ийн байрлал: N 47°14′34″, E 110°23′07″, Alt 1060м

Холбогдох он цаг: Киданы үе (X-XI зуун)

Харъяалагдах засаг захиргаа: Хэнтий аймгийн Мөрөн сум

Хэнтий аймгийн Мөрөн сумын нутаг, Хэрлэн голын баруун хөвөө, Мөрөнгийн голын өмнөд хөвөөнд оршино. Баруун хэрэмээс зүүн зүг 2 км орчим зайтай. Шороо дагтаршуулж үйлдсэн дөрвөлжин зохиомжтой, дөрвөн талдаа хаалгатай, хэрмийн гадуур усан татаалтай байжээ. Хэрмийн өмнө тал 420 м, баруун тал 502 м, хойд тал 510 м, зүүн тал 507 м, өндөр 1.5-2 м, өргөн 4-6 м хэмжээтэй[①]. Баруун талдаа 6, хойд талдаа 5, зүүн талдаа 10, өмнө талдаа 7 харуулын цонжтой байсан бололтой. Хэрэм дотор хэд хэдэн жижиг хэрэмтэй. Х.Пэрлээгийн энд хийсэн малтлагаар гар тээрэм, үр тариа хадгалдаг том шавар ваарны хагархай, чулуун уур, анжисны төмөр хошууны хугархай, мал амьтны яс, Хятад үсэгтэй тайпин зоос (1020-1031) зэрэг олдворууд гарсан бөгөөд тэдгээр олдвор, хотын төлөв байдал зэргээр нь уг хотыг Киданы үед холбогдоно хэмээн тогтоожээ. Зүүн хэрэмд малчин тариачид, гар урчууд, дарангуй цэрэг суудаг байсан байна.

工作现场
Дурсгалыг судалж байгаа байдал

城址概况
Хотын доторхи барилгын туурь

Холбогдох ном зохиол:

Данилов С.В. Города в кочевых обществах центральной Азии. Улан-Удэ 2003 г. 67-68 стр.

Доржсүрэн Ц. Изучение историко - археологических памятников Монголии. // Археологийн судалгаа. (эрдэм шинжилгээний бүтээлийн эмхэтгэл) УБ.,2003 он, 97-102-р талууд.

Монгол нутаг дахь түүх соёлын дурсгал. УБ.,1999 он.

Наваан Д. Эртний хүмүүсийн ул мөр. УБ.,1960 он, 10-11-р талууд.

Пэрлээ Х. 1951-1953 онд явуулсан археологийн шинжилгээний тухай товч мэдээ. // ШУ № 2. УБ.,1954 он.

Пэрлээ Х. Хятан улсын хоёр бэхлэлт хотын үлдэгдэл. УБ.,1957 он.

Пэрлээ Х. Зүүн хэрэм гэдэг эвдэрхий хотыг 1953 онд нэмэн малтсан нь. УБ.,1957 он.

Пэрлээ Х. Хятан нар тэдний Монголчуудтай холбогдсон нь. УБ.,1959 он, 84-93-р талууд.

Пэрлээ Х. Монгол Ард Улсын эрт, дундад үеийн хот суурины товчоон. УБ.,1961 он, 57-62, 78-р талууд.

Пэрлээ Х. Киданьские города и поселения на территории Монгольской народной Республики. // Археологические сборник Монголии. Москва.,1962 г, стр 55-56.

Пэрлээ Х. Монгол газрын түүхэн нэрийн нэгэн зүйл. // Эрдэм шинжилгээний өгүүллүүд-II. УБ.,2001 он, 185-р тал.

Пэрлээ Х. Монгол орны археологийн шинжилгээний товч тойм. УБ.,2001 он, 197-208-р талууд.

Пэрлээ Х. Монгол тэрэгний тухай. // Эрдэм шинжилгээний өгүүллүүд - II. УБ.,2001 он, 350-р тал.

Пэрлээ Х. Монголын эртний археологийн материал нэмэн олдсоор байна. // Эрдэм шинжилгээний өгүүллүүд – II. УБ.,2001 он, 128-133-р талууд.

Пэрлээ Х. Манай оронд эртний судлал хөгжиж байна. // Эрдэм шинжилгээний өгүүллүүд-I. УБ.,2001 он, 247-250-р талууд.

Пэрлээ Х. К истории древних городов и поселений в Монголии. // Эрдэм шинжилгээний өгүүллүүд. II. УБ.,2001 он, 330-336-р талууд.

Пэрлээ Х. К вопросу о древней оседлости в Монгольской Народной Республике. // Эрдэм шинжилгээний өгүүллүүд. II. Уб.,2001 он, 343-347-р талууд.

Сэр-Оджав Н. Археологические исследования в Монгольской Народной Республике. // Монгольскии Археологический Сборник. Москва.,1962 г, 5-6 стр.

Цэвээндорж Д, Баяр Д, Цэрэндагва Я, Очирхуяг Ц. Монголын археологи. УБ.,2002 он, 215-217–р талууд.

---

① МНДТСД (сэдэвчилсэн лавлах). УБ.,1999 он 180-р тал

城墙
Зүүн хэрэмийн шороон далан

金文化遗存

乌谷勒格其和热姆遗址

编号05082-1。地理位置为东经110°11′52″、北纬48°24′17″。位于肯特省巴特希热特苏木境内,所在地形为一个簸箕状的山谷,靠近坡底可见以石块垒砌的墙体,长约3公里、宽约2.5米、残高约3.1米[①]。2001~2003年,美国考古队在此进行考古发掘,清理的遗迹有房址和墓葬等。房址为半地穴式,有石砌火炕遗迹。墓葬以当地山上的原始木材为棺,出有陶器、铜器残片等遗物。美国考古学者认为该遗址与成吉思汗陵园有关,而以那旺先生为代表的蒙古国考古学者则认为是一处辽代遗存。

Өглөгчийн хэрэм

GPS-ийн байрлал: N 48°24′17″, E 110°11′52″, Alt 1256м

Холбогдох он цаг: Киданы үе (X-XI зуун)

Харъяалагдах засаг захиргаа: Хэнтий аймгийн Батширээт сум

Хэнтий аймгийн Батширээт сумын нутагт, Дайчин уул хэмээх газар оршино. Нарс, шинэсэн ойтой, уулын аманд хавтгай чулууг нямбайлан өрж уул түшүүлэн барьсан хэрэм бөгөөд 3 км урттай, хамгийн өндөр хэсэгтээ 3,1 м, зузаан нь 2,5 м байна[①]. 1926 онд Оросын эрдэмтэн С.Кондратьев олж үзээд XII-XIY зууны нум сумчдын бэхлэлт хот байж болох юм хэмээжээ. Археологич Х.Пэрлээ уг хэрмийн зохион байгуулалт болон эндээс олдсон ваарын хагархайгаар Киданы үед холбогдуулан авч үзсэн байна.

工作现场
Дурсгалыг судалж байгаа байдал

遗址远景
Өглөгчийн хэрэм

Холбогдох ном зохиол:

Арвисбаатар Н, Лантуу С, Батсүх Г. Археологийн судалгаанд геофизикийн аргыг ашиглах туршилт арга зүйн ажлын товч үр дүн. // МУИС-ийн эрдэм шинжилгээний бичиг. №210 (19) УБ.,2003 он, 101-102-р талууд.

Базаргүр Д, Энхбаяр Д. Чингис хааны төрсөн ба оршуулсан газар. УБ.,2002 он.

Батсайхан З. Дорнод монголын эртний нүүдэлчид. // МУИС-ийн эрдэм шинжилгээний бичиг. №210 (19) УБ.,2003 он, 40-48-р талууд.

Доржсүрэн Ц. Улсын төв музейд байгаа чулуун зэвсгийн зүйлс. // Археологийн судалгаа. (эрдэм шинжилгээний бүтээлийн эмхэтгэл) УБ.,2003 он, 137-138-р талууд.

Доржсүрэн Ц. БНМАУ-ын чулуун зэвсгийн судлалын байдал. // Археологийн судалгаа. (эрдэм шинжилгээний бүтээлийн эмхэтгэл) УБ.,2003 он, 87-96-р талууд.

Кондратьев С. Краткае заметка о старинной крепости в Углекчи. 1926г, // ТХГБСХ ф/х т-6.

Монгол нутаг дахь түүх соёлын дурсгал. УБ.,1999 он.

Монгол-Японы хамтарсан "Гурван гол" экспедицийн тайлан. УБ.,1991 он, УБ.,1992 он. ШУА-ийн Археологийн Хүрээлэн ГБСХ.

Монгол-Солонгосын хамтарсан "Дорнод Монгол" төслийн 1997-1998 оны тайлан.

Өлзийбаяр С. Өглөгчийн хэрэм доторхи нэгэн булш. // МУИС-ийн эрдэм шинжилгээний бичиг. Уб.,2003 он, № 210 (19) 76-81-р талууд.

Өлзийбаяр С. Өглөгчийн хэрмийн хөдөлмөр цагийн тооцоо. // Нийгэм хүмүүнлэгийн боловсрол сэтгүүл. №2, УБ.,2002 он.

Пэрлээ Х. Монгол Ард Улсын эрт, дундад үеийн хот суурины товчоон. УБ.,1961 он, 57-80-р талууд.

Пэрлээ Х. Хятан нар тэдний Монголчуудтай холбогдсон нь. УБ.,1959 он, 85-р тал.

Пэрлээ Х. Монголын эртний нүүдэлчдийн металлурги боловсруулалтын асуудалд. // Эрдэм шинжилгээний өгүүллүүд – II. УБ.,2001 он, 272-р тал.

Пэрлээ Х. Монгол орны археологийн шинжилгээний товч тойм. УБ.,2001 он, 197-208-р талууд.

Пэрлээ Х.1951-1953 онуудад явуулсан археологийн шинжилгээний тухай товч мэдээ. // Эрдэм шинжилгээний бүтээлийн эмхэтгэл. УБ.,2001 он, 111-115-р талууд.

火炕遗迹
Халаалтын чулуун ханз

遗址概况
Өглөгчийн хэрэм доторхи дурсгал

Пэрлээ Х. Киданьские города и поселения на территории Монгольской народной Республики.
// Археологические сборник Монголии. Москва 1962 г, стр 61.

Uglugchiin gol site, Mongolia. The national museum of Korea, The national museum of Mongolian History, The Institute of History, Mongolian Academy of Sciences. 1999.

---

① МНДТСД (сэдэвчилсэн лавлах). УБ.,1999 он 182-р тал

萨拉布尔乌拉岩壁文字遗存

编号05087。地理位置为东经110°08′11″、北纬47°22′25″。该遗存位于肯特省莫伦苏木萨拉布尔乌拉山的西北的一处突起的山崖之上，岩壁表面可见岩画、墨书、石刻文字等，包括突厥动物纹样和契丹大字。其中契丹大字最为显著，大部分刻画并墨描。契丹大字有三处，第一处较为集中，三排，长80，宽约35厘米，约16个字；第二处长约50，宽约9厘米，计七个字，可能为年号；第三处仅墨书三个字，读作"王十下"，与第一、二处是否属于同一时期，尚需考究。此外还有多处磨刻岩画、动物形符号等。

Салбар уулын бичээс

GPS-ийн байрлал: N 47°22′25″, E 110°08′11″, Alt 1459м

Холбогдох он цаг: Киданы үе (X-XI зуун)

Харъяалагдах засаг захиргаа: Хэнтий аймгийн Мөрөн сум

Хэнтий аймгийн Мөрөн сумын нутагт Өндөрхаан хотоос баруун тийш 30 км зайтай Салбар хэмээх уулын оройд, жижиг хадан цохионд сийлжээ. Салбар уулын Ханан хадны бичээсийг анх XIX зууны эцсээр академич В.Радлов үзжээ. Судар бичгийн хүрээлэнг байгуулагдсаны дараахан тус хүрээлэнгийн жинхэнэ гишүүн Ч.Бат-Очир түүнийг биечлэн үзэж хуулж ирсэн ба 1940 онд судлаач Ц.Пунцагноров газар зүйн экспедицэд оролцон явахдаа бас нэгэн хагас хуулгыг авчирчээ. 1952 онд археологич Х.Пэрлээ Киданы хот судлах судалгааны ангийг удирдаж явахдаа Салбарын Бичигт ханаанд очиж бичээсийг гараар хуулж дэргэд нь сийлсэн тамга дүрсүүдийг зурж авсан байна. Түүнээс хойш Чехословакийн П.Поуха, Зөвлөлтийн археологич Э.Шавкунов нар уул бичээсийг хуулж дэргэд нь байсан булшийг Х.Пэрлээгийн хамт малтжээ. Салбарын Бичигт ханангийн бичээс их, бага хоёр хэсгээс бүрддэг. Их бичээс нь 3 мөр, 17 дүрс үсэг, бага бичээс нь 1 мөр, 7 дүрс үсэг юм. Их бичээс нь уншигч хүний баруун гар талд, бага бичээс нь солгой гар талд тус тусдаа сийлэгджээ. Салбарын Бичигт ханаанд хэдэн тамганы дүрс байдаг. Эрдэмтэн Х.Пэрлээ Салбарын Бичигт Ханангийн бичээс, болон тамган дүрс зэргийг судлаад X-XI зууны Кидан улсын их бичигтэй холбон үзэж, уг дурсгалыг үлдээгчдийн удам нь бусад газрын хадны тамган дүрс хоцроогсодтой нийтлэг гаралтай бөгөөд хожим монгол нэрийн дор ондоошин үлдсэн хэмээн үзжээ.

契丹文字
Салбар уулын кидан бичээс

其他文字
Салбар уулын бичээс

遗址概况
Салбар уул

Холбогдох ном зохиол:

Наваан Д. Эртний хүмүүсийн ул мөр. УБ.,1960 он 11-р тал.

Монгол нутаг дахь түүх соёлын дурсгал. УБ.,1999 он, 229-230-р талууд.

Пэрлээ Х. Киданчуудын бичгийн дурсгал монголоос олдсон нь. // Хэл зохиол судлал. 13-р боть. 3-р дэвтэр.

УБ.,1979 он.

Пэрлээ Х. Своеобразный тип каменных изваяний из восточной Монголии. // Эрдэм шинжилгээний өгүүллүүд.

УБ.,2001 он 5-8 стр.

Цэвээндорж Д, Баяр Д, Цэрэндагва Я, Очирхуяг Ц. Монголын археологи. УБ.,2002 он, 222-223-р талууд.

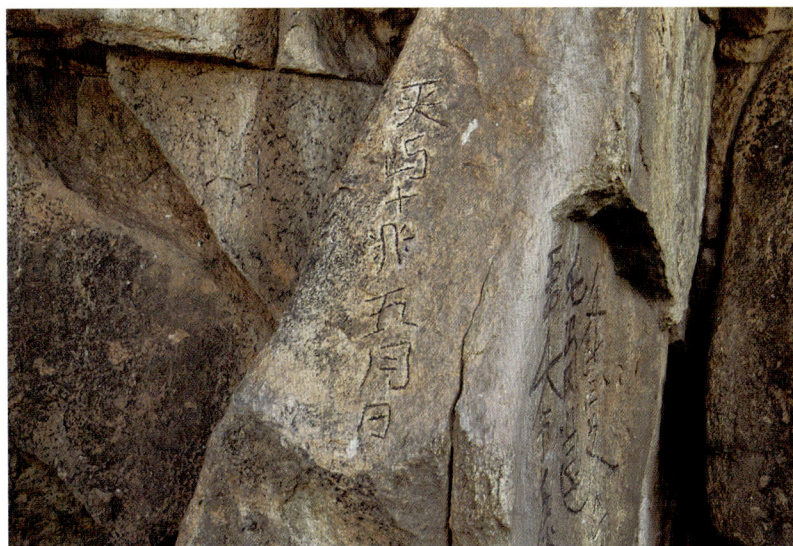

契丹文字落款
Салбар уулын кидан бичээс

瑙若布林金界壕遗址

编号05086。地理位置为东经111°59′52″、北纬48°41′49″，位于肯特省瑙若布林苏木北约1公里处的草原之上，再往北即为斡里札河所在。墙体基本上呈东西走向，内墙外壕，墙微微隆起，宽约5～8米，残高0.5米左右。外壕宽4米左右，在地面上隐约可见。这种边堡位于界壕外的现象，较为特殊。墙体南侧有几处建筑遗址，可能为屯兵遗址[1]。关于该墙体的性质，目前蒙古国考古学界存在两种认识，一种认为是金界壕，另一种认为是窝阔台汗时期限制狩猎的围墙[2]。蒙古国大部分学者认为该遗址是蒙元时期文化遗存，根据遗址的具体情况，需进一步研究确定其准确的所属年代。

Чингисийн далан (Чингисийн хэрмэн зам)

GPS-ийн байрлал: N 48°41′49″, E 111°59′52″, Alt 1010м

Холбогдох он цаг: XI-XII зууны эхэн

Харъяалагдах засаг захиргаа: Хэнтий аймгийн Норовлин сум

Энэ нь Монгол орны дорнод хэсэг буюу Хэнтий аймгийн Баян-Адарга, Норовлин, Дорнод аймгийн Баяндун, Цагаан-Овоо, Сэргэлэн, Гурван загал сумдын нутгаар дамжин БНХАУ-ын нутаг руу орсон урт шороон хэрэм юм. Бидний очсон хэсэг бол Хэнтий аймгийн Норовлин сум орох замд, сумын төвөөс 1 км орчим зайд оршиж буй хэсэг байлаа. Уг хэрмийн нийт урт 500-600 км үргэлжилдэг гэж үздэг. Хэрмийн зарим хэсэгт, урд талд нь хүн буюу цэрэг суулгадаг байсан жижиг шороон хэрмүүд байсан бололтой[1]. Х.Пэрлээ энэ хэрмийг Өгөдэй хааны бариулсан "Хуруа Йурха" буюу нутгийн гөрөөсийг ах дүүгийн нутагт явахаас сэргийлэн бариулсан урт хороо бололтой гэж үзсэн[2]. Мөн нөгөө нэг домгоор бол, уг хэрмийг Чингис хаан бариулсан гэх бөгөөд өөрийн охиныг хадамд мордуулахаар явахдаа нэг талаар нь Чингис хаан, нөгөө талаар нь түүний охин явсан хэмээн ярилцдаг аж. Одоо хүртэл энэ хэрмийг тусгайлан судалсан судалгаа хараахан хийгдээгүй байна. Бид Монгол-Зөрчидийн Алтан улсын харилцааны үлдэц байж магадгүй хэмээн төсөөлж байна.

Холбогдох ном зохиол:

Данилов С.В. Города в кочевых обществах центральной Азии. Улан-Удэ 2003 г. 104-105 стр

Монгол нутаг дахь түүх соёлын дурсгал. УБ.,1999 он, 199-р тал

Пэрлээ Х. Монгол ард улсын эрт дундад үейин хот суурины товчоон. УБ.,1961 он, 103-104

Пэрлээ Х. Монгол-Ардчилсан Германы шинжилгээний ангийн ажлын тухай. // SA.T.III, УБ.,1963 он, 69-72-р тал

Пэрлээ Х. Хуучны дурсгалт зүйлсийг сахин хамгаалах дүрмийг биелүүлцгээе. // Эрдэм шинжилгээний бүтээлийн эмхэтгэл. УБ.,2001 он, 41-р тал

Шираши. Чингис хааны археологи. япон хэлээр. 2001 он

---

[1] МНДТСД (сэдэвчилсэн лавлах). УБ.,1999 он 199-р тал
[2] Х.Пэрлээ. Монгол Ард улсын эрт, дундад үейин хот суурины товчоон. УБ.,1961 он, тал 103-104

金界壕墙体
Хэрмийн шороон далан

金界壕堑壕
Хэрмийн шороон далан

苏木特陶日木遗址

编号06004。地理位置为东经113°53′13″、北纬45°12′14″。位于苏赫巴托尔省达里刚嘎苏木境内。1994年，韩国和蒙古国联合考古队曾经对此进行过发掘，认为是高句丽遗址。该遗址共有三处建筑台基，地表散布有黑褐色陶片及砖瓦残片。

Гуулин улсын хот

GPS-ийн байрлал: N 45°12′14″, E 113°53′13″, Alt 1256м

Холбогдох он цаг: Киданы үе (X-XI зуун)

Харъяалагдах засаг захиргаа: Сүхбаатар аймгийн Дариганга сум

Сүхбаатар аймгийн Дариганга сумын нутаг, Сүмтийн тойром хэмээх газарт оршино. 1994 онд Монгол-Солонгосын хамтарсан Мон-Сол төслийн судлаачид судалжээ. Тэдгээр судлаачид тус хотыг Гуулин улсын үеийн хот бололтой хэмээн үзсэн боловч, бид Хятаны үеийн хот болов уу хэмээн бид үзэж байна.

建筑台基
Чулуун байгууламж

建筑基址
Чулуун байгууламж

遗址概貌
Гуулин улсын хот

Холбогдох ном зохиол:

Монгол нутаг дахь түүх соёлын дурсгал. // Сэдэвчилсэн лавлах,УБ.,1999 он

Монгол нутаг дахь соёлын үл хөдлөх өвийн хадгалалт хамгаалалт. УБ.,2006 он

Монгол-Солонгосын хамтарсан "Дорнод Монгол" төслийн тайлан. Сөүл 1995 он.

地表陶片
Ваар савны хагархай

7. 蒙元文化遗存

2005年调查的蒙元时期文化遗存，以城址和居址为主。呼日哈河与鄂嫩河的交汇处是一代天骄成吉思汗的诞生地，在肯特省达达勒苏木东北3公里处的德力贡保勒德格山日和哈札谷布拉格泉水旁，都树立了标志成吉思汗诞生地的纪念碑。位于肯特省德勒格尔汗苏木的阿布日嘎遗址是成吉思汗的大斡尔朵所在地，大约分布有100多座夯土台基，四周可见城墙遗址。《元朝秘史》于"鼠儿年"1240年在这里写成，为此在遗址北部的高地上树立了"纪念《元朝秘史》成书750周年"的纪念碑。在此附近蒙古、日本学者联合发掘的阿布日嘎遗址被认为是成吉思汗第三次称汗的地方，发掘的宫殿基址也是成吉思汗的大帐所在。哈剌和林古城是大蒙古国建立的第一座都城，元代成为岭北行省的政治、经济和文化中心。德国的考古队先后与蒙古国联合对古城内的一些大型建筑台基进行了发掘。位于哈尼河东岸的哈拉呼勒可汗古城遗址，城垣高大，城内外建筑台基分布众多，大型的柱础石基本上原地摆放，是靠近蒙古国西部地区保存较好的一座重要的元代古城，可能具有军事上的意义。

2006年调查的蒙元时期遗存以石人和居址为主。蒙元时期的石人遗存保存基本完好，纹饰清晰可见。古尔班塞罕苏木遗址是成吉思汗准备攻打西夏时期驻扎过的军营，是一处较为重要的屯兵遗址。

VII. МОНГОЛЫН ЭЗЭНТ ГҮРНИЙ ҮЕ

XIII зуунд монголчууд дэлхийн түүхэнд хамгийн том эзэнт гүрнийг байгуулсан юм. Монголчуудын байлдан дагууллын үр дүнд олон үндэстэн угсаатнууд нэгэн их гүрний доор нэгджээ. Эзэнт гүрний нийслэл хот Хархорумыг Орхоны хөндийд байгуулсан нь цэцэглэн хөгжиж, өрнө дорныг холбосон, улс төр, эдийн засаг, соёл, шашны том төв болж байлаа.

Энэ үед хамаарах археологийн дурсгалууд монгол улсад олон байгаагаас бичиг үсгийн дурсгал, хүн чулуун хөшөө, булш, хот суурингууд харьцангуй сайн судлагдсан байна.

Энэ үеийн бичиг үсгийн томоохон дурсгалуудад Чингисийн чулууны бичиг, Хар хорумын монгол бичээс, Мөнх хааны гэрэлт хөшөө, Бичигт хошууны бичээс, Хүйтний голын бичээс зэрэг бичээсүүд орно. Монголчуудын байгуулсан Хархорум, Хар хул хааны балгас, Аваргын балгас, Дойтын толгой, Шаазан хот, Халтарын балгас, Хархираа, Шанд зэрэг олон хотууд тухайн үед байжээ. Монгол хаад, язгууртнуудын булшийг маш чанадлан нууцлаж, үйлддэг байсан учраас өнөөг хүртэл сайн судлагдаагүй байсаар байна. Харин жирийн иргэдийн булш оршуулгыг харьцангуй сайн судалжээ. XIII-XIY зууны монголчууд өвөг дээдсийн сүнс сүлдэнд зориулж, хүн чулуун хөшөө босгон, тахиж тайдаг байсан бололтой. Тэдгээр хүн чулуун хөшөөд исэр сандал дээр суусан, гартаа хундага барьсан нийтлэг дүрслэлтэй бөгөөд хөшөөнөөс тухайн үеийн монголчуудын дээл хувцас, малгай, үс гэзэг, бүс, түүнээс зүүсэн хавтага зэрэг дүрслэлүүд, хүний дүр төрхийг тодорхой танин мэдэж болно.

Бид 2005-2006 оны хайгуулаар энэ үед хамаарах 19 дурсгал үзсэний дийлэнхи нь хот суурин байлаа. Түүнчлэн энэхүү түүхэн дурсгалт газруудад хожим дурсгалын хөшөө босгожээ. Тухайлбал, Хэнтий аймгийн Дадал сумаас зүүн хойш 3 км Дэлүүн болдог, Хажуу булаг, Гурван нуурын амралтын газар, Хэнтий аймгийн Дэлгэрхаан сумын нутаг Аваргын балгас зэрэг газруудад дурсгалын хөшөөг босгосон байна.

伊和腾格尔岩画遗址

编号05003-2。地理位置为东经106°57′00″、北纬47°53′05.8″。该遗址位于乌兰巴托市郊、土拉河南岸，通往市内的公路由遗址北部穿过。遗址所处山崖即为伊和腾格尔山，山崖北部断崖上有彩绘岩画。内容有佛教文字、六字真言畏吾儿蒙古文以及彩绘人物像等，人物画像为头戴姑姑冠的女性形象。

人物图案及畏吾儿蒙古文字
Хадны зураг, монгол бичээс

畏吾儿蒙古文字
Монгол бичээс

Их тэнгэрийн амны дурсгал

GPS-ийн байрлал: N 47°53′05.8″, E 106°57′00″, Alt 1309м

Холбогдох он цаг: Монголын үе (XIII-XIY зуун).

Харъяалагдах засаг захиргаа: Улаанбаатар хотын Хан-Уул дүүрэг

Улаанбаатар хотын Хан-Уул дүүргийн нутаг, Богд уулын Их тэнгэрийн аманд оршино. Хадан цохионы тэгш талбайд хүрэл зэвсгийн үеийн хадны зургуудын дэргэд XIII-XYI зууны үед хамаарах хадны зураг, монгол бичээс байна. "Мөнх тэнгэрийн хүчин доор их суу залийн эрхэн дор" хэмээх үгсийг монгол бичгээр бичжээ. Мөн уг бичээсийн хажууд богтаг малгай өмссөн эмэгтэй хүнийг, гөрөөс (буга) мэт амьтны хамтаар дүрсэлсэн байна.

塞尔哈鲁特古城遗址

编号05025。地理位置为东经108°04′20″、北纬47°24′15″。位于中央省阿尔呼斯特苏木境内，东临博日勒珠特河。古城规模较小，呈东南—西北向，南北长120米、东西宽105米，西墙开门。城址中心有隆起的土台基，直径约15米、残高0.5米。古城西南角也有一夯土台基，直径10米、残高1.5米。地表散见有陶片、白釉褐花瓷片遗物等。有的学者认为该城即《元史》中所记载的塞尔哈留特城，为成吉思汗四大宫殿之一。

建筑遗迹
Хэрмийн доторхи барилгын туурь

城墙
Шороон далан

城址概况
Сайр халиутайн орд

Сайр Халиутайн орд

GPS-ийн байрлал: N 47°24′15″, E 108°04′20″, Alt 1309м

Холбогдох он цаг: Монголын үе (XIII-XIY зуун)

Харъяалагдах засаг захиргаа: Төв аймгийн Архуст сум

Төв аймгийн Архуст сумын нутаг, сумын төвөөс урагш 10-аад км зайтай, Бөөрөлжүүт голын хойно энэ дурсгал оршино. Дөрвөлжин зохиомжтой, шороо дагтаршуулж барьсан шороон хэрэмтэй. Хэрмийн дотор талд хоёр хэсэг газар барилгын туурь байгаа нь мэдэгдэж байна. Хэрмийн хойд хана 120 м, зүүн хана 105 метр орчим хэмжээтэй.

Холбогдох ном зохиол:

Пэрлээ Х. Монгол ард улсын эрт дундад үеийн хот сууриин товчоон. УБ., 1961 он, 97-р тал.

Эрдэнэбат У. Сайр халиутайн орд хаана байсан вэ? // АС.т. 17, УБ., 1996 он.

Монгол-Хятадын хамтарсан экспедицийн 2005 оны хайгуулын ажлын тайлан. УБ., 2006 он, МҮМ-н Номын сан.

太哈尔石蒙元石刻文字遗存

　　编号05030-2。地理位置为东经101°15′11″、北纬47°36′00″。位于后杭爱省省府车车尔勒格市西部数公里处的伊和塔米尔苏木境内，后塔米尔河位于遗址东部约200米处，属草原环境，四周为杭爱山脉所环绕。遗址为一处单独的石山，岩壁上写满了文字，有鲁尼文、突厥文、粟特文以及蒙元时期的文字，共计约150余处。还可见到蒙古人民共和国社会主义时期、前苏联时期的一些俄文及斯拉夫蒙古文字。

Тайхар чулуу

GPS-ийн байрлал: N 47°36′00″, E 101°15′11″, Alt 1615м

Холбогдох он цаг: Хүрлийн үеэс – XYIII зуун.

Харъяалагдах засаг захиргаа: Архангай аймгийн Их Тамир сум

Архангай аймгийн Их Тамир сумын нутагт, Хойд Тамир голын урд хөвөөнд орших энэхүү цохионд эртний тамга, сүг зураг, олон төрлийн бичээс зэрэг арвин дурсгалтай аж. Нийт 150 гаруй бичээс байгаагаас хамгийн олон нь монгол бичээс бөгөөд нийт 70 орчим байна. Энд Халхын Нонохуй үйзэн, Түмэнхэн, Цогт хун тайж, Рагчаа, Даржаа, Анжун гэх мэт олон түүхэн хүмүүстэй холбоотой бичээсүүд байдаг ажээ.

Холбогдох ном зохиол:

Album of the Turkish Monuments in Mongolia. Ankara.,2001.

Бичээс судлалын тайлан, // МУИС, Монгол хэл, соёлын сургууль, Түрэг судлалын тэнхим, гар бичмэлийн сан хөмрөг, 2004 он.

Болд Л. БНМАУ-ын нутаг дахь хадны бичээс. УБ., 1990 он.

Дорж Д. К истории изучения наскальных изображений Монголии. // Археологические сборник Монголии. Москва., 1962 г, стр 47-48.

Малов С.Е. Памятники древнетюркской письменности Монголии и Киргизии, Москва-Ленинград 1959 г, стр 46-54.

太哈尔石遗址远景
Тайхар чулуу

文化遗存

Монгол нутаг дахь түүх соёлын дурсгал. //Сэдэвчилсэн лавлах. УБ.,1999 он.

Ramstedt,J. G.Grano und Pentti Aalto, bearbeited und herausgegeben Pentti, Aalto, Helsinki.,1958.

Orhun H.N., Eski Türk yazıtları II, İstanbul, 1938 (1987), s.109-117(299-309).

Окладников А.П. Петроглифы Монголии. Л., 1981 он.

Пэрлээ Х. Тайхир чулуу. // АС.Т.1, УБ., 1960 он.

Пэрлээ Х. Хуучны дурсгалт зүйлсийг сахин хамгаалах дүрмийг биелүүлцгээе. // Эрдэм шинжилгээний бүтээлийн эмхэтгэл. УБ., 2001 он, 41-р тал.

Пэрлээ Х. Археологийн нэгэн сонин олдвор. // Эрдэм шинжилгээний бүтээлийн эмхэтгэл. УБ., 2001 он, 303-304-р талууд.

Пэрлээ Х. Карта рунических письмен на территории МНР. // Эрдэм шинжилгээний өгүүллүүд- II. УБ., 2001 г, 26 стр.

Radloff W. Die alttürkischen inschriften der Mongolei, St.Peterburg, 1894 (1987), pp.260-268.

Ренчин Б. Монгол нутаг дахь хадны бичээс гэрэлт хөшөөний зүйл. УБ., 1968 он.

Rintchen. Les dessins pictographiques et les inscriptions sur les rochers et sur les steles en Mongolie, // Corpus Scriptorum Mongolorum,Tom.XVI. fasc.1, Улаанбаатар (Oulanbator).,1968, pp.34-36.

Санжмятав Т. Архангай аймгийн нутаг дахь түүх соёлын дурсгалууд. УБ.,1993 он, 10-р тал.

Сэр-Оджав Н. Эртний Түрэгүүд. УБ., 1970 он, 82-р тал.

Sertkaya O.F, Harcavbay S, Hoyto Tamır (Moğolistan)dan yeni yazıtlar (ön neşir), -Türk Dili Araştırmaları Yıllığı, Belleten 2000 , Ankara, 2001, s.313-346.

畏吾儿蒙古文
Монгол бичээс

太哈尔石
Тайхар чулуу

哈拉呼勒可汗古城遗址

　　编号05035。地理位置为东经101°19′43″、北纬48°28′09″。城址位于后杭爱省额尔德尼曼达勒苏木东南约5公里的草原之上，东距哈尼河约1公里。城址平面呈长方形，方向为北偏东62度，南北长约400米、东西宽约300米，四面城垣皆有城门，为石块垒砌而成，城墙四角可见隆起的土包，城内中心有一大型夯土台基，上世纪80年代蒙古国与俄罗斯考古队曾联合进行过考古发掘，台基剖面和顶部皆暴露部分遗迹现象。台基底部以石块打基，往上外部包砖、内部夯土，包砖厚约1米，下端有圆形排水涵洞。大型台基两侧还有小型的高台基址，上面可见成排的柱础石。城内还有一些隆起的小土包，应为当时房址所在。城址北部外围分布有大大小小的院落宫殿基址，基址多为隆起的夯土台基，部分还可见石板砌成的炕道，平面呈长方形。一般一个院落内有数个夯土台基，上面可见琉璃瓦、砖等建筑构件，还有排列整齐的石柱础。该遗址范围极为广泛，还有从别处移来的鹿石。发掘曾出土元代青花瓷。从20世纪30年代开始，德·阿·科列蒙茨①、策·道尔基苏荣②、巴·恩和巴图③、特·散朱米耶塔瓦④等学者先后在哈拉呼勒可汗城遗址上进行考古研究工作，并发表了相关成果。

Хар хул хааны балгас

GPS-ийн байрлал: N 48°28′09″, E 101°19′43″, Alt 1526м

Холбогдох он цаг: Монгол гүрний үе (XIII-XIУ зуун)

Харъяалагдах засаг захиргаа: Архангай аймгийн Эрдэнэмандал сум

Архангай аймгийн Эрдэнэмандал сумын нутагт, сумын төвөөс баруун урагш 10-д км зайд, Хануй голын өмнө этгээдэд оршино. Уг балгас дөрвөлжин хэлбэрийн зохиомжтой, дөрвөн талдаа хаалгатай, хаалга бүрийн хатавчийг чулуугаар өрж хийжээ. Хэрмийн дөрвөн буланд тоосгоор хийсэн цамхагтай. Энэ цамхагаас хаалганы хатавч хүртэл шороо овоолж, дагтаршуулж хийсэн хэдэн хэрэмтэй. Бас төв хэрмийн эргэн тойронд олон барилгын туурьтай. Хамгийн том хэрмийн баруун хана 380 м, зүүн хана 390 м, өмнөд болон хойд хана 350 м, хэрмийн дундаж өндөр

城内建筑台基
Балгас доторхи барилгын тууриуд

建筑台基与城门
Балгас доторхи барилгын туурь, үүдний хэсэг

古城遗址全景
Хар хул хааны балгас

3 м хэмжээтэй. Том хэрэм дотор 5-6 орчим барилгын туурьтай. Энэ хотын тухай Д.Клеменц[1], Ц.Доржсүрэн[2], Б.Энхбат[3], Т.Санжмятав[4] нар бүтээлдээ дурджээ. Эндээс олдсон олдворууд нь XIII зууны үеийн Хар хорум хотоос олддог олдворуудтай ижил бөгөөд Хар хул хааны балгасыг хожим XYII зууны үед дахин ашиглаж хүн суурьшиж байжээ.

Холбогдох ном зохиол:

Атлас древностей Монголии. СПб.,1892.Taf.LXVIII,Taf LXI.

城门
Хэрмийн үүд

城墙
Шороон хэрэм

蒙古国古代游牧民族文化遗存考古调查报告

МОНГОЛ УЛСЫН НУТАГ ДАХЬ АРХЕОЛОГИЙН ХАЙГУУЛ СУДАЛГАА

城外宫殿基址群
Балгасын гаднах барилгын тууриуд

Данилов С.В. Города в кочевых обществах центральной Азии. Улан-Удэ 2003 г, 97-99 стр.

Доржсүрэн Ц.1956-1957 онд Архангай аймагт археологийн шинжилгээ хийсэн тухай. // Археологийн судалгаа. Эрдэм шинжилгээний бүтээлийн эмхэтгэл. УБ.,2003 он, 123-126 талууд.

Клеменц Д. Археологический дневник поездки в Среднию Монголию в 1891 г.

Монгол нутаг дахь түүх соёлын дурсгал. УБ.,1999 он.

Пэрлээ Х. Монгол ард улсын эрт дундад үеийн хот суурины товчоон. УБ.,1961 он, 119-120-р талууд.

Сборник трудов Орхонской экспедици. Т.2, СПб.,1895 г.

Санжмятав Т. Архангай аймгийн нутаг дахь түүх соёлын дурсгалууд. УБ.,1993 он, 51-р тал.

Сэр-Оджав Н, Баяр Д. 1979-1980 оны Хархорумын шинжилгээний ангийн тайлан. ТХГБС.

Сэр-Оджав Н, Баяр Д, Энхбат Б. "Хархорум, Хар Хул хааны балгасыг малтсан 1981-1982 оны тайлан" АХГБСХ.

Цэвээндорж Д, Баяр Д, Цэрэндагва Я, Очирхуяг Ц. Монголын археологи. УБ.,2002 он, 236–р тал.

Энхбат Б. Хархул хааны балгасыг судлаж байгаа нь. // АС.Т11.Ф13. УБ.,1986 он.

Provisional report of researches on historical sites and inscriptions in Mongolia from 1996 to 1998. Edited by Takao Moriyasu and Ayudai Ochir.

① Д.Клеменц. Археологический дневник поездки в Среднию Монголию в 1891 г. Сборник трудов Орхонской экспедици. Т.2, СПб.,1895 Атлас древностей Монголии. СПб.,1892.Taf.LXVIII,Taf LXI
② Ц.Доржсүрэн. "1956-1957 онуудад Архангай аймгийн нутагт археологийн шинжилгээ хийсэн нь" Археологийн судалгаа. (Эрдэм шинжилгээний бүтээлийн эмхэтгэл). УБ.,2003 он, 109-125-р тал
③ Б.Энхбат. Хархул хааны балгасыг судлаж байгаа нь. АС.Т11.Ф13.УБ.,1986
④ Т.Санжмятав. Архангай аймгийн нутаг дахь түүх соёлын дурсгалууд. УБ.,1993 51-р тал

宫殿基址
Барилгын туурь

柱础排列情况
Барилгын туурь

МОНГОЛЫН ЭЗЭНТ ГҮРНИЙ ҮЕ ● 蒙元文化遗存

岛亦特古城遗址

编号05048。地理位置为东经102°31′55″、北纬47°32′27″。城址位于后杭爱省奥给诺尔苏木境内。遗址北部向下可见岛亦特湖，南部为查干河。遗址四周有围墙，基本呈长方形状。北城墙较为特殊，西北角及东北角各有一个宽约3～4米的通道，中部有五个宽约9米的通道，在这些通道之间形成六个长约24.5、宽约19.5米的长方形台基，每个台基上面都有大小不一、形状不甚规整的凹坑，最大的台基面积为45×60米[①]。东城墙从北端向南30米处可见一条宽约6米的通道，该墙总长120米，与南城墙不相连。东城墙南部约有70米的空缺，南城墙东部约有30米的空缺。中心夯土台基四角有立柱，以柱子为边，边长为41米；以立柱靠里的柱础石为边，边长为35米。中心台基两侧可见较小的夯土台基，约6～7米见方，四角亦有柱础石。南城墙外有一些突起的土包，性质不明。城内地表可见瓷片、瓦片等，该遗址考古界认定为窝阔台汗夏宫遗址。

Дойтын балгас

GPS-ийн байрлал: N 47°32′27″, E 102°31′55″, Alt 1397м

Холбогдох он цаг: Монголын үе (XIII-XIY зуун)

Харъяалагдах засаг захиргаа: Архангай аймгийн Өгийнуур сум

Уг хотыг Дойт хэмээх алсын бараа сайн харагдах жижиг толгойн тэгш оройд байгуулжээ. Энд буй хамгийн том барилгын туурь нь 45 х 60 м хэмжээтэй[①]. Урд талдаа хэрэмтэй, баруун, зүүн, хойд талаараа барилгаар хүрээлэгдсэн байсан бололтой. Нийтдээ 20 орчим барилгын ул мөр байна. Эндээс гарч буй дээврийн ваар, тоосго нь Хар хорум хотын Өгөдэй хааны ордныхтой адил бөгөөд судлаачид уг хотыг Өгөдэй хааны "Зуслан орд" мөн болов уу гэж үздэг.

Холбогдох ном зохиол:

Монгол нутаг дахь түүх соёлын дурсгал. // Сэдэвчилсэн лавлах. УБ.,1999 он.

Уртнасан Н. Түмэн дурсгалт Орхоны хөндий. // Дэлхийн өв. УБ.,2005 он, 65-66-р талууд.

建筑台基与围墙
Шороон далан

Цэвээндорж Д, Баяр Д, Энхбат Б, Цогтбаатар Б. Хар хорум төслийн 1996 оны хээрийн шинжилгээний тайлан. УБ.,1996 он, АХГБСХ.

Рашид-Ад-Дин. Сборник летописей. М-Л.,1946-1952

---

① Монгол нутаг дахь түүх соёлын дурсгал. // Сэдэвчилсэн лавлах. УБ.,1999 он.

柱础
Баганы чулуун суурь

石柱
Чулуун багана

特莫朝鲁山谷一号遗址

编号05057。地理位置为东经102°35′48″、北纬47°11′58″。居址遗址位于后杭爱省浩腾特苏木境内，四面环山，仅有小路可从山间通过。遗址布局较为规整，基本呈长方形，一般为石块垒成四条间距约20厘米的火道，一侧可见石块垒砌的圆形灶台及灶坑，另一侧为烟道所在。房址面积长约4米、宽约1.5~2米，灶坑直径约1.5米。基本呈两排分布，大小相当。部分有被盗掘的痕迹。目前未曾对特莫朝鲁山谷一号、二号遗址进行详细的研究，考古界尚未确定其所属准确年代及性质，蒙古国有的学者认为是青铜时代遗存。

Тэмээн чулууны ам, Уртын эхний дурсгал

GPS-ийн байрлал: N 47°11′58″, E 102°35′48″, Alt 1664м

Холбогдох он цаг: Монголын үе (XIII-XIУ зуун)-д холбогдох бололтой.

Харъяалагдах засаг захиргаа: Архангай аймгийн Хотонт сум

Гонзгой дөрвөлжин хэлбэрийн чулуун дараастай, цуварч байрласан олон байгууламжууд байна. Тэдний зарим байгууламж нь чулуу өрж, тусгаарласан тасалгаатай, ханзны чулуун өрлөгтэй төстэй харагдана. Тэдгээрийн заримыг хэмжиж үзвэл урт нь 4 м, өргөн нь 1.5-2 м, аж. Эндээс тэрэгний цөнгийн хугархай олдож байна.

建筑基址
Чулуун байгууламжууд

遗址概况
Тэмээн чулууны дурсгал

特莫朝鲁山谷二号遗址

　　编号05059。地理位置为东经102°35′48″、北纬47°12′55″。位于后杭爱省浩腾特苏木境内，与特莫朝鲁山谷一号遗址其相近。遗址地表为长方形石筑基址，呈两排分布，每排约有20~30座石砌炕道的遗迹，两排之间有5~6米的间距。每座基址之间间距约2~3米，居址大小均在6米长、2米宽的范围之间。南面为圆形的灶，北面为烟道。其中一座炕道的平面形状呈"川"字形。

建筑遗迹
Чулуун байгууламжууд

火炕遗迹
Чулуун байгууламжууд

МОНГОЛ УЛСЫН НУТАГ ДАХЬ АРХЕОЛОГИЙН ХАЙГУУЛ СУДАЛГАА
蒙古国古代游牧民族文化遗存考古调查报告

Тэмээн чулууны өвөр дэх чулуун байгууламжууд

GPS-ийн байрлал: N 47°12′55″, E 102°35′48″, Alt 1650м

Холбогдох он цаг: Монголын үе (XIII-XIY зуун)-д холбогдох бололтой.

Харъяалагдах засаг захиргаа: Архангай аймгийн Хотонт сум

Хоёр гурван эгнээ болон цувж байрласан, эгнээ тус бүрд 20-30 орчим гол төлөв гонзгой дөрвөлжин хэлбэртэй, чулуун байгууламжуудтай. Эгнээ хоорондоо 5-6 м зайтай оршино. Тэдгээрээс нэг байгууламжийг хэмжиж үзвэл 6х2 м хэмжээтэй байна. Дийлэнхи нь гонзгой дөрвөлжин хэлбэртэй боловч зарим нь тэгш дөрвөлжин хэлбэртэй бөгөөд бага зэрэг овгор аж. Чулуун байгууламжууд нь хажуу хоорондоо дунджаар 2-3 м зайтай.

蒙 元 文 化 遗 存

杭爱韶布呼障城遗址

编号05065-2。地理位置为东经102°36′21″、北纬46°59′31″。城址位于前杭爱省呼基尔特苏木境内鄂尔浑河北岸的山坡之上，三面环山，一面临水。山坡以下较为平缓的地表可见一座石块垒砌而成的蒙元时期的障城遗址，障城北墙及西墙均长35米，东、南墙相互错开形成具有防御性的城门，东墙长约27米，南墙向东延伸约30米处再向北延伸约21米，从而在东南角形成一个宽约4米的城门。

Ханангийн шовх уул (Хоёр майхны ам)- ын өвөр дэх чулуун байгууламж

GPS-ийн байрлал: N 46°59′31″, E 102°36′21″, Alt 1554м

Холбогдох он цаг: Холбогдох он цаг нь тодорхойгүй.

Харъяалагдах засаг захиргаа: Өвөрхангай аймгийн Хужирт сум

Орхон голын хойд эрэгт, гурван талаараа уулсаар хүрээлэгдсэн, уулын бэлд 20 орчим дугуй болон дөрвөлжин хүрээтэй хиригсүүр байна. Мөн дөрвөлжин хэлбэрийн чулуун далантай байгууламж байна. Түүний хойд болон баруун хэрэм нь 35 м урт, зүүн хэрэм нь 27 м урт аж. Хэрмийн үүдэвч нь зүүн өмнө талдаа бөгөөд дотогш эргэсэн. Хэрмийн өргөн 4 м байна. Уг дурсгалын холбогдох цаг үе хийгээд эзэн холбогдогсод нь тодорхойгүй.

障城遗址
Ханангийн шовх уулын чулуун байгууламж

哈剌和林古城遗址

编号05072。地理位置为东经102°50′35″、北纬47°12′13″。位于前杭爱省哈剌和林苏木境内额尔德尼召北部的草原之上，地势平坦，西部不远处即为鄂尔浑河。日本考古队曾对该城进行过测量。城址为不规则的长方形，长约1000米、宽约800米，最长处达1200米。城内地表散布大量砖瓦以及陶瓷残片，瓷片可见有白瓷、钧瓷以及龙泉窑青瓷等。城内高台建筑较多，城墙保存较低。城内较为重要的建筑遗迹是被称作"窝阔台宫殿基址"的一座夯土高台基，发现八排八列大型石柱础，且可见地面有烧土痕迹。在城址内中心区发现了十字大街以及街道两旁布局规整的房址。在城内发现两座龟趺，是较为重要的遗物。在城东距城墙约150米处曾发现有向城内输送水的水渠遗迹。城外北部距北城墙约80米处，发现一片伊斯兰教徒的墓地，整个面积约40米×40米[①]，地表散落涂有蓝色颜料的砖块残片，曾发掘过三座墓葬。目前德国考古所和德国柏林大学在城内正在进行考古发掘工作。

Хар хорум хотын туурь

GPS-ийн байрлал: N 47°12′13″, E 102°50′35″, Alt 1468м

Холбогдох он цаг: Монголын үе (XIII-XIY зуун).

Харъяалагдах засаг захиргаа: Өвөрхангай аймгийн Хархорин сум

Хар хорум хотыг Чингис хааны зарлигаар байгуулсан бөгөөд Өгөдэй хааны үед 1235 оноос өргөтгөн барьжээ. Өгөдэй хааны Түмэн амгалант орд гадуураа хэрэмтэй, гол барилга нь тусгайлан зассан өндөр довжоон дээр барьсан томоохон өргөө байсан байна. Энд 1948-1949 онд С.В.Киселев, Х.Пэрлээ нар малтлага хийж, ордныг ногоон паалан шалтай, ногоон, шар, улаан өнгийн паалантай вааргаар дээврэлсэн байсан хэмээн үзсэн. Ордны үүдэнд Франц дархан Вильгелм де Бушегийн урласан орой дээрээ бишгүүр үлээсэн далавчит Лха тэнгэрийн дүртэй мөнгөн мод байсан бөгөөд найр наадмын үед бишгүүр дуугаран дөрвөн зүг хандуулсан дөрвөн арслангийн амнаас дөрвөн төрлийн тансаг амттан гоождог байсан гэдэг. 1978-1985 онуудад археологич Д.Цэвээндорж, Д.Баяр, Б.Энхбат нарын судлаачид бага хэмжээний малтлага хийжээ. 1999 оноос өнөөг хүртэл Монгол-Германы хамтарсан "Хархорум" төслийн археологичид судалгаа хийж байна. ШУА-ийн Археологийн хүрээлэн, ХБНГУ-ын Археологийн Хүрээлэн, Бонны Их Сургуультай хамтарсан энэхүү төслийн үр дүнд ваар сав шатааж байсан тоосгон зуух, бурхны шашны холбогдолтой шавар эдлэлүүд, Аюуширидар хааны нэртэй хүрэл тамга, дөрвөлжин үсэгтэй болон хятад үсэгтэй зоосууд, шаазан эдлэлүүд, анжисны төмөр хошуу, алтан бугуйвч, хүрэл толь, тэрэгний цөн, элдэв барилгын материалууд зэрэг олон зуун олдворуудыг олжээ. Хар хорум хотод газар газраас ирсэн олон үндэстэн, ястнууд зэрэгцэн амьдарч өөрсдийн ажил төрөл, худалдаа арилжаагаа эрхлэн явуулдаг байсан байна.

Холбогдох ном зохиол:

Амар А. Монголын товч түүх.УБ.,1989 он

Баяр Д. Хар Хорумын судалгаа шинэ шатанд гарлаа. // "Таван ухаан" сэтгүүл, 1999. XI, XII сар, №9 (29).

Bayar D. Research into the old Mongolian capital Karakorum. // Sky Land. The inflight magazine of MIAT Mongolian Airlines. №3, 2001, pp.12-13.

Баяр Д. "Хар Хорум хотын турийг иж бүрэн археологийн судалгаа хийж нээлттэй музей байгуулах" // "Орхоны

古城遗址远景
Хархорин хот, Эрдэнэзуу хийд

хөндийн соёлын дурсгалт газар дахь дурсгалуудын хадгалалт, хамгаалалт, түүний менежмент"-төслийн саналууд. Үндэсний семинар. УБ., XI-17, 2002.

Баяр Д. Орхоны хөндийн соёлын дурсгалт газрын археологийн үнэ цэнэ, ач холбогдол, менежментийн зорилтууд. // Дэлхийн өв-Орхоны хөндийн соёлын дурсгалт газрын менежмент. Үндэсний семинар. Хархорин, 2002, тал 25-28.

Баяр Д. Монгол-Германы Хар Хорум Экспедицийн 2000 оны хээрийн шинжилгээний тайлан (KAR-1). УБ., 2000, ШУА-ийн АХГБСХ.

Баяр Д. Болдхуяг Д. Монгол-Германы Хар Хорум Экспедицийн 2002 оны хээрийн шинжилгээний тайлан (KAR-1). УБ., 2002, ШУА-ийн АХГБСХ.

Баяр Д, Эрдэнэбат У. Монгол-Германы хамтарсан "Хархорум" төслийн хээрийн шинжилгээний ангийн тайлан. УБ.,1999, ШУА-ийн АХГБСХ.

Баяр Д, Эрдэнэбат У. Их Монгол улсын нийслэл Хар хорум хотыг археологийн талаар судалсан нь. // АС.Т.21, УБ.,2003 он.

Баяр Д, Эрдэнэбат У. Их Монгол улсын нийслэл Хар Хорум хотыг археологийн талаар судалсан нь. // Археологийн судлал, УБ., 2003, т.XXI.

БНМАУ-ын түүх, I боть УБ.,1966 он, УБ.,1984 он.

蒙元文化遗存

Войтов В.Е. Хроника археологического изучения памятников Хушо Цайдам в Монголии (1889-1958) // Древние культуры Монголии. – Новосибирск.,1985 г 114-136 стр.

Далай Ч. "Монголын түүх" (1260-1388) III. УБ.,1992 он.

Далай Ч. "Өгэдэй хаан ба Хархорум хот" "Mongolica "An intarnational annual of Mongol studies, Volume 5"/26/, Уб.,1994 он, 18-23-р талууд.

Дамдинсүрэн А, "Монголын зэвсгийн товч түүх" УБ.,1990 он.

Данилов С.В. Города в кочевых обществах центральной Азии. Улан-Удэ.,2003 г. 74-76 стр.

Dorjsuren Ts.Karakorum is the Ancient Capital of Mongolia. UB.,1959.

Доржсүрэн Ц. Изучение историко-археологических памятников Монголии. // Археологийн судалгаа. (эрдэм шинжилгээний бүтээлийн эмхэтгэл) УБ.,2003 он, 97-102-р талууд.

Жиовани дэ Плано Карпини. Монголчуудын түүх, Гильом де Рубрук. Дорно этгээдэд зорчсон минь. УБ.,1988 он

Жувейни А, "Дэлхийг байлдан дагуулагчдын түүх" Өвөр Монголын Соёлын Хэвлэлийн хороо. 1989 он.

Киселев С.В. Каменная черепаха, <<бежавшая>> из Каракорума. Археологические сборник Монголии. Москва.,1962 г, стр 65-67.

Киселев С.В. Мерперт Н.Я. "Ремесленно - торговые кварталы Каракорума" В книге Древнемонгольские города" М. 1965 г. Стр -178.

Киселев С.В. Древние города Монголии. СА. №2, 1957 М.,1966 он.

Киселев С.В, Евтюхова Л.Я, Кызласов Л.Р, Мерперт Н.Я, Левошова В.П. Древние Монгольские города. М.,1966 г.

Киселев.С.В "Древние города Монголий. Советская Археология 1957 г, №2.

Klaus Sagaster. Die mongolische Haupstadt Karakorum. Beitrage zur allgemeinen und vergleichende Archäologie. Band 19, Mainz, 1999, p.113-128.

Майдар Д. Монголын архетиктур ба хот байгуулалтын тухайд. Уб.,1972 он

建筑台基
Хархорум хотын туурь

城内道路遗迹与额尔德尼召
Хархорум хотын гудамж

德国考古队清理的宫殿基址
Ордны малтлага

№31.(215).

Майдар Д. Чингис хаан ба Монголын их гүрэн. УБ.,1990 он.

Марко Поло. Орчлонгийн элдэв сонин. УБ.,1987 он.

Минерт Л.К. Древнейшие памятники Монгольского монументального зодчества. // Древние културы Монголии.

Новосибирск.,1985 г, 184-209 стр.

Монгол нутаг дахь түүх соёлын дурсгал. УБ 1999 он.

Монгол – Германы Хархорум экспедицийн 2000, 2001 оны тайлан.

龟趺
Мэлхий чулуу

Мөнхбаяр Л. Хархорумаас олдсон тамганы нангиад бичээсийн талаарх нэгэн санал. // Археологийн судлал, УБ., 2003, т.XXI, fasc.13.

Наваан Д. Хар хорин. УБ.,1959 он.

Наваан Д. Клад железных предметов из Хара-хорина. // Археологические сборник Монголии. Москва.,1962 г, стр 63-64.

Өлзий Ж. "Монголын түүхийн дурсгалт Хара-Хорум, Эрдэнэ-зуу, Амарбаясгалантын түүх" УБ.,1998 он.

Плано Карпини "Монголчуудын түүх" УБ.,1988 он.

Пэрлээ Х. Монгол орны археологийн шинжилгээний товч тойм. УБ.,2001 он, 197-208-р талууд.

Пэрлээ Х. Некоторые вопросы истории оседлости в Монголии в свете археологии. // Эрдэм шинжилгээний өгүүллүүд. II. Уб.,2001 он, 10-17-р талууд.

Пэрлээ Х. XII-XIII зууны үеийн тулгат тогоо. // Эрдэм шинжилгээний бүтээлийн эмхэтгэл. УБ.,2001 он, 116-118-р талууд.

Пэрлээ Х. Монголын гурван тулгат ширмэн тогоо. (XIII-XIY зуун) // Эрдэм шинжилгээний өгүүллүүд-II. УБ.,2001 он, 245-252-р талууд.

Пэрлээ Х. Их тэрэгний том цөнгууд. // Эрдэм шинжилгээний өгүүллүүд-II. УБ.,2001 он, 253-254-р талууд.

Пэрлээ Х. Монголын эртний нүүдэлчдийн металлурги боловсруулалтын асуудалд. // Эрдэм шинжилгээний өгүүллүүд – II. УБ.,2001 он, 272-р тал.

Пэрлээ Х. Эрдэнэ зуугийн хийдийн Харахүрмэ хэмээх балгас. // Эрдэм шинжилгээний өгүүллүүд-I. УБ.,2001 он.

Пэрлээ Х.Монгол тэрэгний тухай. // Эрдэм шинжилгээний өгүүллүүд - II. Уб.,2001 он, 350-р тал.

Пэрлээ Х. К вопросу о древней оседлости в Монгольской Народной Республике. // Эрдэм шинжилгээний өгүүллүүд. II. Уб.,2001 он, 343-347-р талууд.

Пэрлээ Х.Каракорумын чулуучны мөр. // Эрдэм шинжилгээний өгүүллүүд-II. УБ.,2001 он, 217-218-р талууд.

Пэрлээ Х. Монголын эртний түүхийн асуудалд. УБ.,1956 он, 1-9-р талууд.

Пэрлээ Х. К истории древних городов и поселений в Монголии. // Эрдэм шинжилгээний өгүүллүүд. II. Уб.,2001 он, 334-336-р талууд.

Пэрлээ Х. Монгол ард улсын эрт дундад үейин хот суурины товчоон. УБ.,1961 он, 83-87, 98-100, 114-118 -р талууд.

Сумъяабаатар Б. Хар Хорины тамганы бичээсийг тайлан уншсан нь. // Шинжлэх Ухааны Академийн Мэдээ, УБ., 2002.

Сэр-Оджав Н. Хар хорум хотыг малтан шинжилж буй нь. // Эрдэм шинжилгээний өгүүлэл, илтгэлийн эмхэтгэл. УБ.,2003 он.

Сэр-Оджав Н, Баяр Д. 1979-1980 оны Хар хорины шинжилгээний ангийн тайлан.

Сэр-Оджав Н. Археологические исследования в Монгольской Народной Республике. // Монгольскии Археологический Сборник. Москва.,1962 г, 5-6 стр.

Сэр-Оджав Н. Эртний Түрэгүүд. УБ.,1970 он, 12-р тал.

Сэр-Оджав Н, Баяр Д, “Хархорумын шинжилгээний ангийн 1976 оны тайлан” АХГБСХ.

Сэр-Оджав Н, Баяр Д, “Хархорумын шинжилгээний ангийн 1978 оны тайлан” АХГБСХ.

Сэр-Оджав Н, Баяр Д “Хархорумын шинжилгээний ангийн 1979 оны тайлан” АХГБСХ

Сэр-Оджав Н, Баяр Д, Энхбат Б. “Хархорум, Хар Хул хааны балгасыг малтсан 1981-1982 оны тайлан” АХГБСХ.

Төрбат Ц. Хархорумын монгол бичээсийн талаар дахин өгүүлэх нь. // ТС. Т. 30, f. 8. УБ.,1997 он.

龟趺
Мэлхий чулуу

Хоролдамба Д. Монголчууд Дэлхийн нийслэлийг байгуулсан нь. Уб.,2002 он.

Уртнасан Н. Түмэн дурсгалт Орхоны хөндий. // Дэлхийн өв. УБ.,2005 он, 89-98, 127-129-р талууд.

Hogolboon Lhagvasuren. "Ancient Kara-Korum" UB.,1995.

Цэвээндорж Д. Хархорум хот. Mongolia's tentative list. Cultural and natural heritage. UNESCO 1996.

Цэвээндорж Д, Баяр Д, Цэрэндагва Я, Очирхуяг Ц. Монголын археологи. Уб.,2002 он, 229-236–р талууд.

Шираши. Чингис хааны археологи. (Япон хэлээр) 2001 он.

Эрдэнэбат У. Монгол-Германы Хар Хорум Экспедицийн 2000 оны хээрийн шинжилгээний тайлан (KAR-2). УБ., 2000, ШУА-ийн АХГБСХ.

Эрдэнэбат У. Монгол-Германы Хар Хорум Экспедицийн 2001 оны хээрийн шинжилгээний тайлан (KAR-2). УБ., 2001, ШУА-ийн АХГБСХ.

Эрдэнэбат У. Монгол-Германы Хар Хорум Экспедицийн 2002 оны хээрийн шинжилгээний тайлан (KAR-2). УБ., 2002, ШУА-ийн АХГБСХ.

Эрдэнэбат У, Номгуунсүрэн Г, Мөнхбаяр Л, Хүрэлсүх С. Монгол-Германы Хар Хорум Экспедицийн 2003 оны хээрийн шинжилгээний тайлан (KAR-2). УБ., 2003, ШУА-ийн АХГБСХ.

Эрдэнэбат У. Их Монгол улсын нийслэл Хар Хорум хотыг археологийн талаар судалсан нь. // "Манай Монгол" сэтгүүл. УБ., 2000 № 4.

Erdenebat Ulambayar-Helmut R.Roth Bonn Contributions to Asian Archaeology. Vol.1, 2002. Co-Editors: Ernst Pohl-Eva Nagel. Institute of Pre-and Early Historical Archaeology. Bonn University. Associate Member of the Center for Asian Studies Bonn CASB.

Эрдэнэбат У. Хар Хорумаас шинээр олдсон нэгэн тамганы тухай. // Шинжлэх Ухааны Академийн Мэдээ, УБ., 2002, №1, 52-56-р талууд.

Эрдэнэбат У. Хар Хорумын шаазан эдлэлийн хоёр даршийг судалсан тухай. // Археологи, антропологи, угсаатан судлал. // МУИС. НУФ. Эрдэм шинжилгээний бичиг. УБ., 2002, №187 (13), 3-27-р талууд.

Эрдэнэбат У. Эртний Хар Хорум хотын турийн хадгалалт, хамгаалалтын шаардлага, менежментийн зорилтууд. // Дэлхийн өв-Орхоны хөндийн соёлын дурсгалт газрын менежмент. Үндэсний семинар. Хархорин, 2002, 56-58-р талууд.

Wolfgang W.Wurster. Bericht uber die Tatigkeit der Kommission fur Allgemeine und Vergleichende Archalogie des Deutschen Archaologischen Instituts im Jahp 1998. Beitrage zur allgemeinen und vergleichende Archdologie. Band 19, Mainz, 1999, p.383-402.

Wolfgang W.Wurster. Bericht uber die Tatigkeit der Kommission fur Allgemeine und Vergleichende Archalogie des Deutschen Archaologischen Instituts im Jahp 1999. Beitrage zur allgemeinen und vergleichende Archdologie. Band 20, 2000, p.295-297.

Ньttel H.G.. Das Zerbrochene bergen. Die Mongolisch-Deutsche Karakorum-Expedition. Mongolische Notizen. Band 9, 2000, p.40-44.

Qara Qorum-City (Mongolia). I, Preliminary report of the excavations 2000-2001. Editors: Helmut Roth R.-Ulambayar Erdenebat. Co-editors: Ernst Pohl-Eva Nagel. // Bonn Contributions to Asian Archaeology. Vol. 1, 2002. Institute of Pre-and Early Historical Archaeology Bonn University. Associate Member of the Center for Asian Studies Bonn CASB. Bonn, 2002, 83 pp. 21 plates.

Qara Qorum-City (Mongolia). Preliminary report of the excavations 2000-2001. Editors: Helmut
Roth R.-Ulambayar Erdenebat. Co-editors: Ernst Pohl-Eva Nagel. // 2nd revised and enlarged. Edition-Bonn, 2002, 122 pp. 21 plates.

Diplomarbeit der Fachhochschule Karlsruhe Fachbereich Geoinformationswesen Studiengang Vermessungswesen Von Susanne Kuehn und Michael Tisler. Erstellung eines Digitalen Gelaendemodells im Gebiet von Karakorum

(Mongolei) dirch topographische Gelaendeaufname sowie analytische und digitale Liftbildauswetung. Karlsruhe, im Maerz 2000.

Programm-Entwicklung und Geomagnetische Prospektion in Karakorum (Mongolei) von Roger Renner. Diplomarbeit in Physik angefertigt im Institut für Strahlenund Kernphisyk. vorgelegt der Mathematisch-Naturwissenschaftlichen Fakultät der Rheinischen Friedrich-Wilhelms-Universität Bonn, im Juni 2000.

Mommsen H, Jansen F, Renner R. Geomagnetische Prospektionsmethoden in Karakorum, Mongolei. Archaologisches Zellwerk, Beitrage zur Kulturgeschichte in Europa und Asien. Festschrift fur Helmut Roth zum 60. Geburstag, (Ed.Ernst Pohl, Udo Recker, Claudia Theune) (2001).

Мэлхий чулуу

GPS-ийн байрлал: N 47°12′13″ , E 102°51′35″, Alt 1454м

Холбогдох он цаг: Монголын үе (XIII-XIY зуун).

Харъяалагдах засаг захиргаа: Өвөрхангай аймгийн Хархорин сум

Эрдэнэ зуу хийдийн баруун өнцгийн чигт 300 м зайд чулуугаар сийлсэн том яст мэлхий байдаг бөгөөд түүний нуруун дээр гэрэлт хөшөө суурилуулах углууургатай. Бид Эрдэнэ зуу хийдийн баруун болон зүүн хойд талд байсан мэлхий чулууг бас очиж үзсэн юм. Зүүн талд буй мэлхий нь толгойгоо сунган урагш мөлхөж буй мэт дүрслэлтэй. Мэлхийний толгой, дөрвөн хөл, хуяг, зэргийг нарийн чадварлаг, сайн сийлсэн бөгөөд нуруун дээр нь гэрэлт хөшөө суулгах эм углуурга гаргажээ.

古城地表出土的青花瓷残片
"Чин хуа" шаазангийн хагархай

Холбогдох ном зохиол:

Album of the Turkish Monuments in Mongolia. Ankara.,2001

Майдар Д. Чингис хаан ба Монголын их гүрэн. УБ.,1990 он. 75-80-р талууд.

Уртнасан Н. Түмэн дурсгалт Орхоны хөндий. Дэлхийн өв. УБ.,2005 он, 72-73-р талууд.

Шираши. Чингис хааны археологи. (Япон хэлээр) 2001 он.

Лалын шашинтны оршуулга

GPS-ийн байрлал: N 47°12′22″, E 102°50′34″, Alt 1454м

Холбогдох он цаг: Монголын үе (XIII-XIY зуун)

Харъяалагдах засаг захиргаа: Өвөрхангай аймгийн Хархорин сум

Хархорум хотын шороон хэрмийн баруун хойд өнцгөөс 80-аад метр зайд орших бөгөөд анх харахад оршуулга гэмээр зүйлгүй, хааш хааш 40-өөд м дөрвөлжин далан бүхий барилгын үлдэгдэл гэмээр зүйл байжээ[①]. Эндээс нийт 37 булш илрүүлснээс 13 нь насанд хүрсэн хүнийх, үлдсэн нь хүүхдийнх байжээ. Оршуулгын зан үйлийн хувьд нэгэн ижил, газрын өнгөн хөрснөөс 40-138 см-ийн гүнд, толгойг нь хойд зүг хандуулан, баруун зүг ялимгүй эргүүлэн тавьж оршуулжээ. Их биеийг гэдрэг харуулан тавихын хамт зарим тохиолдолд бага зэрэг хажуулдуулан хоёр хөлийг хагас нугалан оршуулсан байжээ. Бүх булш модон австай, ихэнхдээ ёроолгүй, банзаар дөрвөлжин хүрээ хийж тагласан байлаа. Эд өлгийн зүйл дагалдуулалгүй, зөвхөн нэг хүүхдийн булшинд 2 тахианы өндөг хийсэн байжээ.

古城出土的汉文碑刻
Хархорумаас шинээр олдсон гэрэлт хөшөөд

蒙古国古代游牧民族文化遗存考古调查报告

МОНГОЛ УЛСЫН НУТАГ ДАХЬ АРХЕОЛОГИЙН ХАЙГУУЛ СУДАЛГАА

古城西北角的伊斯兰墓地
Лалын шашинтны оршуулгын орчим

Холбогдох ном зохиол:

Войтов В.Е. Могильники Каракорума // АЭАИМ. Новосибирск. 1990 г.

Монгол нутаг дахь түүх соёлын дурсгал. УБ.,1999 он.

Уртнасан Н. Түмэн дурсгалт Орхоны хөндий. Дэлхийн өв. УБ.,2005 он, 101-102-р талууд.

① Хоролдамба Д. Монголчууд Дэлхийн нийслэлийг байгуулсан нь. Уб.,2002 он тал 99-100

莫力黑陶勒盖古城遗址

编号05070。地理位置为东经102°51′04″、北纬47°10′51″。位于前杭爱省哈剌和林苏木东南部一个山坡之上，城址方向为北偏东30度，东西长约38.7米、南北长约47.7米，夯土围墙，中心可见夯土台基。门东向，在该城的东部还连接有一个大小相当的四方城，中心亦可见夯土台基，且可见一个蒙元时期的龟趺。

Мэлхий толгой

GPS-ийн байрлал: N 47°10′51″, E 102°51′04″, Alt 1604м

Холбогдох он цаг: Монголын үе (XIII-XIY зуун)

Харъяалагдах засаг захиргаа: Өвөрхангай аймгийн Хархорин сум

Хархориноос зүүн урагш, жижиг толгой дээр 38.7 х 48.7 м орчим хэмжээтэй, дагтаршуулсан шороон хэрэмтэй, төвдөө шороон овгортой, зүүн талдаа, жижиг хэрэмтэй. Хэрмийн хаалгыг ашиглан, түүнтэй залган ижилхэн хот байгуулсан нь дотроо мөн шороон овгоруудтай.

龟趺
Мэлхий чулуу

城址概况
Мэлхий толгой дээрхи хот

Холбогдох ном зохиол:

Х.Пэрлээ. Монгол Ард Улсын эрт, дундад зууны хот суурины товчоон. УБ.,1959 он.

С.В.Киселев. Древние Монгольские города. М.,1966 г.

Монгол нутаг дахь түүх соёлын дурсгал. УБ.,1999 он.

Шираши. Чингис хааны археологи. (Япон хэлээр) 2001 он.

蒙
元
文
化
遗
存

阿布日嘎宫殿遗址

　　编号05077。地理位置为东经109°09′41″、北纬47°05′45″。位于肯特省德勒格尔汗苏木境内辛刻勒其克山与道郎保勒达格之间的草原上，克鲁伦河的一条小的支流阿布拉嘎高勒从遗址南边流过。遗址北部有1990年所建的纪念《元朝秘史》成书750周年纪念碑，据考证该书于1240年在此地写成，该遗址亦被认为是成吉思汗的大斡尔朵所在地。遗址中夯土台基很多，大约有100多座，四周可见城墙遗迹。上世纪50年代，蒙古国考古学家普日莱对西南方向的一个夯土台基进行了发掘工作，发现了成排的柱础石，并认为该处为中心宫殿基址。近年来日本考古队对其中一个偏东部的夯土台基进行了发掘，发现三个文化层，第三层与第二层均可见房址，第二层所见房址较小，最上一层仅见柱础石。日本考古学者也由此认为该处是中心宫殿，即成吉思汗的大斡尔朵所在。同时，日本学者还对东南部近河处进行了探测，发现了冶铁遗迹，并进行了试掘。另外又对西北一处台基进行了试掘，清理出几座小孩的墓葬。日本考古队在发掘中测出了遗址使用的三个年代，分别为1190、1220和1250年。蒙古国考古学者认为这里是成吉思汗第三次称汗的地方，具体年代应在第二次称汗的1206年之后。

工作现场
Дурсгалыг судалж байгаа байдал

遗址远景
Аваргын балгасны орчим

Аваргын балгас

GPS-ийн байрлал: N 47°05′45″, E 109°09′41″, Alt 1194м

Холбогдох он цаг: Монголын үе (XIII-XIY зуун)

Харъяалагдах засаг захиргаа: Хэнтий аймгийн Дэлгэрхаан сум

Хэнтий аймгийн Дэлгэрхаан сумын нутаг, Аваргын голын хойд хөвөөнд оршино. Аваргын балгасыг Чингис хааны гурван ордны нэг Их орд бололтой хэмээн судлаачид үздэг. Хойд талаараа салхи хаасан жижиг толгодтой. Уг дурсгал зүүнээс баруун тийш 1200 м, хойноос өмнө зүгт 500 м гаруй талбайг хамарсан бөгөөд олон тооны шороон овгорууд байгаа нь эртний барилгын тууриуд юм.

Энд хийсэн малтлагаар уг хот нь гар урлал, тариалангийн хороолол, шүтээний сүм, орд харш гэсэн үндсэн дөрвөн ерөнхий хэсгээс бүрдэж байсныг тогтоосон бөгөөд шавар ваар, шаазан савны хагархай, анжисны хошуу, малын яс, хүрэл зоос, төмөрлөг хайлуулах зуух, хайлш, төмрийн баас, байшин дулаацуулах чулуун ханз, чулуун билүү, гуранз зэрэг зүйлс гарчээ. Монгол-Японы хамтарсан "Шинэ зуун" төслийн 2001 оны малтлагаар туурь -1 хэмээх талбайгаас хэд хэдэн соёлт давхарга илрүүлсэн байна. Уг барилгын туурь нь хоёр давхаргатай байсны доод талынх нь Чингис хааны үе, дээд талын туурь нь Өгөдэй хааны үед холбогдох боолтой гэж үзсэн. Малтлагаас гарсан олдворууд, хотын төлөв байдал зэргийг харьцуулан үзээд судлаачид уг хотыг Их монгол улсын анхны хотуудын нэг болохыг тогтоосон байна.

Холбогдох ном зохиол:

Данилов С.В. Города в кочевых обществах центральной Азии. Улан-Удэ 2003 г. 86-87 стр.

Майдар Д, Майдар Т. Каменная колонна из Аваргын балгас. // АС. Монголын эртний түүх соёлын зарим асуудал. УБ.,1972 он.

Монгол нутаг дахь түүх соёлын дурсгал. УБ.,1999 он.

Пэрлээ Х. Некоторые вопросы историй кочевой цивилизаций древних монголов. УБ.,1978 г.

Пэрлээ Х. Монголын эртний нүүдэлчдийн металлурги боловсруулалтын асуудалд. Эрдэм шинжилгээний өгүүллүүд – II. УБ.,2001 он, 273-р тал.

Цэвээндорж Д. Archeolocical research. // Монголын археологийн судалгаа. УБ.,2004 он, 169-182-р талууд.

THE AVRAGA SITE. Preliminary Report of the Excavations of the Palace of Genghis Khan in Mongolia 2001-2004. The New Century project Joint Japan Mongolia Archaeological expedition. Kokugakuin University 2005.

Preliminary Report on Japan - Mongolia joint archaeological expedition "New Century project" 2003. Kokugakuin University, Niigata University, Institute of Archaeology Mongolian Academy of Sciences.

Цэвээндорж Д, Баяр Д, Цэрэндагва Я, Очирхуяг Ц. Монголын археологи. Уб.,2002 он, 235-236–р талууд.

Шираши. Чингис хааны археологи. (япон хэлээр) 2001 он.

建筑台基
Аваргын балгасны барилгын туурь

日本考古队发掘过的建筑台基
Барилгын туурь

成吉思汗诞生地遗址

　　编号05085。地理位置为东经111°38′32″、北纬49°03′07″。位于肯特省达达勒苏木境内。据史料记载，成吉思汗出生于斡难河与巴勒吉河交汇之处。成吉思汗诞生地纪念碑树立于达达勒苏木东北部约3公里处的一座叫作德力贡保勒德格的小山坡之上，再往东便是呼日哈河（巴勒吉河）流入鄂嫩河的二河交汇之地。这一带自然环境较好，森林茂密。纪念碑为一块自然石板，上刻有畏吾儿体蒙古文，为成吉思汗生卒年（1162～1227年）、万岁等字样，碑体四周为敖包性质的石堆，山坡下的南部有石圈围绕。再往西部不远处有一股泉水流出，被认为是成吉思汗圣水泉，称作"哈札谷布拉格"，现已用栅栏围绕保护了起来。

Дэлүүн болдог

GPS-ийн байрлал: N 49°03′07″, E 111°38′32″, Alt 982м

Холбогдох он цаг: XII зуунаас одоог хүртэл

Харъяалагдах засаг захиргаа: Хэнтий аймгийн Дадал сум

Чингис хааны мэндэлсэн хэмээдэг энэхүү газар нь Хэнтий аймгийн Дадал сумаас хойш 3 км орчим зайд оршино. Толгойн орой дээр хожим босгосон, монгол бичгээр бичсэн дурсгалын гэрэлт хөшөөтэй.

Холбогдох ном зохиол:

Доржсүрэн Ц. Чингис хааны төрсөн Дэлүүн болдог хаана байна. Уб.,1960 он,

Жамъян О. Дэлүүн болдогийг сурвалжилсан нь. УБ.,1958 он.

Пэрлээ Х. Монголын нууц товчооны газар усны нэрийн тухай урьдчилсан мэдээ. //. ШУС №2-3. УБ.,1948 он

Пэрлээ Х. Монголын нууц товчоонд гардаг газар усны нэрийг хайж олсон нь. // ШУС №2-3. УБ.,1958 он.

Пэрлээ Х. Монгол-Ардчилсан Германы шинжилгээний ангийн ажлын тухай. // SA.T.III, УБ.,1963 он, 69-72-р талууд.

成吉思汗诞生地纪念敖包
Дурсгалын хөшөө

成吉思汗纪念画像
Чингисийн хөшөө

遗址概况
Чингис хааны мэндэлсэн Дэлүүн болдог

成吉思汗圣水泉遗址
Чингис хааны ундаалж байсан хэмээдэг Хажуу булаг

巴音高勒元代城址

编号05055。地理位置为东经102°42′02″、北纬47°16′19″。位于后杭爱省浩腾特苏木鄂尔浑河的西岸，南北均为突起的山体。最大的一座城址东西长约100、南北宽约60米，东部可见城门，中心有两个较大的夯土台基，上面有大量元代的砖瓦及少量陶片。还可见到较之略小的四方形小城，中心皆有夯土台基，台基上有大量瓦片，另外有少量的回鹘时期的褐色陶片。

城墙
Шороон хэрэм

城内建筑台基
Хэрмийн доторхи шороон овгор

Баянголын амны дурсгал

GPS-ийн байрлал: N 47°16′19″, E 102°42′02″, Alt 1498м

Холбогдох он цаг: VIII-IX ба XIII-XIV зууны үе

Харъяалагдах засаг захиргаа: Архангай аймгийн Хотонт сум

Архангай аймгийн Хотонт сум, Өвөрхангай аймгийн Хархорин сумын зааг Баянголын аманд шороон хэрэмтэй, голдоо овгор байгууламжтай жижиг барилгуудын үлдэгдэл нэлээд хэд байна. Эндээс тоосго, ваарын хагархай, мөн ногоон паалантай дээврийн ваарын хагархай зэрэг зүйлсүүд олдож байна. Энэ дурсгалыг тусгайлан судлаж амжаагүй байна.

Холбогдох ном зохиол:

Монгол-Хятадын хамтарсан экспедицийн 2005 оны хайгуулын ажлын тайлан. МҮМ-н Номын сан.

Уртнасан Н. Түмэн дурсгалт Орхоны хөндий. Дэлхийн өв. УБ.,2005 он, 57-р тал

Пэрлээ Х. Хуучны дурсгалт зүйлийг сахин хамгаалах дүрмийг биелүүлье. Баянголын балгас. // Эрдэм шинжилгээний өгүүллүүд-I. УБ.,2001 он

蒙 元 文 化 遗 存

达里甘嘎石人遗址

编号06005。地理位置为东经113°51′04″、北纬45°18′09″。位于苏赫巴托尔省达里刚嘎苏木境内，其中两个保存在一起，另外一个在距其约50米的地方，三个石人均没有头。距此约300米处还有一砂岩质地的石人，保存完好。

Даригангийн хүн чулуун хөшөөд

GPS-ийн байрлал: N 45°18′09″, E 113°51′04″

Холбогдох он цаг: Монголын эзэнт гүрний үе (XIII-XIY зуун)

Харъяалагдах засаг захиргаа: Сүхбаатар аймгийн Дариганга сум

Энэхүү дурсгалт газарт 3 ширхэг хүрмэн чулуугаар хийсэн хүн чулуун хөшөөд байна. Тэдгээрийн 2 нь нэг доор, нөгөөх нь тэдгээрээс 50 м зайд оршино. Гурван хөшөөний толгой нь хугархай аж. Баруун гартаа хундага барьсан, исэр сандал дээр суусан, ташаанаасаа хавтага зүүсэн дүрслэлтэй. Хөшөөний гадуур хашаа барьж хамгаалжээ.

Холбогдох ном зохиол:

Д.Баяр. Монголчуудын чулуун хөрөг. УБ.,2002 он.

一、二号石人正面
Хүн чулуу

一、二号石人背面
Хүн чулуу

遗址远景
Даригангийн хүн чулуу

三号石人正面
Хүн чулуу

四号石人正面
Хүн чулуу

塔布陶勒盖石人遗址

编号06006。地理位置为东经112°43′06″、北纬45°06′44″。遗址位于苏赫巴托尔省达里刚嘎苏木境内。蒙古国科学院考古研究所德·巴雅尔教授发掘过该遗址，出土了马骨等遗物。此地共两处石人遗址，其中一处石人的头被打碎放在石人旁边，这是发现唯一的一处保存有原头的石人遗存。距此约500米处有十几座元代的石圈墓葬。

Таван толгойн хүн чулуу

GPS-ийн байрлал: N 45°06′44″, E 112°43′06″, Alt 1070м

Холбогдох он цаг: Монголын үе (XIII-XIY зуун)

Харъяалагдах засаг захиргаа: Сүхбаатар аймгийн Дариганга сум

Монголын хүн чулуун хөшөөдийг доктор Д.Баяр судалжээ. Цагаан гантиг чулуугаар хийсэн, исэр сандал дээр суугаа, гартаа хундага барьсан бөгөөд хөшөөний малгай, дээл хувцасыг нарийн сайн урласан, ур хийц сайтай хөшөө юм.

Холбогдох ном зохиол:

Д.Баяр. Монголчуудын чулуун хөрөг. УБ.,2002 он

遗址概况
Таван толгойн хүн чулуу

一号石人正面
Хүн чулуу

一号石人背面
Хүн чулуу (араас)

一号石人侧面
Хүн чулуу (хажуугаас)

二号石人正面
Хүн чулуу

二号石人背面
Хүн чулуу (араас)

二号石人侧面
Хүн чулуу (хажуугаас)

塔和拉乌苏居住遗址

编号06018。地理位置为东经107°08′15″、北纬45°44′16″。位于中戈壁省古尔班赛汗苏木境内。这处遗址蒙古学者推断是成吉思汗准备攻打西夏时驻扎过的军营遗址，遗址中有两处火炕遗存保存较好，在地表采集的遗物有元代白瓷片、黑瓷片等。

Тахилын усны суурин

GPS-ийн байрлал: N 45°44′16″, E 107°08′15″, Alt 1386м

Холбогдох он цаг: Монголын үе (XIII-XIY зуун)

Харъяалагдах засаг захиргаа: Дундговь аймгийн Гурвансайхан сум

Уг суурин 1 x 1,5 км хавтгай газарт тархсан, хэд хэдэн барилгын тууриудтай. Тэдгээрийн зарим нь халаалтын ханзтай байсан бөгөөд барилгын чулуун суурь дээр түүхий тоосго, модоор барьсан барилгатай байсан бололтой. Барилгууд нийт 3-4 гудамжтай байжээ. Чингис хаан баруун урагш хийсэн аян дайнаар явах замдаа энд түр буудалласан хэмээн нутгийнхан ярилцдаг аж. Энэ орчмын газрын хөрснөөс цагаан, хар шаазан олдож байгаагийн дийлэнхи нь Юан гүрний үед холбогдоно.

火炕遗迹
Халаалтын чулуун ханз

遗址远景
Тахилын усны суурин

Холбогдох ном зохиол:

Монгол нутаг дахь түүх соёлын дурсгал. /сэдэвчилсэн лавлах/ УБ.,1999 он.

Монгол нутаг дахь соёлын үл хөдлөх өвийн хадгалалт хамгаалалт. УБ.,2006 он.

Пэрлээ Х. Краткое сообщение древностях около Их газрын чулуу. УБ.,1951 он

Пэрлээ Х.Монгол Ард улсын эрт, дундад үеийн хот суурины товчоон. УБ.,1961 он.

蒙元文化遗存

8. 明清时期遗存

2005年调查共发现四处北元与清代遗址，其中喇嘛教寺庙三处，岩壁文字一处。三座喇嘛教寺庙皆建于前代古城址之上或周边地区，以建于哈剌和林旧墟之上的额尔德尼召最为典型。这一时期的一些石壁文字遗存，内容亦多与喇嘛教有关，和喇嘛教寺庙一样，它们是藏传佛教在蒙古草原广泛流传的历史见证。

2006年调查的明清时期遗址仅有两处，都是喇嘛教寺庙遗址，这些宗教类遗存，反映了当地居民宗教信仰的实际情况。

VIII. XY-XIX ЗУУНЫ ЭХЭН ҮЕ

Монголын эзэнт гүрэн задран унаж, монголчууд өөр хоорондоо тэмцэлдэн хүчин доройтсоор, XYIII зууны сүүлчээс нүүдэлчин Манж угсаатны байгуулсан Чин улсын харъяанд орсон байна. Энэхүү түүхэн үед Монгол оронд бурхны шашин цэцэглэн хөгжиж, олон тооны сүм хийд байгуулагдах болжээ.

Бид 2005 – 2006 онуудад явуулсан хайгуулын ажлын явцад тухайн цаг үед холбогдох 5 дурсгал, нэгэн хадны бичээсийг үзэж танилцсан. Тэдгээр нь Эрдэнэ зуу хийд, Хар бухын балгас, Төвхөн хийд, Галбын гурван хийд, Сангийн далай хийд болон Бичигт шургуулгын бичээсүүд юм.

哈尔布哈古城寺庙遗址

　　编号05017-2。地理位置为东经103°53′34″、北纬47°52′11″。位于布尔干省达欣其楞苏木境内。寺庙北部有哈尔布哈河，故名。寺庙建于哈尔布哈契丹古城遗址之上，寺庙院墙保存较好，院落布局基本清楚。该寺庙大约始建于16世纪末17世纪初，蒙古、日本联合考古队曾发掘过其中最大的一座院落，出土有法号等遗物。在城北瓮城上保存有一座同时期的覆钵式塔。

Хар бухын балгас

GPS-ийн байрлал: N 47°52′11″, E 103°53′34″

Холбогдох он цаг: XYI -XYII зуун

Харъяалагдах засаг захиргаа: Булган аймгийн Дашинчилэн сум

Хятан улсын үеийн гонзгой дөрвөлжин хэлбэртэй, шороон хэрэм бүхий 4 хаалгатай хотын баруун хойт буланд хэдэн чулуун барилгуудын хэдэн туурь бий. Тэдгээр чулуун барилгууд нь 16-17-р зууны эхэн үед байгуулагдсан бурхны шашны сүм хийдүүд бөгөөд малтлагаар олон тооны бурхан шашны холбогдолтой зүйлс олджээ. Тэрчлэн уг хотоос Монголчуудын бичгийн соёлын гайхамшигт дурсгал болох хусны үйсэн дээр бичсэн ном судруудыг олдсон нь уг сүмийн туурийг судлаачдын дунд ихэд алдаршуулжээ.

Холбогдох ном зохиол:

А.Очир, А.Энхтөр, Л.Эрдэнэболд. Хар бух балгас ба Туул голын сав дахь Хятаны хот суурингууд. УБ.,2003 он

遗址概况
Хар бухын балгасны сүмийн туурь

寺庙内院
Сүмийн туурь

主寺庙遗址
Сүмийн туурь

石塔
Чулуун суварга

寺庙内院
Сүмийн туурь

毕齐格图哈达岩壁文字

  编号05022。地理位置为东经104°18′34″、北纬48°08′02″。遗址位于布尔干省达欣其楞苏木境内，土拉河东向流过，岩刻位于河西的崖壁之上，刻有畏吾儿蒙古文、藏文和汉字等。其中汉字可辨为"敬礼儒童相妙吉祥"等字样。1926年俄罗斯纳·波皮耶发现该遗址并释读了畏吾儿蒙古文[①]。1972年蒙古国学者沙·那楚克道尔基释读了蒙古文[②]。2003年，阿·奥其尔、策·钢图拉嘎等人对蒙古文、藏文、梵文、汉文文字进行了研究并发表了成果[③]。

Бичигт шургуулгын бичээс

GPS-ийн байрлал: N 48°08′02″, E 104°18′34″, UTM

Харъяалагдах засаг захиргаа: Булган аймгийн Дашинчилэн сум

Холбогдох он цаг: XYII зууны эхэн үе

Бичигт шургуулга хэмээх хойшоо харсан хадан цохионы толигор талд монгол, хятад, төвд бичээс бүхий дурсгалт газар оршино. 1926 онд Н.Поппе монгол бичээсийг уншиж галиглан, төвд бичээсийг нийтлүүлсэн[①] бол 1972 онд Ш.Нацагдорж монгол бичээсийг галиглан уншиж нийтлүүлжээ[②], мөн 2003 онд А.Очир, Ц.Гантулга нар монгол, төвд, самгард, нанхиад бичээсүүдийг уншиж, бусад судлаачдын уншсантай харьцуулан өөрсдийн дүгнэлтийг хийсэн байна[③].

石刻文字
Бичигт шургуулгын бичээс

遗址远景
Бичигт шургуулга

Холбогдох ном зохиол:

Н.Н.Поппе. Отчет о поездке на Орхон летом 1926 года. // Предварительный отчёт Лингвистическое экспедиции в северную Монголию за 1926 год. Л.,1929.

Монгол нутаг дахь түүх соёлын дурсгал. // Сэдэвчилсэн лавлах. УБ.,1999 он.

Ш.Нацагдорж. Хадны шинэ бичээс. // Хэл зохиол судлал.Т.10, УБ.,1982 он, тал 145-146

А.Очир. Ц.Гантулга. Бичигт шургуулгын бичээсүүд. // Монголын Шинжлэх Ухааны Академийн Мэдээ. №2. УБ.,2003 он, 20-30-р талууд

① Н.Поппе. Отчет о поездке на Орхон летом 1926 года. // Предварительный отчёт Лингвистическое экспедиции в северную Монголию за 1926 год. Л.,1929, стр 1-6.
② Ш.Нацагдорж. Хадны шинэ бичээс. // Хэл зохиол судлал.Т.10, УБ.,1982 он, тал 145-146
③ А.Очир, Ц.Гантулга. Бичигт шургуулгын бичээсүүд. // Монголын Шинжлэх Ухааны Академийн Мэдээ. №2. УБ.,2003 он, 20-30-р талууд

吐布浑乌拉寺庙遗址

　　编号05067-1。地理位置为东经102°15′20″、北纬47°00′44″。位于前杭爱省呼基尔特苏木杭爱山吐布浑乌拉山峰之上，山顶海拔2200米。城堡在山峰顶部借用自然断崖或用石头垒砌护坡，山峰下台地建有寺庙。

Төвхөн хийд

GPS-ийн байрлал: N 47°00′44″, E 102°15′20″

Харъяалагдах засаг захиргаа: Өвөрхангай аймгийн Хужирт сум

Холбогдох он цаг: XYI зууны сүүлчээс XYII зууны эхэн үе

Архангай, Өвөрхангай аймгийн нутгийн зааг, Төвхөн ширээ уулын оройд, далайн түвшнээс дээш 2300 м өндөрт уг хийд байрлана. 1651 онд Халхын анхдугаар Богд Өндөр гэгээн Занабазар Төвхөн ширээ уулын оройд бясалгал хийх чулуун туургатай жижгэвтэр байшин бариулсан нь энэ хийдийн анхны барилга болсон байна. Тэрээр энд ном бясалгахын зэрэгцээ өөрийн хосгүй бүтээлүүдээ туурвиж байжээ. 1994 оноос Төвхөн хийдийг улсын хамгаалалтад авчээ.

Холбогдох ном зохиол:

Х.Пэрлээ. Монгол ард улсын эрт, дундад үеийн хот суурины товчоон. УБ.,1961 он.

Д.Майдар. Монголын архитектур ба хот байгуулалт. УБ.,1971 он.

Д.Цэвээндорж. Төвхөн хийд. // Mongolia's tentative list. Cultural and natural heritage. UNESCO 1996.

Монгол нутаг дахь түүх соёлын дурсгал. // Сэдэвчилсэн лавлах. УБ.,1999 он.

遗址远景
Төвхөн уул

清时期遗存

建筑遗址
Төвхөн хийдийн орой дээрхи чулуун байгууламж

石筑护坡
Төвхөн хийдийн орой дээрхи чулуун байгууламж

寺庙概况
Төвхөн хийд

明 清 时 期 遗 存

额尔德尼召寺庙遗址

编号05071。地理位置为东经102°50′26″、北纬47°12′02″。位于今前杭爱省哈剌和林苏木东部哈剌和林古城遗址之上。庙址院落约400米见方，始建于1586年。寺庙围墙每边可见数目相等的白色佛塔，四角皆有两个较小的佛塔，共100座，院落内尚有佛塔9座。寺庙建筑主要位于院落西部，有主殿、佛堂、经堂等建筑，为汉式建筑与藏式建筑的结合。

Эрдэнэ зуу хийд

GPS-ийн байрлал: N 47°12′02″, E 102°50′26″, UTM

Харъяалагдах засаг захиргаа: Өвөрхангай аймгийн Хархорин сум

Холбогдох он цаг: XYI зуун

Хэрмийг тойрон олон суваргатай, тэгш дөрвөлжин хэлбэртэй. Дөрвөн тал хэрмийн урт нь тус бүр 400м. Анх Халхын Автай Сайн ханы үед буюу 1586 онд байгуулжээ. Сүмийн эргэн тойрон нийт 108 ширхэг суваргатай. Их олон барилга, сүм хийдтэй байсан боловч 1930-аад онд ихэнхийг нь устгаж нураажээ. Одоо байгаа барилгууд нь голдуу хэрмийн баруун хэсэгтээ байна. Монгол, Хятад, Түвэд барилгын ур ухаан хосолмол дурсгал юм.

Холбогдох ном зохиол:

Д.Цэвээндорж. Эрдэнэ зуу хийд. // Mongolia's tentative list. Cultural and natural heritage. UNESCO 1996.

Өлзий Ж."Монголын түүхийн дурсгалд Хара-Хорум, Эрдэнэ-зуу, Амарбаясгалантын түүх" УБ.,1998 он.

Ичинноров С, Банзрагч Н. Эрдэнэ зуу хийд ба Түшээт ханы хошуу. УБ.,1999 он.

Х.Пэрлээ. Хуучны дурсгалт зүйлийг сахин хамгаалах дүрмийг биелүүлье. Архангай аймгийн Лүн сумын Эрдэнэзуу хэмээх хийд. // Эрдэм шинжилгээний өгүүллүүд -I. УБ.,2001 он.

Х.Пэрлээ. Эрдэнэ зуугийн хийд. // Эрдэм шинжилгээний өгүүллүүд-I. УБ.,2001 он.

Х.Пэрлээ. Монгол ард улсын эрт дундад үеийн хот суурины товчоон. УБ.,1961 он, 118-119-р талууд.

工作现场
Судалгааны ангийнхан

遗址远景
Эрдэнэ зуу хийд

Х.Пэрлээ Некоторые вопросы истории оседлости в Монголии в свете археологии. // Эрдэм шинжилгээний өгүүллүүд. II. УБ.,2001 он 14-р тал.

Х.Пэрлээ. К истории древних городов и поселений в Монголии. // Эрдэм шинжилгээний өгүүллүүд. II. УБ.,2001 он, 338-341-р талууд.

Х.Пэрлээ. Эрдэнэ зуу сүм музей. УБ.,1972 он.

Шираши. Чингис хааны археологи. (япон хэлээр) 2001 он.

覆钵式塔
Сүмийн суварга

左配殿
Зүүн зуу

主殿
Гол зуу

碑刻
Маанийн үсэгтэй хөшөө

右配殿
Баруун зуу

德木其格寺庙遗址

编号06007。地理位置为东经107°09′06″、北纬43°10′01″。位于南戈壁省汗博格多苏木境内，德木其格寺庙有十几处院落，土坯、砖石混建，主体建筑前有多个圆形建筑台基，部分建筑材料砖、石上雕饰有精美图案。2005年，蒙古国科学院考古研究所发掘过其中的一处，庙址基础呈莲花状。

Галбын гурван хийд /Дэмчигийн хийд, Цагаан толгойн хийд, Улаан сахиусны хийд/

GPS-ийн байрлал: N 43°10′01″, E 107°09′06″

Харъяалагдах засаг захиргаа: Өмнөговь аймгийн Ханбогд сум

Холбогдох он цаг: XIX зуун

Говийн Ноён хутагт Данзанравжаа Галбын ууланд гурван хийд бариулсан нь Дэмчигийн хийд, Улаан сахиусны хийд, Цагаан толгойн хийдүүд болно. Дэмчигийн хийд нь ирээдүй цагийн бэлгэдэл болдог бол Улаан сахиусны хийдэд бясалгал, агийн ёсны хурал хурдаг, Жамсран бурхныг тахидаг байжээ. Харин Цагаан толгойн хийдэд Данзанравжаагийн зохиосон Саран хөхөө жүжгийг тоглож байжээ.

Холбогдох ном зохиол:

Монгол нутаг дахь түүх соёлын дурсгал. // Сэдэвчилсэн лавлах, УБ., 1999 он

Монгол нутаг дахь соёлын үл хөдлөх өвийн хадгалалт хамгаалалт. УБ., 2006 он

The brief report of archaeological work at site of De-mchog Monasteriun Khanbogd sum of Umnugobi aimag in year 2005. by S.Khurelsukh, R.Munkhtulga. /АХГБСХ.

装饰砖
Tooсгo

装饰岩石
Хад чулуун дахь сийлбэр

遗址概况
Барилгын туурь

石刻
Тоосго

在原址上拟建的寺庙
Барилгын туурь

XY-XIX ЗУУНЫ ЭХЭН ҮЕ • 明清时期遗存

桑根达赖寺庙遗址

编号06009。地理位置为东经105°08′06″、北纬42°50′07″。位于南戈壁省脑穆贡苏木境内。共有六座寺庙，其中两座及一座佛塔还正在进行维修。寺庙由主殿、配殿及门廊组成，属于中式、藏式混合型建筑。

Сангийн далай хийд

GPS-ийн байрлал: N 42°50′07″, E 105°08′06″

Харъяалагдах засаг захиргаа: Өмнөговь аймгийн Номгон сум

Холбогдох он цаг: XIX зуун.

1700-аад оны үед анхны суурь нь тавигдсан. 1930-аад оны үед арав гаруй сүм дуганатай, 200-аад лам хувраг хурдаг байжээ. Тус хийдийн нэг онцлог бол соёмбо үсэг бүхий чимэглэлийг барилгын хана туургад ихээр ашигладаг байсан явдал юм. Шавар хэрэм дотор хэд хэдэн барилга байгаа бөгөөд тэдний заримыг сэргээн засварлаж байна.

Холбогдох ном зохиол:

Монгол нутаг дахь түүх соёлын дурсгал // Сэдэвчилсэн лавлах/ УБ.,1999 он

Монгол нутаг дахь соёлын үл хөдлөх өвийн хадгалалт хамгаалалт. УБ.,2006 он.

配殿
Хийд

寺庙正门
Хийдийн хаалга

主殿
Хийд

后　记

　　为了贯彻落实中国与蒙古国两国政府文化交流的有关精神，2004年7月，中国国家文物局、内蒙古自治区文物考古研究所、内蒙古博物馆组成的文博代表团在国家文物局童明康副局长的带领下，到蒙古国进行了为期八天的考察，与蒙古国教育文化科学部文化艺术政教协调局达成共识，双方一致同意进行文化方面的合作，并同时指定由中国内蒙古自治区文物局具体组织实施该文化合作项目。为此，2004年10月，内蒙古自治区文物局、内蒙古自治区文物考古研究所、内蒙古博物馆再次组团赴蒙古国进行野外实地考察，内蒙古自治区文物局刘兆和局长等相关人员与蒙古国游牧文化研究国际学院、蒙古国国家博物馆再次进行了友好协商，双方一致同意在文物考古方面进行合作研究。2005年3月23日，国家文物局对该项目作了专门批示，同意该合作项目的实施。

　　2005年6月10日，内蒙古自治区文物考古研究所所长塔拉教授与蒙古国国家博物馆馆长阿·奥其尔教授在呼和浩特正式签署合作意向书，合作主旨为"蒙古国境内古代游牧民族文化遗存考古调查、勘探、发掘研究"，合作期限初定为五年。第一年度拟对蒙古国境内主要地区分布的游牧民族文化遗存进行考古调查，在此基础上确定考古发掘对象及其他调查区域；第二年度进行重点区域考古调查及进行考古发掘；第三、四、五年度继续对典型遗址进行考古发掘。2005年6月，中方考古队成立，内蒙古自治区文物考古研究所为项目总领队，吸收国家博物馆航空摄影考古中心、吉林大学边疆考古中心相关专业人员参加。7月27日中方研究人员进入蒙古国境内开展工作，合作项目正式实施。中蒙联合考古队首先对蒙古国中东部地区的后杭爱省、前杭爱省、布尔干省、中央省、乌兰巴托市和肯特省的30余个苏木进行了考古调查，共调查古代遗址88处；2006年7月至9月，中蒙联合考古队对位于蒙古国后杭爱省浩腾特苏木乌布尔哈布其勒三号四方形遗址进行了考古发掘，同时对蒙古国境内中蒙边境的肯特省、苏赫巴托省、东戈壁省、南戈壁省、中戈壁省的13个苏木进行了考古调查，共调查古代遗址23处。上述调查的遗址年代范围包括了石器时代、青铜时代、匈奴、汉代、突厥、契丹、蒙元和明清等多个历史时期，涉及岩画、赫列克苏尔、鹿石、四方墓、长城、城址、碑刻、庙宇等诸多种类。本考古调查报告即是2005年、2006年中蒙联合考古队进行考古调查的初步成果，基本上囊括了蒙古国境内游牧民族文化遗存的主要内容。本次考古调查参与单位与人员名单如下：

　　中方领队：内蒙古自治区文物考古研究所

　　中方参与单位：国家博物馆航空摄影考古中心、吉林大学边疆考古研究中心

　　蒙方合作单位：蒙古国游牧文化研究国际学院、蒙古国国家博物馆

　　中方研究人员：塔拉（内蒙古自治区文物考古研究所所长、教授、中蒙联合考古队中方总领队）、陈永志（内蒙古自治区文物考古研究所教授、博士、中蒙联合考古队中方副领队）、藤铭予（吉林大学边疆考古研究中心教授、博士生导师）、杨林（中国国家博物馆遥感与航空摄影考古中心主任、教授）、雷生霖

（中国国家博物馆遥感与航空摄影考古中心副教授）、李刚（中国国家博物馆遥感与航空摄影考古中心副教授）、王仁旺（内蒙古自治区文物考古研究所第四研究室主任、副教授）、张文平（内蒙古自治区文物考古研究所第二研究室主任、副教授）、岳够明（内蒙古自治区文物考古研究所助理研究员）、宋国栋（内蒙古自治区文物考古研究所助理研究员）、党郁（内蒙古自治区文物考古研究所助理研究员）、萨仁毕力格（内蒙古自治区文物考古研究所助理研究员）、额日很巴图（翻译）、王其戈（翻译）、杨智广（司机）、赵健（司机）。

蒙方研究人员：巴·恩和图布信（蒙古国游牧文化研究国际学院院长、科学院院士）、阿·奥其尔（蒙古国国家博物馆原馆长、教授）、阿·恩和图尔（蒙古国科学院考古研究所研究人员、在读博士）、巴·昂哈巴雅尔（蒙古国游牧文化研究国际学院研究人员、硕士）、策·奥德巴特尔（蒙古国国家博物馆研究人员、在读硕士）、拉·额尔敦宝力道（蒙古国国家博物馆研究人员、博士）、朝高（司机）、吉日嘎拉赛汗（司机）、宾巴（司机）、代力蒙（司机）。

本书是"蒙古国境内古代游牧民族文化遗存考古调查、勘探、发掘研究合作项目"的第一部学术成果，根据文物遗址的实际情况，中蒙双方合作撰写调查内容，以中文、新蒙古文两种文字叙述，报告选择资料齐备、较为重要的文物遗址进行著录，中蒙文引用同一注释，文中彩图按对应的内容编排。本报告承蒙内蒙古自治区党委常委、宣传部部长乌兰撰写序言，内蒙古自治区文物考古研究所塔拉教授、陈永志教授，蒙古国国家博物馆原馆长奥其尔教授审定书稿，最后由陈永志教授统稿，张文平、藤铭予、岳够明、宋国栋、王仁旺、萨仁毕力格、奥德巴特尔、昂哈巴雅尔等参加了报告的编写工作，萨仁毕力格翻译了新蒙文内容提要、后记与目录。陈永志、岳够明、藤铭予进行了遗迹的摄影工作。额日很巴图、王其戈、杨智广、赵健、恩和图尔、额尔敦宝力道、巴图巴雅尔等参加了资料整理工作。航空遥感图片由蒙古国游牧文化研究国际学院提供。本书由中蒙两国研究人员共同撰写完成，是中蒙两国研究人员协作努力的结果。特别是在野外考古调查的过程中，中蒙双方考古队员顶着炎炎烈日，风餐露宿，克服了重重困难，互相帮助，互相学习，保证了调查工作的顺利开展。另外，此次考古调查活动，得到了中国国家博物馆遥感考古中心、吉林大学边疆考古研究中心等单位的鼎力协助，同时也得到了中国驻蒙古国大使馆的高度重视，大使高树茂、文化参赞王大奇曾多次会见中方考古队员并随队到调查现场指导协调相关事宜。在此衷心地感谢对于此次考古调查报告出版给与帮助和支持的人们。

编　者
2008年8月8日

ТАЛАРХАЛ

БНХАУ-аас Монгол улстай соёл, шинжлэх ухааны талаар хамтран ажиллах төслийн дагуу 2004 оны 7-р сард БНХАУ-ын Соёлын Өвийн Товчоо, ӨМӨЗО-ны Соёлын Өв, Эртний Судлалын Хүрээлэн ба ӨМӨЗО-ний Түүхийн Музейн судлаачдаас бүрдсэн судалгааны баг Монгол Улсын нутагт 8 өдрийн ажлын айлчлал хийсэн бөгөөд Монгол Улсын Боловсрол, Соёл, Шинжлэх Ухааны яамны Шинжлэх ухаан технологийн газартай эртний судлалын хүрээнд хоёр улс хамтран төсөл хэрэгжүүлэх анхны хэлэлцээр хийсэн юм. Энэхүү төслийг ӨМӨЗО-ны Соёлын Өвийн Товчоо зохион байгуулахаар санаачилсан байна. Энэхүү хэлэлцээрийн дагуу 2004 оны 10-р сард дээр дурдсан судалгааны баг дахин нэг удаа Монгол улсад хүрэлцэн ирж, богино хугацаагаар зарим нутгаар хээрийн шинжилгээ хийсэн бөгөөд Монгол Улсын Нүүдлийн Соёл Иргэншлийг Судлах Олон Улсын Хүрээлэн ба Монгол Улсын Үндэсний Түүхийн Музейтэй хамтран Монголын улсын нутаг дахь нүүдлийн соёл иргэншлийн дурсгалт зүйлсийн талаар археологийн хамтарсан судалгаа хийхээр санал нэгдсэн юм. Ингээд 2005 оны 3 сарын 23-ны өдөр БНХАУ-ын Соёлын Өвийн Товчоо дээр дурдсан хамтарсан судалгааны төслийг хэрэгжүүлэхээр зөвшилцсөн билээ.

2005 оны 6-р сарын 10-ны өдөр Хөх хотод ӨМӨЗО-ны Соёлын Өв Эртний Судлалын Хүрээлэнгийн захирал, профессорТала, Монгол улсын Үндэсний Түүхийн Музейн захирал, профессор А.Очир нар "Монгол Улсын нутаг дахь эртний нүүдэлчдийн соёл иргэншлийн хайгуул, малтлага судалгаа" төслийг хэрэгжүүлэх 5 жилийн хугацаатай гэрээг үзэглэсэн юм. Уг төслийн эхний жилд хамтарсан төслийн судлаачид тохиролцсоны дагуу Монгол улсын зарим бүс нутгаар хайгуул судалгаа явуулах, цаашид малтан судлах археологийн дурсгалыг сонгох талаар хэлэлцэн тохирсон болно. 2005 оны 6-р сард БНХАУ-ын талын судалгааны багийг ӨМӨЗО-ны Соёлын Өв, Эртний Судлалын Хүрээлэнгээс удирдах бөгөөд багийн бүрэлдэхүүнд эхний жилийн судалгааны ажилд БНХАУ-ын Үндэсний Музейгийн Сансрын Хайгуул, Агаарын Зургийн Археологи Судлалын Төв ба Гирин Их Сургуулийн Хил Хязгаарын Археологи Судлалын Төв оролцон ажиллахаар шийдэв.

2005 оны 7-р сараас 9-р сар болтол Хятад-Монголын хамтарсан археологийн судалгааны анги нь Монголын Улсын Архангай, Өвөрхангай, Булган, Төв ,Улаанбаатар ба Хэнтий аймаг зэрэг аймгийн 30 гаруй сумын нутгаар хээрийн хайгуул шинжилгээ хийж, нийт 92 дурсгалтай танилцсан. 2006 оны 6-р сараас 9-р сар болтол уг судалгааны анги нь Архангай аймгийн Хотонт сумын Улаан Чулуу багийн нутаг дахь Өвөр Хавцалын амны 3-р дөрвөлжинг малтахын зэрэгцээ Монгол улсын Хэнтий, Сүхбаатар, Дорноговь, Өмнөговь, Дундговь зэрэг 5 аймгийн 13 сумын нутгуудаар хайгуул шинжилгээ хийж, нийт 18 дурсгалтай танилцсан байна. Хоёр жилийн хайгуул шинжилгээний явцад үзэж танилцсан дурсгалууд нь Чулуун зэвсгийн үеэс, Хүрэл зэвсгийн үе, Хүннү, Түрэг, Уйгур, Хятан, Монгол, XY зуун хүртэлх олон үед хамаарагдах бөгөөд хадны зураг, хиргисүүр, буган чулуу хөшөө, дөрвөлжин булш, хот суурин, хөшөөн бичээс, сүм хийд зэрэг олон төрөлд багтана. Энэ удаагийн хайгуул судалгааны ажлын дунд бид Монгол улсын нутагт орших эртний нүүдэлчдийн түүх соёлын дурсгалт зүйлсийн талаар улам сайн ойлголттой болсон бөгөөд ялангуяа Хүрлийн үейийн хиргисүүр, Хүннүгийн язгууртны булш, Түрэгийн тахилын онгон, гэрэлт хөшөөд, Уйгурын хот балгас зэрэг дурсгалуудтай Хятад улсын судлаачид анх удаа танилцаж байгаа гэдгээрээ маш их ач холбогдолтой юм. Тус тайлан нь 2005 ба 2006 оны Хятад-Монголын хамтарсан хайгуул судалгааны ажлын үр дүн болно.

Судалгааны ангийн бүрэлдэхүүнд:

БНХАУ-ын талаас:

Хятадын талын төслийн удирдагч: Та Ла / ӨМӨЗО-ны Соёлын Өв, Хууч Судлалын Хүрээлэнгийн захирал, профессор/

Чэн Ён Жи /ӨМӨЗО-ны Соёлын Өв, Хууч Судлалын Хүрээлэнгийн дэд захирал, төслийн дэд удирдагч профессор, доктор/

Тэн Мин Юи /Гирин Их Сургуулийн Хил Хязгаарын археологи Судлалын Төвийн профессор/

Ян Линь /БНХАУ-ын Үндэсний Түүхийн Музейн Сансрын хайгуул, Агаарын гэрэл зургийн археологи судлалын төвийн захирал, профессор/

Лэи Шэн Лин /БНХАУ-ын Үндэсний Түүхийн Музейн Сансрын хайгуул, Агаарын гэрэл зургийн археологи судлалын төвийн профессор/

Ван Рэн Ван /ӨМӨЗО-ны Соёлын Өв, Хууч Судлалын Хүрээлэнгийн дөрөвдүгээр секторийн эрхлэгч, ЭША/

Жан Вэн Пин /ӨМӨЗО-ны Соёлын Өв, Хууч Судлалын Хүрээлэнгийн хоёрдугаар секторийн эрхлэгч, ЭША/

Юүэ Гоу Мин/ӨМӨЗО-ны Соёлын Өв, Хууч Судлалын Хүрээлэнгийн ЭША/

Сүн Гуо Дун/ӨМӨЗО-ны Соёлын Өв, Хууч Судлалын Хүрээлэнгийн ЭША/

Дан Юи /ӨМӨЗО-ны Соёлын Өв, Хууч Судлалын Хүрээлэнгийн ЭША/

Саранбилэг/ӨМӨЗО-ны Соёлын Өв, Хууч Судлалын Хүрээлэнгийн ЭША/

Эрхэмбат /орчуулагч/, Ваанчиг /орчуулагч/, Жао Жиан /жолооч/, Ян Жи Гуан /жолооч/

Монголын талаас:

Монгол улсын талын төслийн ерөнхий зохицуулагч, Б.Энхтүвшин /Монгол Улсын Нүүдлийн Соёл Иргэншлийг Судлах Олон Улсын Хүрээлэнгийн захирал, академич/

Монголын талын эрдэм шинжилгээний удирдагч: А.Очир /Монголын Үндэсний Түүхийн Музейн захирал, профессор/

А.Энхтөр /Монгол Улсын ШУА-ын Археологийн Хүрээлэнгийн ЭША/

Б.Анхбаяр /Монгол Улсын Нүүдэлийн Соёл Иргэншлийг Судлах Олон Улсын Хүрээлэнгийн ЭША/

Ц.Одбаатар /Монголын Үндэсний Түүхийн Музейн ЭША/

Л.Эрдэнэболд /Монголын Үндэсний Түүхийн Музейн ЭША, доктор/

Т.Цогбадрах /жолооч/

Г.Жаргалсайхан /жолооч/ нар оролцон ажилласан болно.

Тус тайлан бол Хятад-Монголын хамтарсан <Монгол Улсын хилийн доторхи нүүдлийн соёл иргэншилийн дурсгалт зүйлсийн талаар хийх археологийн хайгуул ба малтлага судалгаа> төслийн судалгааны анхны бүтээл болно. Тайланд орсон дурсгал нэг бүрд хятад, монгол хоёр хэлээр тодорхойлолт бичиж, доор нь дурсгалын гэрэл зургийг дагалдуулсан болно. Тайлангийн удиртгалыг ӨМӨЗО-ны коммунист намын хорооны ухуулга хэлтсийн дарга Улаан бичиж, Өвөр Монголын Соёлын өв, Эртний судлалын хүрээлэнгийн захирал, профессор Та Ла, дэд захирал, профессор Чэн Ён Жи, Монгол Улсын Нүүдлийн Соёл Иргэншлийг Судлах Олон Улсын Хүрээлэнгийн профессор А.Очир нар хянан тохиолдууллаа. Жан Вэн Пин, Юүэ Гоу Мин, Сүн Гуо Дун, Ван Рэн Ван, Саранбилэг, Ц.Одбаатар, Б.Анхбаяр нар тайлангийн хэвлэлийн эхийг бэлтгэж, Саранбилэг хятад хэлний агуулгын товчлол, төгсгөлийн үгийг кирилл үсэг рүү хөрвүүлж, дурсгалын гэрэл зургийг Чэн Ён Жи, Юүэ Гоу Мин нар авчээ. Үүнээс гадна Эрхэмбат, Ваанчиг, Ян Жи Гуан, Жао Жиан, А.Энхтөр, Л.Эрдэнэболд, О.Батбаяр нар тайлангийн ажилд оролцсон болно.

Энэхүү тайлан бол Хятад - Монголын хамтарсан судалгааны ангийн хамтын үр бүтээл болно. Хээрийн шинжилгээний ажлын явцад хоёр орны судлаачид хүнд бэрх байгалийн орчин нөхцөлд харилцан бие биедээ туслаж, их хүч чармайлт гарган ажилласан юм. Хайгуулын ажилд Бээжингийн Үндэсний Түүхийн Музейн Сансрын хайгуул, Агаарын гэрэл зургийн археологи судлалын төв, Гирин Их Сургуулийн Хил Хязгаарын Археологи Судлалын Төв зэрэг шинжлэх ухааны байгууллагын эрдэм шинжилгээний ажилтнууд оролцон ажиллаж, туслалцаа үзүүлэв. Мөн Монгол Улсад суугаа Хятад улсын Элчин сайдын яам судалгааны ажилд халуун дэмжлэг үзүүлж, тус Яамны Соёлын газрын дарга Ван Даачи хайгуул судалгааны ажилд биечлэн оролцож, харамгүй дэмжлэг гаргаж байсан юм. Дээр дурдсан, бидний ажилд идэвхийлэн оролцож туслсан бүх хүмүүст халуун талархлаа илэрхийлж байна.

Ян Линь /БНХАУ-ын Үндэсний Түүхийн Музейн Сансрын хайгуул, Агаарын гэрэл зургийн археологи судлалын төвийн захирал, профессор/

Лэи Шэн Лин /БНХАУ-ын Үндэсний Түүхийн Музейн Сансрын хайгуул, Агаарын гэрэл зургийн археологи судлалын төвийн профессор/

Ван Рэн Ван /ӨМӨЗО-ны Соёлын Өв, Хууч Судлалын Хүрээлэнгийн дөрөвдүгээр секторийн эрхлэгч, ЭША/

Жан Вэн Пин /ӨМӨЗО-ны Соёлын Өв, Хууч Судлалын Хүрээлэнгийн хоёрдугаар секторийн эрхлэгч, ЭША/

Юүэ Гоу Мин/ӨМӨЗО-ны Соёлын Өв, Хууч Судлалын Хүрээлэнгийн ЭША/

Сүн Гуо Дун/ӨМӨЗО-ны Соёлын Өв, Хууч Судлалын Хүрээлэнгийн ЭША/

Дан Юи /ӨМӨЗО-ны Соёлын Өв, Хууч Судлалын Хүрээлэнгийн ЭША/

Саранбилэг/ӨМӨЗО-ны Соёлын Өв, Хууч Судлалын Хүрээлэнгийн ЭША/

Эрхэмбат /орчуулагч/, Ваанчиг /орчуулагч/, Жао Жиан /жолооч/, Ян Жи Гуан /жолооч/

Монголын талаас:

Монгол улсын талын төслийн ерөнхий зохицуулагч, Б.Энхтүвшин /Монгол Улсын Нүүдлийн Соёл Иргэншлийг Судлах Олон Улсын Хүрээлэнгийн захирал, академич/

Монголын талын эрдэм шинжилгээний удирдагч: А.Очир /Монголын Үндэсний Түүхийн Музейн захирал, профессор/

А.Энхтөр /Монгол Улсын ШУА-ын Археологийн Хүрээлэнгийн ЭША/

Б.Анхбаяр /Монгол Улсын Нүүдэлийн Соёл Иргэншлийг Судлах Олон Улсын Хүрээлэнгийн ЭША/

Ц.Одбаатар /Монголын Үндэсний Түүхийн Музейн ЭША/

Л.Эрдэнэболд /Монголын Үндэсний Түүхийн Музейн ЭША, доктор/

Т.Цогбадрах /жолооч/

Г.Жаргалсайхан /жолооч/ нар оролцон ажилласан болно.

Тус тайлан бол Хятад-Монголын хамтарсан <Монгол Улсын хилийн доторхи нүүдлийн соёл иргэншилийн дурсгалт зүйлсийн талаар хийх археологийн хайгуул ба малтлага судалгаа> төслийн судалгааны анхны бүтээл болно. Тайланд орсон дурсгал нэг бүрд хятад, монгол хоёр хэлээр тодорхойлолт бичиж, доор нь дурсгалын гэрэл зургийг дагалдуулсан болно. Тайлангийн удиртгалыг ӨМӨЗО-ны коммунист намын хорооны ухуулга хэлтсийн дарга Улаан бичиж, Өвөр Монголын Соёлын өв, Эртний судлалын хүрээлэнгийн захирал, профессор Та Ла, дэд захирал, профессор Чэн Ён Жи, Монгол Улсын Нүүдлийн Соёл Иргэншлийг Судлах Олон Улсын Хүрээлэнгийн профессор А.Очир нар хянан тохиолдууллаа. Жан Вэн Пин, Юүэ Гоу Мин, Сүн Гуо Дун, Ван Рэн Ван, Саранбилэг, Ц.Одбаатар, Б.Анхбаяр нар тайлангийн хэвлэлийн эхийг бэлтгэж, Саранбилэг хятад хэлний агуулгын товчлол, төгсгөлийн үгийг кирилл үсэг рүү хөрвүүлж, дурсгалын гэрэл зургийг Чэн Ён Жи, Юүэ Гоу Мин нар авчээ. Үүнээс гадна Эрхэмбат, Ваанчиг, Ян Жи Гуан, Жао Жиан, А.Энхтөр, Л.Эрдэнэболд, О.Батбаяр нар тайлангийн ажилд оролцсон болно.

Энэхүү тайлан бол Хятад - Монголын хамтарсан судалгааны ангийн хамтын үр бүтээл болно. Хээрийн шинжилгээний ажлын явцад хоёр орны судлаачид хүнд бэрх байгалийн орчин нөхцөлд харилцан бие биедээ туслаж, их хүч чармайлт гарган ажилласан юм. Хайгуулын ажилд Бээжингийн Үндэсний Түүхийн Музейн Сансрын хайгуул, Агаарын гэрэл зургийн археологи судлалын төв, Гирин Их Сургуулийн Хил Хязгаарын Археологи Судлалын Төв зэрэг шинжлэх ухааны байгууллагын эрдэм шинжилгээний ажилтнууд оролцон ажиллаж, туслалцаа үзүүлэв. Мөн Монгол Улсад суугаа Хятад улсын Элчин сайдын яам судалгааны ажилд халуун дэмжлэг үзүүлж, тус Яамны Соёлын газрын дарга Ван Даачи хайгуул судалгааны ажилд биечлэн оролцож, харамгүй дэмжлэг гаргаж байсан юм. Дээр дурдсан, бидний ажилд идэвхийлэн оролцож тусласан бүх хүмүүст халуун талархлаа илэрхийлж байна.

2008 оны 7 сар